JÖRG EISELE

Haftungsfreistellung von Vereinsmitgliedern und Vereinsorganen in nichtwirtschaftlichen Vereinen

Schriften zum Bürgerlichen Recht

Band 206

Haftungsfreistellung von Vereinsmitgliedern und Vereinsorganen in nichtwirtschaftlichen Vereinen

Von

Jörg Eisele

Duncker & Humblot · Berlin

Die Deutsche Bibliothek – CIP-Einheitsaufnahme

Eisele, Jörg:
Haftungsfreistellung von Vereinsmitgliedern und Vereinsorganen in nichtwirtschaftlichen Vereinen / von Jörg Eisele. – Berlin : Duncker und Humblot, 1998
(Schriften zum bürgerlichen Recht ; Bd. 206)
Zugl.: Tübingen, Univ., Diss., 1997
ISBN 3-428-09242-2

D 21

Fotoprint: Werner Hildebrand, Berlin
Printed in Germany

ISSN 0720-7387
ISBN 3-428-09242-2

Gedruckt auf alterungsbeständigem (säurefreiem) Papier
entsprechend ISO 9706 ♾

Meinen Eltern

Vorwort

Die vorliegende Arbeit wurde im Sommersemester 1997 von der Juristischen Fakultät der Eberhard-Karls-Universität Tübingen als Dissertation angenommen. Die Untersuchung wurde bereits im Dezember 1996 abgeschlossen. Rechtsprechung und Literatur konnten jedoch weitgehend bis Juli 1997 berücksichtigt werden.

Mein besonderer Dank gilt Herrn Prof. Dr. Jan Schröder für die außergewöhnlich freundliche und stets bereitwillige Betreuung des Promotionsvorhabens sowie die zügige Erstellung des Erstgutachtens. Danken möchte ich ferner Herrn Prof. Dr. Harm Peter Westermann für die Erstellung des Zweitgutachtens.

Sehr verbunden bin ich Herrn Prof. Dr. Ulrich Weber, der es mir im Rahmen meiner Tätigkeit an seinem Lehrstuhl ermöglicht hat, wertvolle Einblicke in wissenschaftliches Arbeiten zu gewinnen.

Dank schulde ich nicht zuletzt Frau Romana Weiske für die tatkräftige Mithilfe bei Anfertigung und Korrektur der Druckvorlage sowie Herrn Jochen Haußer für die kritische Durchsicht der Arbeit.

Tübingen, im September 1997

Jörg Eisele

Inhaltsverzeichnis

I. Einführung ... 17
1. Pfadfinderentscheidung – BGHZ 89, 153 ff. ... 20
2. Problemstellung ... 23
a) Schädigung von Dritten ... 23
b) Eigenschäden des Geschäftsführers ... 26
c) Schädigung des Vereins ... 26
d) Rechtliche Behandlung der einzelnen Fallgruppen ... 27
3. Differenzierung zwischen rechtsfähigem und nichtrechtsfähigem Verein 27

II. Rechtsgrundlagen der Geschäftsbesorgung im nichtwirtschaftlichen Verein ... 30
1. Geschäftsbesorgungen durch Vereinsmitglieder ... 30
a) Geschäftsbesorgungen aufgrund des mitgliedschaftlichen Rechtsverhältnisses ... 31
aa) Satzungsrechtlich geregelte Geschäftsbesorgungen ... 31
bb) Geschäftsbesorgungspflichten aufgrund von Beschlüssen der Vereinsorgane ... 34
cc) Ungeschriebene Geschäftsbesorgungspflichten ... 35
dd) Geschäftsbesorgungen aus Gefälligkeit ... 38
b) Aufgabenwahrnehmung aufgrund eines Geschäftsbesorgungsvertrages ... 41
aa) Bedeutung des schuldrechtlichen Geschäftsbesorgungsvertrages ... 42
bb) Vertragsschluß ... 44
c) Abgrenzung zwischen mitgliedschaftlichen und vertraglich begründeten Tätigkeitspflichten ... 46
d) Abgrenzung zwischen mitgliedschafts- und nichtmitgliedschaftsbezogenen Geschäftsbesorgungsverträgen – Problem der Drittgläubigerschuldverhältnisse ... 50
aa) Begründung der Differenzierung zwischen vereinsrechtlichen (mitgliedschaftsbezogenen) Geschäftsbesorgungsverträgen und Drittgläubigerschuldverhältnissen ... 52
bb) Abgrenzungskriterien ... 56
cc) Ergebnis ... 60
e) Geschäftsbesorgungen mit GoA–ähnlichem Charakter ... 61

2. Geschäftsführung durch Vereinsorgane am Beispiel des Vorstands ... 62
a) Erfordernis eines Anstellungsvertrages ... 64
b) Abschluß eines Anstellungsvertrages ... 67
c) Fremdorganschaft ... 68

III. Anwendbarkeit auftragsrechtlicher Vorschriften ... 70
1. Geschäftsbesorgungen durch Vereinsmitglieder ... 70
a) Geschäftsbesorgungen aufgrund des mitgliedschaftlichen Rechtsverhältnisses ... 70
b) Vertraglich begründete Geschäftsbesorgungen ... 72
c) Ergebnis ... 76
2. Geschäftsführung durch Vereinsorgane ... 76

IV. Ersatz von Zufallsschäden im Auftragsrecht ... 80
1. Der Begriff "Aufwendungen" ... 80
2. Historische Entwicklung ... 82
a) Gesetzgebungsverfahren zum BGB ... 82
b) Bedeutung des Gesetzgebungsverfahrens für die heutige Rechtslage 84
3. Begründungsmodelle für die Ersatzfähigkeit von Zufallsschäden ... 85
a) Annahme eines Garantievertrages bzw. ergänzende Vertragsauslegung ... 85
b) Argumentation mit § 242 BGB ... 86
c) Lehre von der Risikohaftung bei schadensgeneigter Tätigkeit in fremdem Interesse ... 87
aa) Dogmatische Begründung der Haftung bei Tätigkeit in fremdem Interesse ... 87
bb) Stellungnahme ... 90
d) Die Regelung des § 110 I 2. Alt. HGB als allgemeines Haftungsprinzip ... 93
e) Analoge Anwendung von § 670 BGB ... 95
f) Extension des Anwendungsbereichs von § 670 BGB aufgrund der ratio legis ... 97
aa) Begründung für die Einbeziehung von Zufallsschäden ... 98
(1) Rechtsnatur des Geschäftsbesorgungsvertrages . 98
(2) Vergleich mit § 110 I 2. Alt. HGB ... 99
(3) Treupflicht des Vereins ... 102
(4) Notwendigkeit der ehrenamtlichen Mitarbeit ... 103
(5) Gleichbehandlungsgrundsatz ... 103
bb) Dogmatische Einordnung des Verlustersatzanspruchs ... 104
4. Zwischenergebnis ... 105

V. Schuldhaftes Handeln des Geschäftsführers 106
1. Relativität des Verschuldens bei Schädigung Dritter 106
2. Haftungserleichterungen im Innenverhältnis 109
a) Anwendung des arbeitsrechtlichen Haftungsmaßstabs 110
aa) Das Fürsorgeprinzip als Zurechnungsgrund 111
bb) Das Betriebsrisiko des Arbeitgebers als Zurechnungsgrund 113
cc) Anwendbarkeit der arbeitsrechtlichen Haftungstrias auf die Geschäftsbesorgung durch Vereinsmitglieder 116
(1) Treupflichten 117
(2) Weisungsgebundenheit und Eingliederung in die Betriebsorganisation 117
(3) Dauerhaftigkeit der Arbeit 119
(4) Vergleich der Interessenstruktur 121
(5) Besondere Natur des Arbeitsverhältnisses 122
(6) Zwischenergebnis 124
dd) Anwendung der arbeitsrechtlichen Haftungsgrundsätze auf die organschaftliche Geschäftsführung 124
b) Haftungsmaßstab der eigenüblichen Sorgfalt (§ 277 BGB) 127
aa) Rechtsanalogie 128
(1) Haftungsbeschränkung wegen sozialer Verbundenheit 128
(2) Haftungsbeschränkung aufgrund Verknüpfung von Eigen- und Fremdinteressen 130
bb) Gesetzesanalogie zu § 708 BGB 133
c) Haftungsbeschränkung kraft Auslegung des Geschäftsbesorgungsvertrages 136
d) Haftungsbeschränkung auf grobe Fahrlässigkeit bei Geschäftsführung durch Vereinsmitglieder 137
aa) Allgemeines Prinzip einer Haftungsbeschränkung bei fremdnütziger Tätigkeit 137
bb) Einwände gegen ein solches Prinzip 139
(1) Ansicht der Gesetzesverfasser 140
(2) Haftung beim Verwahrungsvertrag 141
(3) Haftung beim Auftrag 141
(4) Vergleich der Interessenstruktur 146
cc) Konsequenzen für die Geschäftsführung durch Vereinsmitglieder 146

e) Haftungsbeschränkung auf grobe Fahrlässigkeit bei Geschäftsführung durch Vereinsorgane . . . 149
aa) Gläubigerinteressen als Ansatzpunkt einer strengen Haftung . . . 149
(1) Gläubigerschutz im Idealverein . . . 150
(2) Reichweite des primären Gläubigerschutzes . . 152
(3) Nebenzweckprivileg . . . 155
(4) Ergebnis . . . 156
bb) Strenge Haftung wegen der Betreuung fremden Vermögens . . . 157
cc) Risikoübertragung aufgrund der Qualifikation des Vorstands . . . 159
dd) Ausnahmsweise Haftungsbeschränkung außerhalb typischer Vorstandspflichten . . . 161
ee) Die Bedeutung des Merkmals der Ehrenamtlichkeit . . . 163
ff) Ergebnis . . . 165

VI. Weitere Voraussetzungen einer Haftungsfreistellung . . . 166
1. Abgrenzung von tätigkeitsspezifischen Risiken und allgemeinem Lebensrisiko . . . 166
2. Tätigkeitsspezifisches Risiko und Vermeidbarkeit der Risikolage . . . 169

VII. Weitere Einzelfragen . . . 174
1. Weisungen der Mitgliederversammlung . . . 174
2. Haftung des Geschäftsführers ohne Verschulden . . . 176
3. Gesamtschuldnerische Haftung von Verein und Geschäftsführer . . . 177
4. Haftungsvereinbarungen und Observanz . . . 178
5. Anwendbarkeit der §§ 844, 845 BGB . . . 180
6. Durchsetzbarkeit der Ansprüche gegen den Verein . . . 181
7. Berücksichtigung von Pflichtversicherungen . . . 181

VIII. Zusammenfassung der wichtigsten Ergebnisse . . . 183

Literaturverzeichnis . . . 188

Sachwortverzeichnis . . . 206

Abkürzungsverzeichnis

a.A.	anderer Ansicht
abl.	ablehnend
abw.	abweichend
AbzG	Gesetz betreffend die Abzahlungsgeschäfte
AcP	Archiv für die civilistische Praxis
ähnl.	ähnlich
AG	Amtsgericht; Die Aktiengesellschaft – Zeitschrift für das gesamte Aktienwesen
AktG	Aktiengesetz
ALR	Allgemeines Landrecht für die preußischen Staaten von 1794
Anh.	Anhang
Anm.	Anmerkung
AP	Nachschlagewerk des Bundesarbeitsgerichts
ArbGG	Arbeitsgerichtsgesetz
ArbR	Arbeitsrecht
ARS	Arbeitsrechts-Sammlung
AT	Allgemeiner Teil
Aufl.	Auflage
AuR	Arbeit und Recht
ausf.	ausführlich
BAG	Bundesarbeitsgericht
BAGE	Entscheidungen des Bundesarbeitsgerichts
BayObLG	Bayerisches Oberstes Landesgericht
BayObLGZ	Entscheidungen des Bayerischen Obersten Landesgerichts in Zivilsachen
BB	Der Betriebs-Berater
Bd.	Band
BetrVG	Betriebsverfassungsgesetz
BGB	Bürgerliches Gesetzbuch
BGH	Bundesgerichtshof
BGHZ	Entscheidungen des Bundesgerichtshofes in Zivilsachen
BT	Besonderer Teil
BT-Drucks.	Drucksachen des deutschen Bundestages
BVerfG	Bundesverfassungsgericht
BVerfGE	Entscheidungen des Bundesverfassungsgerichts
bzw.	beziehungsweise
DB	Der Betrieb
ders.	derselbe

d.h.	das heißt
diesbzgl.	diesbezüglich
Einl	Einleitung
Entwurf HGB	Entwurf eines Handelsgesetzbuchs und Entwurf eines Einführungsgesetzes nebst Denkschrift zu dem Entwurf eines Handelsgesetzbuchs und eines Einführungsgesetzes, Berlin, 1897
etc.	etcetera
evtl.	eventuell
EzA	Entscheidungssammlung zum Arbeitsrecht
f.	folgende (Seite/Randnummer)
ff.	folgende (Seiten/Randnummern)
Fn.	Fußnote
FS	Festschrift
GbR	Gesellschaft bürgerlichen Rechts
GenG	Gesetz betreffend die Erwerbs- und Wirtschaftsgenossenschaften
GesR	Gesellschaftsrecht
GG	Grundgesetz für die Bundesrepublik Deutschland
ggf.	gegebenenfalls
GmbH	Gesellschaft mit beschränkter Haftung
GmbHG	Gesetz betreffend die Gesellschaften mit beschränkter Haftung
GmbHR	GmbH-Rundschau
GoA	Geschäftsführung ohne Auftrag
grds.	grundsätzlich
GroßKommAktG	Großkommentar Aktiengesetz, 3. Auflage, Berlin-New York, 1970 ff.; 4. Auflage, Berlin-New York, 1992 ff.
GroßKommHGB	Staub, Hermann: Handelsgesetzbuch, Großkommentar, 3. Auflage, Berlin-New York, 1967 ff.; 4. Auflage, Berlin-New York, 1982 ff.
GS	Großer Senat
Hdb.	Handbuch
HGB	Handelsgesetzbuch
hins.	hinsichtlich
HK-HGB	Heidelberger Kommentar zum Handelsgesetzbuch, 4. Auflage, Heidelberg, 1995
h.M.	herrschende Meinung
hrsg. v.	herausgegeben von
HRR	Höchstrichterliche Rechtsprechung
HTWG	Gesetz über den Widerruf von Haustürgeschäften und ähnlichen Geschäften
insb.	insbesondere
i.S.d.	im Sinne des/der
i.S.v.	im Sinne von
jew.	jeweils

Jherings Jb.	Jherings Jahrbücher der Dogmatik des bürgerlichen Rechts
JuS	Juristische Schulung
JW	Juristische Wochenschrift
JZ	Juristenzeitung
Kap.	Kapitel
KG	Kammergericht; Kommanditgesellschaft
KölnKomm	Kölner Kommentar zum Aktiengesetz, 2. Auflage, Köln-Berlin-Bonn-München, 1986 ff.
LK	Leipziger Kommentar zum Strafgesetzbuch, Band 6 (§§ 263–302 a), 10. Auflage, Berlin-New York, 1988.
LM	Lindenmaier-Möhring, Nachschlagewerk der Entscheidungen des Bundesgerichtshofs
MDR	Monatsschrift für deutsches Recht
Mot.	Motive zu dem Entwurf eines Bürgerlichen Gesetzbuches für das Deutsche Reich, Amtliche Ausgabe, Berlin-Leipzig, 1888
MünchHdb., ArbR	Münchener Handbuch zum Arbeitsrecht: Band 1, Individualarbeitsrecht, München, 1992
MünchHdb., GesR	Münchener Handbuch des Gesellschaftsrechts: Band 3, Gesellschaft mit beschränkter Haftung, München, 1996; Band 4, Aktiengesellschaft, München, 1988
MünchKomm	Münchener Kommentar zum Bürgerlichen Gesetzbuch: 2. Auflage, München, 1984 ff.; 3. Auflage, München, 1992 ff.
m.w.N.	mit weiteren Nachweisen
NJW	Neue Juristische Wochenschrift
NJW-RR	NJW-Rechtsprechungs-Report Zivilrecht
Nr.	Nummer
NZA	Neue Zeitschrift für Arbeitsrecht
OHG	offene Handelsgesellschaft
OLG	Oberlandesgericht
Prot.	Protokolle der Kommission für die zweite Lesung des Entwurfs des Bürgerlichen Gesetzbuches, Berlin, 1897 ff.
Prot. ADHGB	Protokolle der Kommission zur Beratung eines allgemeinen deutschen Handelsgesetzbuches, hrsg. v. J. Lutz, III. Teil, Protokoll XCIX-CLXXVI, Würzburg, 1858
PublG	Gesetz über die Rechnungslegung von bestimmten Unternehmen und Konzernen - Publizitätsgesetz
RAG	Reichsarbeitsgericht
RdA	Recht der Arbeit
RGRK	Das Bürgerliche Gesetzbuch mit besonderer Berücksichtigung der Rechtsprechung des Reichsgerichts und des Bundesgerichtshofs, 10./11. Auflage, Berlin, 1953 ff.; 12. Auflage, Berlin-New York, 1974 ff.
RGZ	Entscheidungen des Reichsgerichts in Zivilsachen

Rn.	Randnummer
Rpfleger	Der Deutsche Rechtspfleger
RVO	Reichsversicherungsordnung
S.	Seite
SAE	Sammlung arbeitsrechtlicher Entscheidungen
SchlHA	Schleswig-Holsteinische Anzeigen
SJZ	Süddeutsche Juristenzeitung
sog.	sogenannt
SR	Schuldrecht
u.a.	und andere; unter anderem
v.	vom; von
VerbrKrG	Gesetz über Verbraucherkredite, zur Änderung der Zivilprozeßordnung und anderer Gesetze
VersR	Versicherungsrecht
vgl.	vergleiche
Vorbem	Vorbemerkung
Warn	Warneyer, Die Rechtsprechung des Reichsgerichts
WM	Zeitschrift für Wirtschafts- und Bankrecht, Wertpapiermitteilungen Teil IV
WuB	Wirtschafts- und Bankrecht
z.B.	zum Beispiel
ZfA	Zeitschrift für Arbeitsrecht
ZfG	Zeitschrift für das gesamte Genossenschaftswesen
ZGR	Zeitschrift für Unternehmens- und Gesellschaftsrecht
ZHR	Zeitschrift für das gesamte Handelsrecht und Wirtschaftsrecht
ZIP	Zeitschrift für Wirtschaftsrecht
z.T.	zum Teil

I. Einführung

Die Frage, inwieweit Vereinsmitglieder oder Vereinsorgane, die in Ausübung einer Tätigkeit für einen Idealverein einem Dritten schadensersatzpflichtig werden, im Innenverhältnis vom Verein Freistellung von der Haftung bzw. Ersatz des geleisteten Schadensersatzes verlangen können, gilt bislang als kaum geklärt[1]. Dies verwundert jedoch nur wenig, wenn man sich vor Augen hält, daß es für die nichtwirtschaftlichen Vereine an einer eingehenden Auseinandersetzung mit den vereinsrechtlichen Innenverhältnissen fehlt. Letztlich mangelt es für Körperschaften mit idealer Zwecksetzung immer noch an einem dogmatisch durchdrungenen und in sich geschlossenen System der vereinsinternen Beziehungen. Bereits Fischer[2] – als langjähriges Mitglied und Vorsitzender Richter des II. Zivilsenats – hat ausgeführt, daß der Bundesgerichtshof in vielen Jahren die Erfahrung gemacht habe, daß auf dem Gebiet des Vereinsrechts bei den unmittelbar Beteiligten und ihren Beratern eine bemerkenswerte Rechtsunsicherheit bestehe. Er führt dies nicht zuletzt auch darauf zurück, daß dem Vereinsrecht im rechtswissenschaftlichen Schrifttum nur eine stiefmütterliche Behandlung zuteil wurde.

Im übrigen werden die innerhalb des Vereins bestehenden Rechtsbeziehungen vom BGB nur unzureichend geregelt. Dies wird besonders deutlich, wenn man das Verhältnis zwischen dem Verein und seinen Mitgliedern betrachtet. Wirft man nämlich einen Blick auf die Entstehungsgeschichte der vereinsrechtlichen Vorschriften, so stellt man fest, daß dieses Verhältnis von den Gesetzesverfassern des BGB weitgehend ausgespart wurde. Das Gesetzgebungsverfahren wurde, was die vereinsrechtlichen Regelungen anbelangt, vornehmlich vom Theorienstreit um das Wesen der juristischen Person[3] und von Problemen im Verhältnis von Verein und Staat[4] beherrscht. Auch war es zunächst keinesfalls das Ziel der Verfasser des BGB, ein die Einzelfragen regelndes Vereinsrecht zu

---

[1] So *K. Schmidt*, JuS 1984, 480 (481); *ders.*, JZ 1991, 157 (160).

[2] *Fischer*, Anm. zu BGH LM Nr. 8 zu § 25 BGB; vgl. dazu auch *Hadding*, FS Fischer, S. 165.

[3] Siehe dazu *Staudinger/Weick*, Einl zu §§ 21 ff. Rn. 4 und Vorbem zu §§ 21 ff. Rn. 6 ff.

[4] So *Ballerstedt*, FS Knur, S. 1 (14).

schaffen. Der Redaktor Gebhard sah in seinem Entwurf vielmehr einen allgemeinen Teil für juristische Personen vor, in dem nur Bestimmungen zu grundsätzlichen Fragen aller Körperschaften des öffentlichen und privaten Rechts enthalten waren[5]. So ist in seiner Vorlage für die erste Kommission zur Ausarbeitung des Entwurfs eines Bürgerlichen Gesetzbuchs zu lesen[6]: "Keine allgemeinen Vorschriften sind zu geben bezüglich der inneren Verhältnisse der Personenvereine, im Besonderen bezüglich des Erwerbes und Verlustes der Mitgliedschaft, sowie der Rechte und Pflichten, welche den Mitgliedern als solchen zustehen; die besonderen Bestimmungen, deren es auf dem Gebiete des Privatrechts in dieser Hinsicht bedarf, stehen mit dem individuellen Zwecke und der Eigenart der Körperschaften in untrennbaren Zusammenhange und können deshalb nur in den Statuten oder in Spezialgesetzen getroffen werden, welche die rechtliche Stellung einzelner Körperschaften oder gewisser Körperschaften regeln".

Der Entwurf beinhaltete demnach – ebenso wie beispielsweise das Preußische Allgemeine Landrecht[7] – keine umfassende Regelung der Innenverhältnisse der Körperschaften. Nachdem die erste Kommission in den wesentlichen Programmpunkten noch dem Entwurf von Gebhard gefolgt war, beabsichtigte die zweite Kommission das Recht der Idealvereine weitergehend zu normieren. Als Begründung dafür wurden die Zersplitterung des damaligen Rechts, der Gedanke der Rechtssicherheit sowie Gläubigerinteressen angeführt[8]. Die entscheidenden Probleme, die dabei einer Regelung zugeführt wurden[9], waren allerdings nur die außerordentlich umstrittene Frage der Erlangung der Rechtsfähigkeit durch den Verein[10], die Stellung des Vereins im Rechtsverkehr[11] und die Schutzbedürftigkeit der Vereinsgläubiger[12].

---

[5] Zum Gesetzgebungsverfahren siehe *Staudinger/Weick*, Vorbem zu §§ 21 ff. Rn. 15 ff.

[6] *Schubert*, Vorlagen der Redaktoren, S. 48 f. Dazu *Staudinger/Weick*, Vorbem zu §§ 21 ff. Rn. 15 und Rn. 21.

[7] Vgl. ALR II, 6, § 51: "Die inneren Angelegenheiten einer Corporation werden durch Berathschlagungen und Schlüsse der Mitglieder angeordnet".

[8] Vgl. Prot. I, S. 578 ff.

[9] Zum folgenden *Staudinger/Weick*, Vorbem zu §§ 21 ff. Rn. 15 ff.

[10] Vgl. nunmehr §§ 21, 22 BGB.

[11] Hier sind beispielsweise die Vorschriften über die Organisation des Vereins, die Vertretung sowie das Vereinsregister zu nennen.

[12] Dazu wurde die Konkursantragspflicht des Vorstandes (§ 42 II BGB) und eine ausführliche Regelung über das Liquidationsverfahren (§§ 47 ff. BGB) aufgenommen.

Sehr lückenhaft behandelt blieb letztlich das Verhältnis des Verbandes zu seinen Mitgliedern. §§ 32 ff. BGB enthalten lediglich Regelungen bezüglich der Mitgliederversammlung, des Stimmrechts und der Sonderrechte. Die Bestimmungen des Vereinsrechts machen also keine besonderen Aussagen darüber, wer im Innenverhältnis einen Schaden zu tragen hat, den das Mitglied bei einer Tätigkeit für den Verein einem Dritten zufügt. Ebensowenig erwähnt das Gesetz den Fall, daß ein Mitglied während der Geschäftsbesorgung im Interesse des Vereins Rechtsgüter desselben, z.B. Vereinseinrichtungen, verletzt. Hier gilt es beispielsweise die Frage nach dem zutreffenden Haftungsmaßstab zu stellen. Denkbar wäre anstatt der Anwendung des allgemeinen Haftungsmaßstabs des § 276 BGB (Haftung für Vorsatz und Fahrlässigkeit) eine Haftungsbeschränkung auf eigenübliche Sorgfalt (§ 277 BGB) bzw. grobe Fahrlässigkeit. Unabhängig davon besteht jedenfalls Einigkeit, daß bei Fehlen von gesetzlichen Vorschriften die Rechte und Pflichten der Mitglieder mit Hilfe der Satzung geregelt werden können[13].

Die Vertretung und Geschäftsführung durch den Vorstand hat in §§ 26 ff. BGB eine nähere Ausgestaltung erfahren. Für die Rechtsbeziehung zwischen dem Verein und seinem Vorstand ordnet § 27 III BGB im Hinblick auf die Geschäftsführung die entsprechende Anwendung der §§ 664 bis 670 BGB an, ohne jedoch weitergehende Aussagen über die sich stellenden Haftungsfragen zu treffen. So wurde im Gesetzgebungsverfahren sogar ein diesbezüglicher Antrag zurückgenommen, der sowohl eine Schadensersatzverpflichtung bei schuldhaftem Handeln gegenüber dem Verein samt einer Haftungsbeschränkung auf diligentia quam in suis als auch einen Ersatzanspruch des Vorstandes für zur Vertretung notwendiger Aufwendungen vorsah[14].

Weil Vereine die Haftungsproblematik häufig mit Abschluß einer Haftpflichtversicherung für erledigt wähnen, werden die satzungsrechtlichen Bestimmungen nicht immer hinreichende Regelungen enthalten. Daß Haftungsfragen trotz seitens der Vereine abgeschlossener Haftpflichtversicherungen praktisch nicht völlig belanglos sind, zeigt der folgende, einer Entscheidung des Bundes-

---

[13] Vgl. *Reichert/van Look*, Rn. 472; *Soergel/Hadding*, § 38 Rn. 1 und Rn. 15; *Staudinger/Weick*, § 35 Rn. 6.

[14] Siehe Prot. I, S. 509 f. Vgl. zur Ablehnung eines anderen Antrags, der ebenfalls eine Haftung (ohne Beschränkung) bei schuldhaftem Handeln der Vorstandsmitglieder gegenüber der Körperschaft vorsah: *Jakobs/Schubert*, Bd. 2,1, §§ 21–79, S. 190 f.

gerichtshofs zugrundeliegende Sachverhalt, in dem die Haftpflichtversicherung offenbar aufgrund der Versicherungsbedingungen die Zahlung verweigerte[15].

1. Pfadfinderentscheidung – BGHZ 89, 153 ff.

Der Kläger, ein Bauingenieur und Architekt, war Stammesführer bei einer Unterorganisation des verklagten Deutschen Pfadfinderbundes W e.V. Sein Stamm kehrte von einer Ferienfahrt, die er selbst organisiert hatte, mit nassen Zelten zurück. Der Kläger traf sich anschließend mit einer Gruppe 14 bis 17jähriger Pfadfinder, um die Zelte zum Trocknen aufzuhängen. Dafür hatte der Vater des Pfadfinders A eine Lagerhalle zur Verfügung gestellt. Es wurde beschlossen, die Zelte an den Verstrebungen der Dachkonstruktion in 3 bis 4 Meter Höhe aufzuhängen und dazu einen in der Halle abgestellten Gabelstapler einzusetzen. Der Pfadfinder A, der auf die Frage des Klägers erklärt hatte, er könne den Gabelstapler bedienen, nahm mit diesem einen leeren, cirka 70 kg schweren Drahtgitterbehälter auf, der sodann lose auf den Lastträgern saß. Der damals 16jährige H und der Pfadfinder B stiegen in den Behälter und ließen sich auf die Höhe der Dachkonstruktion heben, wo sie die Zelte aufhängten. Beim Aufhängen des letzten Zeltes kippte der Drahtgitterbehälter mit den beiden Jugendlichen seitlich von den Trägern des Gabelstaplers ab, wobei H schwer verletzt wurde. Der Kläger wurde dem Pfadfinder H wegen dessen Verletzungen schadensersatzpflichtig. Mit der Klage verlangte er vom beklagten Verein die Erstattung des bereits gezahlten Schadensersatzes sowie die Feststellung, daß der Beklagte verpflichtet sei, ihn von weiteren Verbindlichkeiten gegenüber dem Geschädigten freizustellen.

---

[15] BGHZ 89, 153 ff. = NJW 1984, 789 ff. = JZ 1984, 619 ff. = DB 1984, 552 f. = VersR 1984, 281 ff.; im Anschluß daran AG Bochum NJW-RR 1989, 96 f. Ferner OLG Saarbrücken VersR 1995, 832. *Lippert*, NJW 1984, 2266, meint, daß es diesen Fall im Vereinsleben eigentlich nicht geben dürfte. Wie die Entscheidung des OLG Saarbrücken VersR 1995, 832, zeigt, können jedoch selbst dann Schwierigkeiten auftreten, wenn die Versicherung zur Zahlung bereit ist. In dem dort zugrundeliegenden Sachverhalt hatte das Mitglied den Verein aufgrund leichter Fahrlässigkeit geschädigt. Die Versicherung leistete an den Verein Ersatz und begehrte anschließend gemäß § 823 I BGB i.V.m. § 67 I 1 VVG von dem Mitglied Erstattung der erbrachten Versicherungsleistungen.

Der Bundesgerichtshof entschied, daß der Kläger als Mitglied[16] des beklagten Vereins Erstattung des bereits geleisteten Schadensersatzes und Freistellung von weiteren Schadensersatzverpflichtungen verlangen könne. Er stützt dabei die Haftungsfreistellung im Vereinsinnenverhältnis auf eine entsprechende Anwendung des § 670 BGB als Anspruchsgrundlage. Zwar fehlt im Vereinsrecht für die von einem Mitglied übernommene Geschäftsbesorgung ein ausdrücklicher Verweis auf das Auftragsrecht – § 27 III BGB betrifft seinem Wortlaut nach nur die Beziehung zwischen dem Verein und dem Vorstand –, jedoch meint der BGH, daß für das Mitglied nichts anderes gelten kann, weil mit dem Verein ein "Geschäftsbesorgungsverhältnis besonderer Art" bestehe.

Der Bundesgerichtshof geht davon aus, daß ein Freistellungs- bzw. Erstattungsanspruch im Auftragsrecht grundsätzlich auch dann in Betracht kommen kann, wenn der Geschäftsführer durch Zufall, d.h. weder vom Auftraggeber noch von ihm selbst verschuldet, Schäden (hier in Form einer Schadensersatzverpflichtung gegenüber Dritten) erleidet[17]. Das Hauptproblem des zur Entscheidung stehenden Sachverhalts lag jedoch darin, daß der beim Kläger eingetretene Verlust nicht nur auf Zufall beruhte, sondern von ihm zumindest leicht fahrlässig verursacht wurde. Hier greift der BGH auf das arbeitsrechtliche Institut des innerbetrieblichen Schadensausgleichs zurück, wonach der Arbeitnehmer trotz eigenen Verschuldens bei leichtester Fahrlässigkeit ganz und bei mittlerer Fahrlässigkeit mindestens teilweise von der Haftung freizustellen ist[18]. In dem Geschäftsbesorgungsverhältnis zwischen Verein und Mitglied er-

---

[16] Die Entscheidung bezieht sich nur auf unentgeltlich tätige Vereinsmitglieder, nicht aber auf Vereinsorgane, wie bereits dem Leitsatz der Entscheidung zu entnehmen ist. Die Anwendung der Grundsätze der gefahrgeneigten Arbeit wird vielmehr im Anschluß an BGH WM 1975, 467 ff. auf Vertretungsorgane juristischer Personen gerade abgelehnt. Ebenso läßt BGH NJW-RR 1986, 572 (574) den Vorstand für jede Fahrlässigkeit haften. In diesem Sinne wird die Entscheidung verstanden von AG Bochum NJW-RR 1989, 96 f.; OLG Saarbrücken VersR 1995, 832; *Brox/Walker*, DB 1985, 1469 (1477 f.); *Erman/H.P. Westermann*, § 27 Rn. 7; *H. Götz/J. Götz*, JuS 1995, 106 (110, insb. Fn. 33); *Lippert*, NJW 1984, 2266; *Löwisch/Arnold*, JZ 1984, 622; *Großfeld/Noelle*, AG 1986, 275 (281); *Märkle*, S. 87; MünchKomm-*Reuter*, § 27 Rn. 21, § 32 Rn. 27, § 38 Rn. 26; *Palandt/Heinrichs*, § 27 Rn. 4; *Sauter/Schweyer*, Rn. 278; *Staudinger/Weick*, § 27 Rn. 25; *Stöber*, Rn. 163. Unrichtig daher die Interpretation, daß die Entscheidung Organe betreffe. In letzterem Sinn: *Reichert/van Look*, Rn. 1965; *K. Schmidt*, GesR, § 14 V 1, S. 431 f., § 24 III 2 d, S. 696 f., § 36 II 4 b, S. 1079; *Soergel/Hadding*, § 27 Rn. 23 sowie § 31 Rn. 28. Dafür, daß die Entscheidung nicht nur auf Mitglieder, sondern auch auf Organe bezogen ist *Habersack*, Mitgliedschaft, S. 365 (Fn. 88).

[17] Zur Einbeziehung von Schäden in den Tatbestand des § 670 BGB ausführlich unten IV.

[18] Im Arbeitsrecht wurde die Beschränkung der Haftungserleichterung auf nur gefahrgeneigte Arbeit inzwischen aufgegeben. Vgl. BAG GS NJW 1995, 210 ff. = AP Nr. 103 zu § 611 BGB Haftung des Arbeitnehmers. Es soll bei jeder betriebsbezogenen Tätigkeit, d.h. unabhängig vom

blickt er eine dem Arbeitsverhältnis vergleichbare Rechtsbeziehung, die eine Übertragung der arbeitsrechtlichen Haftungsmodifikationen auf das Vereinsrecht rechtfertige. Ebenso wie beim Arbeitsverhältnis sei die Verbindung im vorliegenden Fall auf Dauer angelegt, das Mitglied in die Vereinsorganisation eingegliedert sowie den aufgestellten Richtlinien und Verhaltensregeln unterworfen. Zur weiteren Begründung wird angeführt, daß es nicht gerechtfertigt sei, das Vereinsmitglied den Schaden tragen zu lassen, wenn es bei der Durchführung einer satzungsgemäßen Aufgabe verstärkt der Gefahr ausgesetzt sei, sich schadensersatzpflichtig zu machen, obwohl es durch die ausgeübte Tätigkeit seiner vereinsrechtlichen Treupflicht in besonderem Maße nachkomme. Der Verein dürfe das Mitglied nicht mit den Folgen solcher Schäden belasten, die aus der besonderen, dem Verein selbst zuzuschreibenden Gefahr der übertragenen Aufgabe entspringen. Eine solche schadensträchtige Aufgabe liege bei einem Jugendleiter, dem Aufsichts- und Überwachungspflichten übertragen seien, vor.

Die Anwendung der arbeitsrechtlichen Haftungsgrundsätze sei darüber hinaus auch im Interesse des Vereins geboten, da jener auf ehrenamtliche Mitarbeiter angewiesen sei. Müßten aber die Mitglieder die Risiken ihrer Tätigkeit selbst tragen, so wäre ein großer Teil von ihnen nicht mehr bereit, im Verein mitzuarbeiten, was letztlich zu einer Störung des Vereinslebens führen würde. Als Indiz dafür, daß dies der beklagte Verein ebenfalls so sah, wertet der BGH die Tatsache, daß dieser eine Haftpflichtversicherung für seine Jugendleiter abgeschlossen hatte.

Im Ergebnis folgerte der BGH eine Haftungsteilung im Verhältnis 1 : 3 zu Lasten des Vereins. Ob dem Vereinsmitglied von der Vorinstanz überhaupt eine Haftungsquote auferlegt werden konnte, mußte nicht entschieden werden, weil das Urteil vom Kläger dahingehend nicht angefochten war. Nach ständiger Rechtsprechung des Bundesarbeitsgerichts hätte zumindest bei leichtester Fahrlässigkeit eine vollständige Haftungsfreistellung zugesprochen werden müssen[19].

Merkmal der Gefahrgeneigtheit, ein Freistellungsanspruch möglich sein. Zu den Einzelheiten der Haftungserleichterung im Arbeitsrecht unten V 2 a.

[19] Siehe BAG AP Nr. 5 zu § 282 BGB; BAG AP Nr. 33, 37, 93 zu § 611 BGB Haftung des Arbeitnehmers.

2. Problemstellung

Inwieweit das Innenverhältnis von Idealvereinen eine Haftungsfreistellung bei Geschäftsführungsmaßnahmen erfordert, ist nicht nur im Hinblick auf Vereinsmitglieder, sondern auch für Vereinsorgane, insbesondere für den Vorstand als den typischen Geschäftsleiter eines Idealvereins zu klären. Besondere Aufmerksamkeit verdient dabei die ebengenannte Entscheidung des Bundesgerichtshofs, auf die im Laufe der Arbeit immer wieder zurückzukommen sein wird. Dabei bedarf vor allem die Übertragung der arbeitsrechtlichen Haftungserleichterung auf das Vereinsrecht einer kritischen Untersuchung. Die Haftungsfragen sollen im wesentlichen in drei – schon aus dem Arbeitsrecht bekannten – Konstellationen behandelt werden.

a) Schädigung von Dritten

Zunächst geht es – wie in der Pfadfinderentscheidung – um Fälle, in denen der Geschäftsbesorger einem Dritten schadensersatzpflichtig wird[20]. Hier ist danach zu fragen, ob das handelnde Vereinsmitglied oder Vereinsorgan vom Verein Freistellung von der Verbindlichkeit gegenüber dem Dritten verlangen bzw. bei Tilgung der Schadensersatzverpflichtung beim Verein Regreß nehmen kann. Der Begriff des geschädigten "Dritten" soll dabei weit verstanden werden, so daß er auch andere Vereinsmitglieder[21] und Vereinsorgane umfaßt. Diese Auslegung entspricht den für § 31 BGB anerkannten Grundsätzen, wonach Vereinsmitglieder und Organe, soweit die Schädigung nicht in ihren eigenen Verantwortungsbereich fällt, als Dritte im Sinne dieser Norm zu behandeln sind[22].

---

[20] Siehe zum Arbeitsrecht BAG GS AP Nr. 4 zu §§ 898, 899 RVO; BAG AP Nr. 37, 86 zu § 611 BGB Haftung des Arbeitnehmers; *Erman/Hanau*, § 611 Rn. 344; MünchKomm-*Söllner*, § 611 Rn. 431; *Staudinger/Richardi*, § 611 Rn. 519.

[21] Gerade einen solchen Fall betrifft die bereits erwähnte Entscheidung BGHZ 89, 153 ff. Vgl. bereits Fn. 16.

[22] Zur Einbeziehung von Vereinsmitgliedern in den Begriff des Dritten bei § 31 BGB BGHZ 90, 92 (95); BGHZ 110, 323 (327 f.); *Märkle*, S. 85; MünchKomm-*Reuter*, § 31 Rn. 25; *Reichert/van Look*, Rn. 1902; *K. Schmidt*, JZ 1991, 157 (161); *Staudinger/Weick*, § 31 Rn. 31. Zu Vereinsorganen BGH NJW 1978, 2390; BGH NJW 1984, 1884 (1885); *Märkle*, S. 85; *Soergel/Hadding*, § 31 Rn. 26; *Staudinger/Weick*, § 31 Rn. 11. Anders MünchKomm-*Reuter*, § 31 Rn. 25, wonach das Organ immer Dritter sein soll, der Verein jedoch Gegenrechte wegen Verletzung der Organpflichten geltend machen kann. Ähnl. *K. Schmidt*, GesR, § 10 IV 4 c, S. 290 und § 24 VI 2 c, S. 726 f., der ein Mitverschulden des Organs gegebenenfalls über § 254 BGB berücksichtigen will. Aufgrund der Anwendung des § 31 BGB durch den BGH bei Schädigung von Vereinsmitgliedern ist der Begriff des "Dritten" nach seiner Ansicht praktisch bedeutungslos geworden.

Die Haftungsproblematik gewinnt hier an besonderer Bedeutung, weil im Vereinsrecht die Tendenz besteht, die persönliche Verantwortlichkeit des für die Körperschaft Handelnden gegenüber anderen Vereinsmitgliedern auszuweiten. So soll nach neuerer Rechtsprechung die Vereinsmitgliedschaft ein sonstiges Recht i.S.v. § 823 I BGB darstellen und auch verbandsintern deliktsrechtlichen Schutz erfahren können[23]. Damit kann sich der Geschäftsführer einer Deliktshaftung ausgesetzt sehen, wenn er bei seiner Tätigkeit schuldhaft in fremde Mitgliedschaftsrechte eingreift[24].

Darüber hinaus kann sich eine Eigenhaftung des Geschäftsführers gegenüber Mitgliedern nach einer im Vordringen befindlichen Meinung aus Schutzpflichtverletzungen ergeben. Nach dieser Ansicht sollen Sonderrechtsbeziehungen bei juristischen Personen nicht auf das Verhältnis zwischen der Körperschaft und ihren Mitgliedern bzw. Organen beschränkt sein, sondern in gleicher Weise unter den Mitgliedern selbst sowie zwischen Mitgliedern und Organen bestehen können[25]. Diese "monistische Lehre" geht damit unabhängig von der Rechtsform des Verbandes – Personengesellschaft oder juristische Person – davon aus, daß je nach Verbandsstrukur Sonderverbindungen mit wechselseitigen Schutz- und Rücksichtspflichten bestehen können, weil sich die Mitglieder ein gemeinsames Ziel zur Verfolgung gesetzt haben, sich aufeinander verlassen und daher gegenseitig ihre Interessen anvertrauen. Schließt man sich der "monistischen Lehre" an, so besteht im Einzelfall für den Geschäftsführer die Gefahr, wegen schuldhafter Verletzung der Pflichten aus dieser schuldrechtlichen Sonderbeziehung haften zu müssen[26]. Dagegen anerkennt die traditionelle Lehre vom "dualistischen Verbandsbegriff" Rechtsbeziehungen zwischen den einzelnen Mitgliedern nur in Personenverbänden, nicht aber in körperschaftlich

---

[23] So BGHZ 110, 323 ff., für den Idealverein.

[24] BGHZ 110, 323 (334); grds. bejahend *Beuthien/Kießler*, WuB II L. § 31 BGB 1.91; *Erman/H.P. Westermann*, § 38 Rn. 9; *H. Götz/J. Götz*, JuS 1995, 106 (109); *Habersack*, Mitgliedschaft, S. 200 ff.; *Reichert/van Look*, Rn. 473 f.; *K. Schmidt*, JZ 1991, 157 (160). Insgesamt abgelehnt wird der deliktsrechtliche Schutz der Vereinsmitgliedschaft von *Hadding*, FS Kellermann, S. 91 (106 f.); *Klink*, S. 175 ff. Anders *Reuter*, FS Lange, S. 707 (724 f.), der nur eine persönliche Haftung von Vereinsmitgliedern und Vereinsorganen verneint.

[25] Grundlegend *Lutter*, AcP 180, S. 84 (127); *Habersack*, Mitgliedschaft, S. 201; *Klink*, S. 187 und S. 201 f.; *Reichert/van Look*, Rn. 475 und Rn. 616 f.; *K. Schmidt*, GesR, § 19 III 1 a, S. 552 ff.; *ders.*, JZ 1991, 157 (161); *Wiedemann*, GesR, Bd. I, § 2 I 1 b, S. 95. *Beuthien/Kießler*, WuB II L. § 31 BGB 1.91, erwägen eine Sonderrechtsbeziehung sogar zwischen Mitgliedern und Fremdorganen, d.h. solchen Vereinsorganen, die nicht selbst Mitglied im entsprechenden Verein sind.

[26] Dazu insbesondere *K. Schmidt*, JZ 1991, 157 (161); vgl. auch *Klink*, S. 187 und S. 201 f.

organisierten Verbandspersonen[27]. Allerdings können im rechtsfähigen Verein auch unter Zugrundelegung der traditionellen Auffassung Rechtsbeziehungen zwischen den Mitgliedern durch die Satzung geschaffen werden[28], so daß insoweit eine Haftung nicht ausgeschlossen ist.

Noch weitergehend gibt es nunmehr im Anschluß an das GmbH- und GmbH & Co. KG-Recht Überlegungen, Vereinsmitglieder in den Schutzbereich des Vertrages zwischen Idealverein und Organ einzubeziehen[29]. Eine Eigenhaftung des Organs ergäbe sich somit auch bei Verletzung mitgliederschützender, d.h. drittschützender Organpflichten nach den allgemeinen Haftungsgrundsätzen bei Verträgen mit Schutzwirkung zugunsten Dritter.

Gesteht man dem Geschäftsführer gegen den Verein in solchen Fällen einen Anspruch auf Übernahme des Schadensersatzes zu, so kann dieser prinzipiell auf verschiedene Art und Weise geltend gemacht werden[30]. Solange an den Dritten noch keine Ersatzleistung erbracht worden ist, kann Freistellung von der Verbindlichkeit unter den Voraussetzungen des § 257 BGB verlangt werden. Dem Dritten würde zwar kein eigenes Recht auf Leistung gegen den Verein zustehen, jedoch bestünde für das Mitglied bzw. Organ die Möglichkeit, die Leistung an den Geschädigten im Klageweg durchzusetzen.

Dem Dritten kann aber auch ein unmittelbarer Anspruch auf Zahlung gegen den Verein verschafft werden, indem der Geschäftsführer den ihm zustehenden Befreiungsanspruch nach § 398 BGB an den Dritten abtritt. Die Abtretung eines Freistellungsanspruchs scheitert im übrigen nicht an § 399 BGB, vielmehr verwandelt sich der Befreiungs- in einen Zahlungsanspruch[31].

---

[27] BGHZ 110, 323 (334); *Flume*, AT I/2, § 8 I, S. 259; *Jauernig*, § 38 Anm. 1 a; MünchKomm-*Reuter*, § 38 Rn. 4; RGRK-*Steffen*, § 38 Rn. 1. Allgemein zu Körperschaft und Gesellschaft *Hölder*, S. 266 ff.

[28] Dazu *Flume*, AT I/2, § 8 I, S. 259 f.; *Reichert/van Look*, Rn. 475; *K. Schmidt*, GesR, § 19 III 1 a, S. 553 (Beispiel Nr. 2); *v. Tuhr*, Bd. I, § 38, S. 542 (Fn. 1).

[29] So für den Idealverein *Klink*, S. 188 f.; *K. Schmidt*, JZ 1991, 157 (161). Für die GmbH & Co. KG beispielsweise BGHZ 75, 21 (322 ff.); BGHZ 76, 326 (337 f.); BGH NJW 1982, 2869. Zur GmbH siehe insb. *Baums*, Geschäftsleitervertrag, S. 248 ff. Ablehnend *Grunewald*, ZIP 1989, 962 (965) für den Idealverein. Kritisch zum Idealverein auch *Habersack*, Mitgliedschaft, S. 206 f. Zur Genossenschaft *Großfeld/Noelle*, AG 1986, 275 (277).

[30] Siehe dazu beispielsweise *Helm*, AcP 160, S. 134 (138); *H.P. Westermann*, FS Beusch, S. 871 (872 f.).

[31] Vgl. RGZ 80, 183 (184); RGZ 140, 373 (378); RGZ 151, 93 (100); BGHZ 12, 136 (141); BGHZ 71, 167 (170); speziell zum Freistellungsanspruch eines Vereinsmitglieds AG Bochum NJW-RR 1989, 96 (97). Siehe auch *Helm*, AcP 160, S. 134 (138); MünchKomm-*Keller*, § 257 Rn. 8; *Staudinger/Selb*, § 257 Rn. 7.

Hat der Geschäftsführer hingegen dem Geschädigten bereits Schadensersatz geleistet, so richtet sich der Anspruch gegen den Verein auf Erstattung der erbrachten Leistung.

b) Eigenschäden des Geschäftsführers

Eng verwandt mit der Schädigung von Dritten ist eine zweite Kategorie, der Sachverhalte zuzuordnen sind, in denen der Geschäftsführer Schäden an eigenen Rechtsgütern erleidet, beispielsweise im Rahmen seiner Tätigkeit am Körper verletzt wird[32]. Ein Anspruch des Mitglieds oder Organs ist dann immer auf Ausgleich, d.h. Erstattung der eingetretenen Verluste gerichtet.

c) Schädigung des Vereins

Die dritte Gruppe erfaßt Fälle, die allesamt dadurch gekennzeichnet sind, daß der Geschäftsbesorger bei seiner Aufgabenwahrnehmung dem Verein einen Schaden zufügt. Eine mögliche Haftungsbeschränkung im Innenverhältnis, z.B. Haftung nach Maßgabe der Regeln des innerbetrieblichen Schadensausgleichs oder Anwendung des Haftungsmaßstabs des § 277 BGB, könnte damit als direkter Einwand gegen einen Schadensersatzanspruch des Vereins geltend gemacht werden[33]. Es geht hier also letztlich um die Freistellung von der Haftung gegenüber dem Verein selbst[34].

Einen solchen Fall hatte das OLG Saarbrücken zu entscheiden[35]. Das ehrenamtlich tätige Mitglied eines Pfadfinderstammes einer Kirchengemeinde verursachte bei Bastelarbeiten zur Vorbereitung eines Weihnachtsbasars infolge einfacher Fahrlässigkeit mit einem Teelicht einen Brand. Für den der Kirchengemeinde entstandenen Gebäudeschaden und dem Pfadfinderstamm entstandenen Inventarschaden leistete die Versicherung des Kirchenkreises Ersatz. Die Versicherung nahm daraufhin das Mitglied auf Erstattung der erbrachten Leistungen in Anspruch. Als Anspruchsgrundlage kam § 823 I BGB i.V.m. § 67 I 1 VVG in Betracht. Erforderlich war demnach das Bestehen eines Scha-

---

[32] Zu entsprechenden Fällen im Arbeitsrecht BAG AP Nr. 6, 7 Gefährdungshaftung; BAG AP Nr. 19 zu § 611 BGB Haftung des Arbeitnehmers; siehe auch *Erman/Hanau*, § 611 Rn. 348.

[33] Vgl. dazu *H.P. Westermann*, FS Beusch, S. 871 (873).

[34] Die Bezeichnung "Haftungsfreistellung" ist in dieser Konstellation gleichbedeutend mit "Haftungsbeschränkung".

[35] OLG Saarbrücken VersR 1995, 832.

densersatzanspruchs der Kirchengemeinde bzw. des Pfadfinderstammes gegen das Mitglied, der gemäß § 67 I 1 VVG auf die Versicherung übergehen konnte. Das OLG Saarbrücken verneinte einen solchen Schadensersatzanspruch, indem es im Anschluß an BGHZ 89, 153 ff. die Grundsätze des innerbetrieblichen Schadensausgleichs heranzog und damit trotz einfacher Fahrlässigkeit zu einer Haftungsfreistellung gelangte. Weil demnach kein Schadensersatzanspruch gegen das Mitglied bestand, wurde die Klage der Versicherung aus übergegangenem Recht abgewiesen.

d) Rechtliche Behandlung der einzelnen Fallgruppen

Für die genannten Konstellationen soll versucht werden, die einzelnen Haftungsprobleme soweit wie möglich kongruent zu lösen, da es in der Regel keinen Unterschied macht, bei wem der Schaden im Rahmen der Geschäftsführung für den Verein zunächst einmal eintritt (Dritter, Geschäftsführer oder Verein)[36]. In jedem dieser Fälle geht es nämlich letzten Endes darum, wer im Innenverhältnis zwischen Verein und Geschäftsführer einen – wie auch immer entstandenen Verlust – zu übernehmen hat. Im übrigen stellt es ein Anliegen dieser Arbeit dar, die Haftungsfragen in Einklang mit den rechtsgeschäftlichen Bestimmungen und dem Haftungssystem des BGB zu behandeln und eine Sonderentwicklung bzw. Verselbständigung, wie es beispielsweise das Arbeitsrecht erfahren hat[37], zu verhindern.

3. Differenzierung zwischen rechtsfähigem und nichtrechtsfähigem Verein

Die Erörterungen beziehen sich hier in erster Linie auf die Rechtslage im rechtsfähigen Verein. Soweit keine besonderen Hinweise erfolgen oder spezielle Entscheidungen genannt werden, gelten die Ausführungen jedoch für den nichtrechtsfähigen Idealverein sinngemäß. Heute herrscht nämlich weitgehend Einigkeit darüber, daß die Verweisung des § 54 S. 1 BGB auf das Gesellschaftsrecht für die Innenorganisation des nichtrechtsfähigen Idealvereins keine Anwendung findet. Vielmehr sind die Vorschriften über den rechtsfähigen

---

[36] So auch ausdrücklich für das Vereinsrecht *K. Schmidt*, GesR, § 14 V 1, S. 432. Allgemein für Geschäftsbesorgungstatbestände *Canaris*, RdA 1966, 41 (48); *Fitz*, Risikozurechnung, S. 146 f.; *Genius*, AcP 173, S. 481 (503); *Honsell*, FS v. Lübtow, S. 485 (497); *Larenz*, SR II/1, § 56 III, S. 419. A.A. BAG AP Nr. 2 zu § 611 BGB Gefährdungshaftung des Arbeitgebers: kein Freistellungsanspruch des Arbeitnehmers bei Sachschäden.

[37] Siehe insbesondere V 2 a cc (5).

Verein heranzuziehen, soweit diese nicht gerade die Eintragung des Vereins voraussetzen[38]. Trifft die Satzung des nichtrechtsfähigen Vereins besondere Bestimmungen, so erübrigt sich freilich die Bezugnahme auf §§ 25 ff. BGB[39].

Die Gesetzesverfasser selbst wußten bereits, daß die Normen des Gesellschaftsrechts für nichtrechtsfähige Vereine unangemessen sind, weil solche Vereine bei wechselndem Mitgliederbestand bezwecken, sich dauernd und unter einer korporativen Verfassung zu konstituieren[40]. Der Gesetzgeber wollte jedoch die Vereine einer politischen Kontrolle unterwerfen, indem sie zur Eintragung in das Vereinsregister veranlaßt werden sollten (verschleiertes Konzessionssystem)[41]. Vereine, die eine Eintragung ablehnten, sollten dem ungünstigeren (und unangemessenen) Gesellschaftsrecht unterliegen, das die Mitglieder persönlich haften ließ und die Vermögensbildung erschwerte. Das mit der Regelung des § 54 S. 1 BGB verfolgte Ziel hat der Gesetzgeber verfehlt, weil sich bedeutende Vereine, wie z.B. Gewerkschaften und politische Parteien, gegen eine Eintragung in das Vereinsregister entschieden haben und damit den Status eines nichtrechtsfähigen Vereins beibehalten haben[42]. Die Bedenken gegen die freie Körperschaftsbildung sind im Hinblick auf Art. 9 GG aus verfassungsrechtlichen Gründen überholt[43]. Auch wegen des Gleichbehandlungsgebots muß die Rechtslage mit derjenigen für den rechtsfähigen Verein übereinstimmen[44]. Teilweise wird daher ein Außerkrafttreten des § 54 S. 1 BGB[45] bzw. die Schaffung eines Richterrechts contra legem[46] für nichtrechtsfähige Vereine angenommen. Andere nehmen lediglich eine berichtigende Auslegung vor, die dadurch erleichtert werden soll, daß das Gesellschaftsrecht weitgehend dispositiv ist[47]. Weil die Satzung im nichtrechtsfähigen Verein

---

[38] BGHZ 50, 325 (328 f.); OLG Frankfurt ZIP 1985, 213 (215); *Dütz*, FS Herschel, S. 55 (58); *Erman/H.P. Westermann*, § 54 Rn. 1; MünchKomm-*Reuter*, § 54 Rn. 2 und Rn. 8; RGRK-*Steffen*, § 54 Rn. 6; *Staudinger/Weick*, § 54 Rn. 40.

[39] Siehe *Flume*, ZHR 148, S. 503 (515) und (522).

[40] Siehe Prot. II, S. 457. Kritisch zur gesetzlichen Regelung schon *Dernburg*, Bd. 1, § 79, S. 219 f. Siehe auch *Flume*, ZHR 148, S. 503 (507 f.).

[41] MünchKomm-*Reuter*, § 54 Rn. 1; RGRK-*Steffen*, § 54 Rn. 2; *Staudinger/Weick*, § 54 Rn. 2.

[42] RGRK-*Steffen*, § 54 Rn. 3; *Staudinger/Weick*, § 54 Rn. 2.

[43] MünchKomm-*Reuter*, § 54 Rn. 2; RGRK-*Steffen*, § 54 Rn. 4; *Staudinger/Weick*, § 54 Rn. 2. Zur Kritik an der verfassungsrechtlichen Argumentation *Flume*, ZHR 148, S. 503 (508).

[44] MünchKomm-*Reuter*, § 54 Rn. 2; *Palandt/Heinrichs*, § 54 Rn. 1.

[45] Vgl. MünchKomm-*Reuter*, § 54 Rn. 2 und Rn. 8. Dagegen *Flume*, ZHR 148, S. 503 (521).

[46] *Larenz*, Methodenlehre, S. 419 f.

[47] *Staudinger/Weick*, § 54 Rn. 2 und Rn. 40; *Flume*, ZHR 148, S. 503 (512 ff.).

mangels Eintragung keiner Form bedarf, kann der Ausschluß von gesellschaftsrechtlichen Vorschriften durch eine stillschweigende Regelung erfolgen[48], soweit ein Wille der Mitglieder festzustellen ist, einen körperschaftlich strukturierten Verein zu schaffen.

[48] *Staudinger/Weick*, § 54 Rn. 31.

II. Rechtsgrundlagen der Geschäftsbesorgung im nichtwirtschaftlichen Verein

Der BGH hat die Anwendung von § 670 BGB als Anspruchsgrundlage eines Befreiungs- und Erstattungsanspruchs des Vereinsmitglieds damit begründet, daß zwischen dem Verein und dem Mitglied ein "Geschäftsbesorgungsverhältnis besonderer Art" bestehe[1], für das der Verweis in § 27 III BGB auf das Auftragsrecht entsprechend gelten soll. Was unter dem Begriff "Geschäftsbesorgungsverhältnis besonderer Art" jedoch genau zu verstehen ist, läßt der BGH offen. Als notwendige Voraussetzung der Anwendung auftragsrechtlicher Vorschriften auf vereinsinterne Rechtsbeziehungen und damit von § 670 BGB muß vorab die rechtliche Einordnung der Geschäftsbesorgung und vor allem ihr Verhältnis zur Vereinsmitgliedschaft geklärt werden. Eine systematische Darstellung derjenigen Rechtsbeziehungen, die einer Geschäftsbesorgung im nichtwirtschaftlichen Verein zugrunde liegen können, ist bisher – soweit ersichtlich – nicht vorhanden und soll daher im folgenden zunächst vorgenommen werden.

1. Geschäftsbesorgungen durch Vereinsmitglieder

Die Mitgliedschaft im Verein wird gemeinhin als Rechtsverhältnis des Personenrechts[2] definiert, das alle körperschaftlichen Beziehungen des Mitglieds zum Verein umfaßt und aus dem sowohl für das Mitglied als auch für den Verein Rechte und Pflichen entstehen können[3]. Es besteht also eine vereinsrechtlich geprägte Sonderrechtsbeziehung, die durch einen rechtsgeschäftlichen Entstehungstatbestand, nämlich entweder durch einen Aufnahmevertrag zwischen Verein und Mitglied oder durch die Teilnahme an der Gründung des

---

[1] BGHZ 89, 153 (157).

[2] Vgl. dazu RGZ 100, 1 (2); RGZ 163, 200 (203); RGRK-*Steffen*, § 38 Rn. 1; *Sauter/Schweyer*, Rn. 333; *Staudinger/Weick*, § 35 Rn. 2.

[3] Vgl. dazu *Enneccerus/Nipperdey*, AT 1, § 112, S. 674; *Klink*, S. 132; RGRK-*Steffen*, § 38 Rn. 1; *Soergel/Hadding*, § 38 Rn. 2; *v. Tuhr*, Bd. 1, § 38, S. 542.

Vereins über einen Gründungsvertrag, zustande kommt[4]. Soweit im Rahmen der vorliegenden Arbeit von einem mitgliedschaftlichen (Sonder-)Rechtsverhältnis gesprochen wird, soll damit eben diese schuldrechtliche Verbindung zwischen dem Verein und seinem Mitglied bezeichnet werden.

Das mitgliedschaftliche Rechtsverhältnis ist allerdings nicht die einzig denkbare rechtliche Verbindung zwischen dem Verein und seinem Mitglied. Vielmehr kommen daneben weitere Rechtsverhältnisse, die durch zusätzliche Verträge begründet werden, in Betracht. Rechte und Pflichten können dann nicht nur auf die durch die Mitgliedschaft im Verein entstandene Sonderverbindung, sondern eventuell auch auf einen davon rechtlich unabhängigen schuldrechtlichen Vertrag zurückgeführt werden.

a) Geschäftsbesorgungen aufgrund des mitgliedschaftlichen Rechtsverhältnisses

Unter mitgliedschaftlichen Pflichten sind zunächst solche zu verstehen, die sich unmittelbar aus der Zugehörigkeit zum Verband ergeben und nicht erst durch einen weiteren rechtsgeschäftlichen Akt begründet werden müssen. Wie bereits in der Einleitung hervorgehoben wurde, haben die Gesetzesverfasser das Innenverhältnis zwischen dem Verein und seinen Mitgliedern unvollständig geregelt. Mitunter mangelt es an einer allgemeinen Regelung der mitgliedschaftlichen Rechte und Pflichten, die deshalb vor allem eine satzungsmäßige Ausgestaltung erfahren können[5].

aa) Satzungsrechtlich geregelte Geschäftsbesorgungen

Der typische Fall einer mitgliedschaftlichen Geschäftsbesorgungspflicht liegt vor, wenn das Vereinsmitglied aufgrund einer satzungsrechtlichen Bestimmung verpflichtet ist, eine gewisse Tätigkeit auszuüben. Mit dem Beitritt zum

---

[4] Siehe *Flume*, AT I/2, § 8 III, S. 276 f.; *Hadding*, FS Kellermann, S. 91 (95 f.); *Lutter*, AcP 180, S. 84 (97 ff.); MünchKomm-*Reuter*, § 38 Rn. 34; *Soergel/Hadding*, § 38 Rn. 6 f. Streng davon zu trennen ist die hier nicht zu behandelnde Frage, inwieweit die Mitgliedschaft zugleich ein subjektives Recht des Vereinsmitglieds bildet (bejahend z.B. *Habersack*, Mitgliedschaft, S. 21 ff., insb. S. 98.; MünchKomm-*Reuter*, § 38 Rn. 6; *K. Schmidt*, GesR, § 19 I 3, S. 549 f.; verneinend *Soergel/Hadding*, § 38 Rn. 3 a). Zur terminologischen Verwendung des Begriffs "Mitgliedschaft" siehe *Klink*, S. 84 ff.

[5] Dazu *Reichert/van Look*, Rn. 472; *Soergel/Hadding*, § 38 Rn. 1 und Rn. 15; *Staudinger/Weick*, § 35 Rn. 6.

Verein hat das Mitglied nämlich die Vereinsgewalt anerkannt[6], so daß es schlußendlich an die Satzung und deren Bestimmungen gebunden ist[7].

Die Verpflichtung zum Tätigwerden für den Verein kann dabei von unterschiedlicher Intensität sein. Gegebenenfalls hat das Vereinsmitglied seine gesamte Arbeitskraft zur Mitarbeit auf vereinsrechtlicher Basis einzusetzen. Als Beispiel hierfür ist die Tätigkeit von Rot-Kreuz-Schwestern zu nennen, für die das BAG bereits entschieden hat, daß sie kraft Satzung zum Krankenpflegedienst verpflichtet sind und daher mit ihnen keine gesonderten Arbeitsverträge bestehen[8]. In den Entscheidungsgründen wird darauf hingewiesen, daß die karitative Arbeit der Schwestern nicht nur Motiv, sondern Wesensbestandteil ihrer Tätigkeit sei. Sie würden ihren Beruf deshalb nicht zur Bestreitung von Lebensbedürfnissen oder zur Erzielung von Einkünften ausüben, sondern vom Verein – der Schwesternschaft des Roten Kreuzes – lediglich das zur Lebenserhaltung Notwendige bekommen, damit sie ihre karitative Arbeit verrichten können. Eine Mitgliedschaft in der Schwesternschaft des Roten Kreuzes sei im übrigen ohne den Einsatz der gesamten Arbeitskraft überhaupt nicht möglich. Letztlich bestehe die Aufgabe der Schwestern einzig in der Erfüllung des Vereinszwecks, so daß die von ihnen ausgeübte Tätigkeit bereits der Vereinsmitgliedschaft immanent sei. Als rechtliche Grundlage für die Arbeit innerhalb der Schwesternschaft kann daher allein die aus der Satzung entspringende mitgliedschaftliche Pflicht, den Dienst als Rot-Kreuz-Schwester zu verrichten, dienen[9].

Außer dem Gebot die gesamte Arbeitskraft in den Dienst des Vereins zu stellen, kann die Satzung selbstverständlich das Mitglied dazu verpflichten, nur einzelne Tätigkeiten zu übernehmen. Gemäß § 58 Nr. 2 BGB soll die Satzung Bestimmungen darüber enthalten, "ob und welche Beiträge von den Mitgliedern zu leisten sind". Unter Beiträgen im weiteren Sinne sind alle Leistungen eines

---

[6] Siehe BGHZ 13, 5 (11); BGHZ 87, 337 (344).

[7] Dazu BGHZ 47, 172 (175); *Flume*, AT I/2, § 9 III, S. 328; *Soergel/Hadding*, § 25 Rn. 37; *Staudinger/Weick*, § 25 Rn. 9. Vgl. auch die vielfältigen Beispiele bei *Leist*, S. 3 ff.

[8] BAGE 2, 289 ff. = BAG AP Nr. 1 zu § 5 ArbGG 1953; BAGE 27, 163 (169 ff.) m.w.N. = BAG AP Nr. 1 zu § 5 BetrVG 1972 Rotes Kreuz = BAG SAE 1976, 204 (206). Kritisch *Beuthien*, FS BAG, S. 1 (14 ff.). Hier gilt es zunächst nur aufzuzeigen, daß die Pflicht, die gesamte Arbeitskraft für den Verein einzusetzen, schon allein mit Begründung der Mitgliedschaft entstehen kann. Zur Problematik der Abgrenzung von Tätigkeitspflichten, die aus der Mitgliedschaft folgen, und solcher kraft schuldrechtlicher Vereinbarung siehe ausführlich unten II 1 c.

[9] Zu weiteren Beispielen, in denen die Mitglieder auf vereinsrechtlicher Basis ihre gesamte Arbeitskraft zur Verfügung stellen, vgl. *Loritz*, Mitarbeit Unternehmensbeteiligter, S. 192 ff. m.w.N., so z.B. Ordensverbände der katholischen Kirche, evangelische Diakonissen, Schwesternschaften in Form der Diakonievereine.

Vereinsmitglieds in Form eines Tuns oder Unterlassens zu verstehen, die zur Erreichung des Vereinszwecks zu erbringen sind. Folglich können dem Mitglied neben Geldleistungen kostenlose Werk- und Dienstleistungen als Beitrag auferlegt werden[10]. Das Mitglied kann beispielsweise gehalten sein, an der Vereinsverwaltung mitzuwirken, an Veranstaltungen teilzunehmen oder an Vereinseinrichtungen Arbeitsleistungen zu erbringen[11]. Darüber hinaus wird es sogar für zulässig erachtet, daß die Satzung die Übernahme der Tätigkeit als Vereinsorgan gebietet[12]. Teilweise werden nur Geldleistungen als Beiträge bezeichnet, während eine Verpflichtung zu einem bestimmten Tun oder Unterlassen neben Beiträgen für zulässig erachtet wird[13]. Hierbei handelt es sich jedoch lediglich um eine terminologische Abweichung, die für die juristische Bewertung selbst keine eigenständige Relevanz besitzt[14].

Obwohl § 58 Nr. 2 BGB nur von "Sollen" spricht, muß aufgrund des Satzungsprinzips des § 25 BGB eine Beitragsfestsetzung in der Satzung des Vereins erfolgen[15]. Demnach müssen die das Vereinsleben bestimmenden Grundentscheidungen in der Vereinsverfassung selbst geregelt werden[16]. Insoweit wird die registerrechtliche Ordnungsvorschrift des § 58 BGB[17] materiellrechtlich von § 25 BGB überlagert. Ausnahmsweise sollen allerdings Beitragspflichten ohne ausdrückliche satzungsrechtliche Regelung bestehen können, soweit sie eindeutig dem in der Satzung zum Ausdruck kommenden Vereinszweck ent-

---

[10] Vgl. die eindeutige Regelung des § 706 III BGB für die Gesellschaft bürgerlichen Rechts. Siehe auch BAGE 27, 163 (171) = BAG AP Nr. 1 zu § 5 BetrVG 1972 Rotes Kreuz; BAG NJW 1996, 143 (151); AG Grevenbroich NJW 1991, 2646 f.; *Dütz*, FS Hilger und Stumpf, S. 99 (103); *ders.*, FS Herschel, S. 55 (62); *S. Kohler*, Mitgliedschaftliche Regelungen, S. 115; *Reichert/van Look*, Rn. 578; RGRK-*Steffen*, § 58 Rn. 2; *Sauter/Schweyer*, Rn. 347; *Soergel/Hadding*, § 38 Rn. 21; *Stöber*, Rn. 83. Unter Beiträgen im engeren Sinne werden demgegenüber lediglich periodische Geldzahlungen der Mitglieder verstanden. Dazu *Kohler*, Mitgliedschaftliche Regelungen, S. 115; *Reichert/van Look*, Rn. 578.

[11] Siehe *Dütz*, FS Hilger und Stumpf, S. 99 (103); *Stöber*, Rn. 83.

[12] So bereits *v. Tuhr*, Bd. 1, § 38, S. 548 f. Vgl. auch *Eisenhardt*, Rn. 141. *Enneccerus/Nipperdey*, AT 1, § 112, S. 674; *Erman/H.P. Westermann*, § 58 Rn. 2; MünchKomm-*Reuter*, § 38 Rn. 24; *Soergel/Hadding*, § 38 Rn. 22; *Stöber*, Rn. 83.

[13] So *Staudinger/Weick*, § 58 Rn. 4. AG Grevenbroich NJW 1991, 2646 f. und BVerfG NJW 1991, 2626 sprechen von "Sonderleistungen".

[14] In der weiteren Darstellung wird dem gängigen weiten Beitragsbegriff gefolgt.

[15] So *Beuthien*, BB 1987, 6 (10); *S. Kohler*, Mitgliedschaftliche Regelungen, S. 115; *Märkle*, S. 43; MünchKomm-*Reuter*, § 58 Rn. 2; *Stöber*, Rn. 83 f.

[16] Vgl. BGHZ 47, 172 (177); BGHZ 105, 306 (313 f.); *Erman/H.P. Westermann*, § 25 Rn. 1; MünchKomm-*Reuter*, § 25 Rn. 1; *Staudinger/Weick*, § 25 Rn. 3.

[17] So für § 58 BGB *Beuthien*, BB 1987, 6 (10); MünchKomm-*Reuter*, § 58 Rn. 1; *Soergel/Hadding*, § 58 Rn. 1; *Staudinger/Habermann*, § 58 Rn. 3.

nommen werden können. Dies wird insbesondere dann anzunehmen sein, wenn der von dem Verein verfolgte Zweck offensichtlich nur mit Hilfe der Leistungspflicht der Mitglieder verwirklicht werden kann[18]. Weiterhin ist es rechtlich unerheblich, ob die Verpflichtung zur Geschäftsbesorgung in der Satzung als "Beitrag" bezeichnet wird.

Der Verein kann den Mitgliedern freilich nicht beliebig Tätigkeitspflichten auferlegen, so daß eine zu weitgehende persönliche Inanspruchnahme unzulässig ist. Die Grenzen werden von den sachlichen Bedürfnissen des Vereins und der Zumutbarkeit für die Mitglieder gezogen[19]. In jedem Fall sind die Regelungen an §§ 134, 138, 242 BGB zu messen[20]. Leistungen dürfen also im Rahmen des Vereinszwecks, des Vereinsrechts und den zivilrechtlichen Generalklauseln durch die Satzung oder darauf beruhenden Beschlüssen von allen Mitgliedern erhoben werden[21].

Es bleibt noch darauf hinzuweisen, daß eine Pflichtenmehrung durch spätere Satzungsänderung jedenfalls dann der Zustimmung aller betroffenen Mitglieder bedarf, wenn die Änderung von einer solchen Intensität ist, daß beim Beitritt zum Verein nicht damit zu rechnen war[22].

bb) Geschäftsbesorgungspflichten aufgrund von Beschlüssen der Vereinsorgane

Die Begründung einer mitgliedschaftlichen Geschäftsbesorgungsverpflichtung wird auch durch den Beschluß von Vereinsorganen für zulässig erachtet,

---

[18] Vgl. dazu *Dütz*, FS Hilger und Stumpf, S. 99 (105); *Erman/H.P. Westermann*, § 58 Rn. 2; *S. Kohler*, Mitgliedschaftliche Regelungen, S. 119; *Müller-Erzbach*, Kap. 7, S. 58; RGRK-*Steffen*, § 58 Rn. 1; *Soergel/Hadding*, § 58 Rn. 3. In BAGE 27, 163 (170) ergab sich die Arbeitspflicht der Rot-Kreuz-Schwestern aus der Satzung in Verbindung mit den Regelungen der Vereinsordnung. Daß es sich um eine vereinsrechtliche Beitragspflicht und nicht etwa um eine kraft Arbeitsvertrag begründete Tätigkeitspflicht handelte, war hier schon dem Vereinszweck zu entnehmen. Zu ungeschriebenen Mitgliedschaftspflichten sogleich unten II 1 a cc.

[19] MünchKomm-*Reuter*, § 38 Rn. 24.

[20] Dazu *Dütz*, FS Herschel, S. 55 (62); *Reichert/van Look*, Rn. 598; *Soergel/Hadding*, § 25 Rn. 25; *Staudinger/Weick*, § 25 Rn. 22; *v. Tuhr*, Bd. 1, § 38, S. 549.

[21] BVerfG NJW 1991, 2626. Ebenso *Staudinger/Weick*, § 25 Rn. 22.

[22] So BGHZ 56, 106 (109), für die Genossenschaft; AG Grevenbroich NJW 1991, 2646 (2647); *Reichert/van Look*, Rn. 604 und Rn. 606.

soweit die Vereinssatzung eine dahingehende Ermächtigung enthält[23]. Einen hierfür typischen Sachverhalt bietet eine Entscheidung des AG Grevenbroich[24]:

Die Mitgliederversammlung des Klägers – ein Tennisverein – beschloß, daß alle Mitglieder ab 16 Jahren zur Errichtung eines Vereinsheims 20 Arbeitsstunden zu leisten, ersatzweise 15 DM je Stunde zu zahlen haben. Das beklagte Vereinsmitglied leistete die Arbeitsstunden nicht. Der Verein verlangte nunmehr klagweise Zahlung von 300 DM. § 9 VII der Vereinssatzung bestimmte: "Der Vorstand ist berechtigt, nach Absprache mit der Mitgliederversammlung für Sonderausgaben eine einmalige Umlage festzusetzen und die Frist zu bestimmen, in der die Summe gezahlt werden muß (z.B. für Platzerweiterungen, Vergrößerungen, größere Reparaturarbeiten, zur Deckung eines entstandenen Defizits oder zur Abwendung evtl. zu erwartender Schulden, etc)."

Das Amtsgericht Grevenbroich gab der Klage des Vereins zu Recht statt. Zunächst soll noch einmal daran erinnert werden, daß die Mitglieder bereits mit dem Beitritt zum Verein die Satzung und somit die Regelung des § 9 VII als verbindlich anerkannt haben[25]. Ein satzungsmäßig ergangener Beschluß des zuständigen Vereinsorgans (Mitgliederversammlung) war daher in der Lage, die Vereinsmitglieder zu binden. Insoweit genügt es für die Festsetzung einer Tätigkeitspflicht als Beitrag i.S.v. § 58 Nr. 2 BGB, die als Grundentscheidung für den Verein der Aufnahme in die Satzung bedarf, wenn die Leistungspflicht im Kern von der Satzung geregelt wird. Die weitere Ausgestaltung kann mittels satzungsrechtlicher Regelung – wie sie in der obengenannten Entscheidung in Gestalt des § 9 VII vorhanden war – an Vereinsorgane delegiert werden, die diese durch den Erlaß von Vereinsordnungen oder Einzelmaßnahmen wahrnehmen.

cc) Ungeschriebene Geschäftsbesorgungspflichten

Allgemein anerkannt ist, daß ein Verband neben satzungsrechtlichen Pflichten ungeschriebene Verpflichtungen zu erzeugen vermag, die keine besondere

---

[23] *S. Kohler*, Mitgliedschaftliche Regelungen, S. 119; MünchKomm-*Reuter*, § 25 Rn. 7 und § 58 Rn. 2; *Planck/Knoke*, § 35 Anm. 6 m.w.N.; *Soergel/Hadding*, § 58 Rn. 3; *Staudinger/Habermann*, § 58 Rn. 3; *Staudinger/ Weick*, § 25 Rn. 3; *v. Tuhr*, Bd. 1, § 38, S. 550. Einschränkend *Erman/H.P. Westermann*, § 58 Rn. 2.

[24] Vgl. AG Grevenbroich NJW 1991, 2646 f.; dazu BVerfG NJW 1991, 2626.

[25] Vgl. BGHZ 47, 172 (175); *Flume*, AT I/2, § 9 III, S. 328; *Soergel/Hadding*, § 25 Rn. 37; *Staudinger/Weick*, § 25 Rn. 9.

gesetzliche oder satzungsrechtliche Fixierung erfordern[26]. Die genaue satzungsmäßige Normierung aller Mitgliedschaftspflichten ist schon deshalb nicht möglich, weil die Gesamtheit der künftigen rechtlichen Situationen a priori nicht vorhersehbar ist. Es handelt sich beim Verein – mit den Worten Lutters gesprochen – um ein "offenes System", das sich nicht in der einmal getroffenen Festlegung erschöpfen kann[27]. Da die Mitglieder versprochen haben, den in der Satzung zum Ausdruck kommenden Zweck in der Zukunft gemeinsam zu verfolgen, bedarf es gerade im Hinblick auf unvorhersehbare Ereignisse eines an Flexibilität und Anpassung orientierten Verhaltens. Um diesen Anforderungen gerecht zu werden, ist es notwendig, daß aus dem Dauerverhältnis zwischen Verein und Mitglied fortlaufend neue Rechte und Pflichten entspringen können[28].

Was die Pflichten des Mitglieds anbelangt, ist dabei zwischen passiven und aktiven Förderpflichten zu unterscheiden[29]. Unter passiven Förderpflichten versteht man diejenigen Treupflichten, die gebieten, die Verbandsinteressen zu wahren und all dasjenige zu unterlassen, was die Interessen des Verbandes bedrohen oder verletzen kann[30]. Für die Frage der Haftungsfreistellung gilt es, das Augenmerk in besonderem Maße auf die aktiven Förderpflichten zu richten, soweit sie die Übernahme einer Tätigkeit für den Verein verlangen. Aktive Förderpflichten sind nämlich auf die Verfolgung des gemeinsamen Zweckes im Wege eines positiven Tuns gerichtet[31].

Grundlage einer solchen ungeschriebenen Mitarbeitsverpflichtung ist die mitgliedschaftliche Verbindung, die in einem gegenüber § 242 BGB gesteigerten Maße von beiderseitigen Treupflichten beeinflußt wird[32]. Mit dem

---

[26] Vgl. bereits *Müller-Erzbach*, Kap. 47, S. 312; *Dütz*, FS Hilger und Stumpf, S. 99 (106).

[27] *Lutter*, AcP 180, S. 84 (91 f.) und (102).

[28] Siehe *Lutter*, AcP 180, S. 84 (102). Vgl. auch *Müller-Erzbach*, Kap. 2, S. 22.

[29] Grundlegend *Lutter*, AcP 180, S. 84 (109 ff.). Dem folgend *Dütz*, FS Hilger und Stumpf, S. 99 (100 ff.); MünchKomm-*Reuter*, § 38 Rn. 25; *Reichert/van Look*, Rn. 609.

[30] Dazu *Dütz*, FS Hilger und Stumpf, S. 99 (105 ff.); *ders.*, FS Herschel, S. 55 (63); *Lutter*, AcP 180, S. 84 (105 ff.); *Müller-Erzbach*, Kap. 47, S. 314; *Reichert/van Look*, Rn. 614.

[31] Vgl. *Dütz*, FS Hilger und Stumpf, S. 99 (100 ff.); *Lutter*, AcP 180, S. 84 (108 ff.).

[32] Zur erhöhten Treupflicht im Vereinsrecht BGHZ 110, 323 (330); KG MDR 1985, 230; *Dütz*, FS Hilger und Stumpf, S. 99 (105) und (119); *ders.*, FS Herschel, S. 55 (62 f.); *Erman/H.P. Westermann*, § 38 Rn. 1; RGRK-*Steffen*, § 38 Rn. 11; *Sauter/Schweyer*, Rn. 348. *Reichert/van Look*, Rn. 608 f., treten dafür ein, die Förderpflicht nicht nur quantitativ, sondern auch qualitativ von der allgemeinen Treupflicht des § 242 BGB zu unterscheiden. *Hadding*, FS Kellermann, S. 91 (109 f.), geht dagegen nicht generell von einer erhöhten Treupflicht aus. Er lehnt eine solche zumindest bei anonymen Massenverbänden (z.B. ADAC) ab. Die Treupflicht wird überwiegend als

Beitritt zum Verein zeigt das Mitglied, daß es den Satzungszweck gemeinschaftlich zu verfolgen beabsichtigt. Indem es sich in den Verband einordnet, hat es sein Verhalten an den im Vereinszweck zum Ausdruck kommenden Interessen zu orientieren[33]. Das Versprechen der gemeinsamen Zweckverfolgung begründet darüber hinaus die gemeinschaftliche Verantwortung für das Geschehen im Verband[34]. Aktive Förderpflichten können daher als Konkretisierung der allgemeinen Treupflicht verstanden werden. Das Vorhandensein einer solchen ungeschriebenen Pflicht und deren Intensität kann dabei nur unter Berücksichtigung aller Umstände des Einzelfalls festgestellt werden[35], wobei Inhalt und Umfang der Förderpflicht unter anderem von der Art des gemeinsam verfolgten Zwecks, der Struktur und Geschlossenheit des Verbandes, der Dauer des Mitgliedschaftsverhältnisses und des Status des Mitglieds im Verein bestimmt werden[36]. Im übrigen kann eine Auslegung der Vereinssatzung bzw. der Vereinsordnungen unter Berücksichtigung der bisherigen Vereinspraxis bei der Prüfung von ungeschriebenen Tätigkeitspflichten behilflich sein[37].

Zu Recht wird darauf hingewiesen, daß bei Massenverbänden die Intensität der Treupflicht geringer ist als bei anderen Vereinen, da vor allem beim Bestehen eines Aufnahmezwangs keine Möglichkeit gegeben ist, die Mitglieder nach deren Vertrauenswürdigkeit bzw. nach Leistungskriterien auszusuchen[38]. Auch wird bei Massenverbänden die Satzung häufig nur die Zahlung eines bestimmten Mitgliedsbeitrags in Geld vorsehen, während andere Leistungspflichten gerade nicht bestehen sollen. Deshalb ist anzunehmen, daß auch ungeschriebene Pflichten in der Regel allenfalls in Form von passiven, nicht aber aktiven

---

Haupt- und nicht nur Sekundärpflicht eingestuft: Vgl. *Dütz*, FS Hilger und Stumpf, S. 99 (101); *Lutter*, AcP 180, S. 84 (103 f.); *Reichert/van Look*, Rn. 608. A.A. MünchKomm-*Reuter*, § 38 Rn. 25.

[33] So ebenfalls *Reichert/van Look*, Rn. 610.

[34] Dazu *Dütz*, FS Hilger und Stumpf, S. 99 (122); *Lutter*, AcP 180, S. 84 (90 f.).

[35] So zutreffend *Reichert/van Look*, Rn. 611; *Soergel/Hadding*, § 38 Rn. 23.

[36] Zu den Kriterien, die zur Feststellung einer Förderpflicht heranzuziehen sind, vgl. auch *Dütz*, FS Hilger und Stumpf, S. 99 (101) und (106); *S. Kohler*, Mitgliedschaftliche Regelungen, S. 120 f.; *Lutter*, AcP 180, S. 84 (109); *Reichert/van Look*, Rn. 611. Anders *Müller-Erzbach*, Kap. 47, S. 313 f., der rügt, daß Rechtspflichten als Treupflichten gekennzeichnet werden, ohne daß man imstande sei, den Umfang zu ermitteln. Weil die Verpflichtung der Mitglieder zu positiven Leistungen von der Bereitwilligkeit der Beteiligten abhinge, bedürften solche Pflichten einer satzungsrechtlichen Regelung bzw. einer besonderen Vereinbarung. Ebenso fordert *U. Schmidt*, Mitgliedschaft, S. 205 f., für aktive Förderpflichten innerhalb von Großverbänden eine Festsetzung kraft Satzung. Ähnlich restriktiv *Reichert/van Look*, Rn. 612.

[37] Vgl. *Dütz*, FS Hilger und Stumpf, S. 99 (121).

[38] *S. Kohler*, Mitgliedschaftliche Regelungen, S. 121; *U. Schmidt*, Mitgliedschaft, S. 207.

Förderpflichten in Betracht kommen sollen[39]. Das Verlangen nach einem aktiven Einsatz der Mitglieder ist bei Massenorganisationen auch aus deren Sicht gegenüber Geldleistungen von nachgeordneter Bedeutung. Solche Verbände sind nämlich zumeist auf die Geschäftsbesorgung ihrer Mitglieder nicht angewiesen, da sie über hauptamtlich tätiges Personal verfügen. Anders muß die Rechtslage bei kleineren Vereinen im politischen und kulturellen Sektor oder Sportvereinen beurteilt werden, weil diese grundsätzlich ein aktives, förderndes Verhalten ihrer Mitglieder voraussetzen[40]. Sie verfügen oftmals über keine hauptamtlichen Mitarbeiter, so daß sie letztlich auf die Beteiligung ihrer Mitglieder angewiesen sind[41].

Anhand der ebengenannten Kriterien ist zu prüfen, ob beispielsweise Mitglieder eines Sportvereins an Vereinsmeisterschaften, Mitglieder eines Gesangsvereins an einem Konzert, Mitglieder der Freiwilligen Feuerwehr an Übungen teilzunehmen haben, Mitglieder bei Veranstaltungen des Vereins mithelfen müssen, Mitglieder ein Vereinsfest vorbereiten und bei diesem mitwirkend tätig sein müssen[42].

dd) Geschäftsbesorgungen aus Gefälligkeit

Unter den hier zu besprechenden Gefälligkeiten sind solche zu verstehen, für die keine vereinsrechtliche Pflicht zur Aufgabenwahrnehmung existiert, bei denen das Mitglied sich aber freiwillig zur Aufgabenwahrnehmung erboten hat. Diesem Problemkreis gehört ein vom OLG Stuttgart im Jahre 1906 entschiedener Fall an[43]:

Ein Mitglied eines Kriegervereins erklärte sich freiwillig unter Zustimmung der anderen Mitglieder zum Salutschießen mit Böller bereit und wurde dabei durch Zerspringen eines Böllers verletzt. Das Gericht lehnte eine vertragsmäßige Haftung des Vereins aus Auftragsrecht ab, da eine auf Begründung von Rechtsbeziehungen gerichtete Absicht nicht festgestellt werden könne.

Das OLG Stuttgart zog offensichtlich nur ein Auftragsverhältnis als Grundlage der vom Vereinsmitglied übernommenen Tätigkeit in Erwägung, lehnte

---

[39] Ähnlich *U. Schmidt*, Mitgliedschaft, S. 204.

[40] Vgl. auch *Dütz*, FS Hilger und Stumpf, S. 99 (121).

[41] Ebenso *U. Schmidt*, Mitgliedschaft, S. 201.

[42] Beispiele von *Reichert/van Look*, Rn. 599 und Rn. 612.

[43] OLG Stuttgart Das Recht 1907, 446 (Nr. 868). Dazu *Willoweit*, JuS 1986, 96 (98 f.).

ein solches jedoch mangels Rechtsbindungswillens der Parteien ab. Die Abgrenzung zwischen bloßer Gefälligkeit und einem mit Rechtsbindungswillen abgeschlossenen schuldrechtlichen Vertrag muß sich auch im Verhältnis zwischen Verein und Mitglied nach allgemeinen Kriterien richten. Die Annahme eines schuldrechtlichen Rechtsverhältnisses soll demnach von den jeweiligen Umständen des Einzelfalls abhängen, wobei insbesondere auf das Verhalten der Parteien unter Zugrundelegung der Verkehrsauffassung und die rechtliche bzw. wirtschaftliche Bedeutung der Tätigkeit abzustellen ist[44]. Folgt man der Entscheidung des OLG Stuttgart nach Aufklärung der Tatsachen darin, daß eine schuldrechtliche Beziehung kraft gesonderten Vertragsschlusses mangels Rechtsbindungswillens nicht vorlag, so stellt sich dennoch die Frage, ob nicht auf das mitgliedschaftliche Rechtsverhältnis als Grundlage für die Ausübung der Tätigkeit zurückzugreifen gewesen wäre.

Inwieweit es sich eventuell schon um eine ungeschriebene, aus der Treupflicht entspringende aktive Förderpflicht handelte, läßt sich der Entscheidung mangels genauerer Sachverhaltsangaben nicht entnehmen. Ungeachtet dessen muß die mitgliedschaftliche Sonderrechtsbeziehung die Rechtsgrundlage für die Übernahme der Tätigkeit bilden, da die anderen Mitglieder bzw. die zuständigen Organe der Geschäftsbesorgung ausdrücklich zugestimmt oder diese jedenfalls konkludent gebilligt hatten. Zudem kann die Grenze zwischen ungeschriebener aktiver Förderpflicht und freiwilliger Geschäftsübernahme kaum plausibel gezogen werden. So wäre es durchaus denkbar, daß nur ein Teil der übernommenen Tätigkeit oder nur eine bestimmte Zeitdauer der Aufgabenwahrnehmung aufgrund einer aktiven Förderpflicht geboten ist, während hinsichtlich der darüber hinaus entfalteten Geschäftsbesorgung ein freiwilliges Tätigwerden vorliegt. Des weiteren können beide Konstellationen kumulativ vorliegen, wenn das Mitglied kraft aktiver Förderpflicht gehalten ist, die Tätigkeit zu übernehmen, es sich jedoch in Unkenntnis dieser ungeschriebenen Pflicht ohnehin gegenüber den zuständigen Vereinsorganen aus Gefälligkeit dazu bereit erklärt hat.

---

[44] Vgl. generell zur Abgrenzung zwischen Vertragsverhältnissen und bloßen Gefälligkeiten *Erman/Werner*, Einl § 241 Rn. 33 ff.; MünchKomm-*Kramer*, Einl zu §§ 241 ff. Rn. 28 ff.; *Staudinger/Schmidt*, Einl zu §§ 241 ff. Rn. 230 ff. Vgl. speziell zum Verhältnis von bloßer Gefälligkeit und Auftrag BGHZ 21, 102 (106 f.); BGHZ 88, 373 (382); *Erman/Ehmann*, Vor § 662 Rn. 4; MünchKomm-*Seiler*, § 662 Rn. 61 ff.; *Palandt/Heinrichs*, Einf v. § 662 Rn. 3; *Soergel/Mühl*, Vor § 662 Rn. 3.

Im Gegensatz zu einem außenstehenden Dritten, der dem Verein eine bloße Gefälligkeit erweist, handelt das Mitglied in diesen Fällen zur Erfüllung des Vereinszwecks, dessen Verfolgung es im Gründungs- oder Aufnahmevertrag versprochen hat. Bei solchen freiwilligen Leistungen, die mangels Rechtsbindungswillens zu keinem Vertragsschluß führen, muß daher immer dann auf die durch die Mitgliedschaft begründete Sonderverbindung zurückgegriffen werden, wenn die Tätigkeit im Rahmen der versprochenen Zweckverfolgung übernommen wird, also in direktem Bezug zur Mitgliedschaft steht und daher einer Treupflicht angenähert ist. Das Vereinsmitglied handelte in dem vom OLG Stuttgart zu entscheidenden Sachverhalt schon deshalb im Rahmen der Zwecksetzung des Vereins, weil es seine Tätigkeit zur Durchführung einer Vereinsveranstaltung erbrachte. Bestätigt wird dies durch den Umstand, daß die anderen anwesenden Mitglieder der Geschäftsübernahme zustimmten.

In solchen Konstellationen handelt es sich also nicht um ein herkömmliches Gefälligkeitsverhältnis, wie es sonst bei unentgeltlichen Tätigkeiten angenommen werden kann, sondern um eine Geschäftsbesorgung, die aufgrund der Mitgliedschaftsbezogenheit ihre rechtliche Grundlage in dem mitgliedschaftlichen Rechtsverhältnis findet. Das Mitgliedschaftsverhältnis umfaßt insoweit nämlich alle körperschaftlichen Beziehungen zwischen Mitglied und Verein[45].

Wird die Tätigkeit dagegen unabhängig von der mitgliedschaftlichen Stellung übernommen, so steht das Mitglied dem Verein wie jeder beliebige Dritte gegenüber[46]. Grundlage der Gefälligkeit ist dann weder die vereinsrechtliche Sonderverbindung noch aufgrund des fehlenden Rechtsbindungswillens ein Auftrag. Bei solchen von der Mitgliedschaft unbeeinflußten Gefälligkeiten scheidet deshalb ein schuldrechtlicher Aufwendungs- bzw. Verlustersatzanspruch von vorneherein aus[47]. Weil diesbezüglich keine vereinsrechtlichen Besonderheiten bestehen, bedürfen sie im Rahmen dieser Arbeit keiner weiteren Erörterung.

---

[45] Siehe bereits oben II 1.

[46] Zu den sogenannten Drittgläubigerschuldverhältnissen siehe unten II 1 d.

[47] So allgemein für Gefälligkeitsverhältnisse *Jauernig/Vollkommer*, § 241 Anm. 8 c; *Palandt/Heinrichs*, Einf v. § 242 Rn. 10; MünchKomm-*Seiler*, § 662 Rn. 58; *Willoweit*, JuS 1986, 96 (99), der ein Auftragsverhältnis im Rechtssinne verlangt. Vgl. weiter *Rother*, Haftungsbeschränkung, S. 167 und S. 183, der jedoch in "Härtefällen" Ausnahmen zulassen will. Die Frage, ob die Haftung des Gefälligen analog §§ 521, 599, 690 BGB auf grobe Fahrlässigkeit beschränkt ist, ist umstritten. Dafür z.B. RGRK-*Steffen*, Vor § 662 Rn. 22; *Rother*, Haftungsbeschränkung, S. 178. Ablehnend RGZ 145, 390 (394 f.); *Soergel/Mühl*, Vor § 662 Rn. 3; *Staudinger/Wittmann*, Vorbem zu §§ 662 ff. Rn. 20.

Reichert/Dannecker[48] sind der Meinung, daß Tätigkeiten wie die Übernahme eines Dienstes als Saalordner, Stimmenzähler oder bei der Vorbereitung eines Vereinsfestes geringfügiger Natur, daher einem Gefälligkeitsverhältnis angenähert seien und aus diesem Grund eine ausdrückliche satzungsmäßige Regelung der Geschäftsbesorgungspflicht nicht erforderlich sei. Genaugenommen handelt es sich bei den genannten Beispielen aber um Fälle, die den ungeschriebenen Mitgliederpflichten zuzuordnen sind[49]. Nur wenn eine dahingehende aktive Förderpflicht besteht, ist das Mitglied ohne ausdrückliche Satzungsbestimmung oder freiwillige Übernahme gehalten, eine derartige Tätigkeit auszuführen.

b) Aufgabenwahrnehmung aufgrund eines Geschäftsbesorgungsvertrages

Die Verpflichtung zur Geschäftsbesorgung kann aber anstatt auf der mitgliedschaftlichen Rechtsbeziehung auch auf einem gesonderten schuldrechtlichen Vertrag beruhen. Unter dem hier in Rede stehenden Begriff des Geschäftsbesorgungsvertrages zwischen dem Verein und seinem Mitglied sind nicht nur entgeltliche Rechtsbeziehungen i.S.v. § 675 BGB zu verstehen, sondern all diejenigen Vertragstypen, die eine Geschäftsbesorgung für den Verein im weitesten Sinne zum Gegenstand haben[50]. Die Mitgliedschaft und eine zusätzliche schuldrechtliche Verbindung schließen sich im übrigen nicht schon denkgesetzlich aus, weil zum einen der rechtsfähige Verein durch Handeln der zuständigen Organe in der Lage ist, Verträge einzugehen[51] und zum anderen die Mitgliedschaft nur einen Teilbereich der Rechtsbeziehungen des Individuums erfaßt[52].

So ist für alle Verbände – juristische Personen und Personengesellschaften – anerkannt, daß deren Mitglieder durch besondere Rechtsgeschäfte Pflichten begründen können, um beispielsweise im Rahmen eines Auftrages oder Dienst-

---

[48] *Reichert/Dannecker* (5. Aufl.), Rn. 599.

[49] So nunmehr auch *Reichert/van Look*, Rn. 599 und Rn. 612 mit z.T. identischen Beispielen.

[50] Die ganz h.M. versteht den Geschäftsbesorgungsbegriff im Auftragsrecht ebenso weit. Dieser soll alle Tätigkeiten für einen anderen, also auch nur tatsächliche Handlungen, umfassen. Vgl. RGZ 65, 17 (18); BGHZ 65, 204 (207); *Erman/Ehmann*, Vor § 662 Rn. 6; *Fikentscher*, SR, Rn. 916; *Jauernig/Vollkommer*, § 662 Anm. 3 b; *Larenz*, SR II/1, § 56 I, S. 408 f.; MünchKomm-*Seiler*, § 662 Rn. 15 f.; *Palandt/Thomas*, § 662 Rn. 6; RGRK-*Steffen*, Vor § 662 Rn. 7; *Soergel/Mühl*, § 662 Rn. 10; *Staudinger/Martinek*, § 675 Rn. A 12. A.A. *Pallmann*, S. 24 ff., der für den Auftrag eine treuhandsähnliche Tätigkeit verlangt.

[51] Ähnlich *Beuthien*, FS BAG, S. 1 (2 f.).

[52] Vgl. *Gierke*, Genossenschaftstheorie, S. 176; *Oertmann*, Bd. 1, § 35 Anm. 2 a.

vertrages Leistungen zu erbringen[53]. Dies kommt im übrigen auch in § 34 BGB zum Ausdruck, der den Ausschluß des Stimmrechts eines Mitglieds regelt, falls die Beschlußfassung die Vornahme eines Rechtsgeschäfts zwischen ihm und dem Verein betrifft.

aa) Bedeutung des schuldrechtlichen Geschäftsbesorgungsvertrages

Die Möglichkeit, die Geschäftsführung im Wege eines gesonderten schuldrechtlichen Vertrages zu regeln, stellt keinesfalls nur eine theoretische Konstruktion dar, sondern besitzt durchaus praktische Relevanz. Dem Inhalt nach ist der Vertrag nämlich auf die Extension bereits bestehender oder die Begründung neuer Pflichten gerichtet. Soweit einem Vereinsmitglied Tätigkeiten über die allgemeinen Mitgliedschaftspflichten hinaus, die jedem Vereinsmitglied in gleicher Weise obliegen, auferlegt werden sollen[54], bieten sich zwei Wege an. In entsprechender Anwendung des § 35 BGB kann für solche Sonderpflichten eine satzungsrechtliche Regelung erfolgen, die allerdings der Zustimmung des betroffenen Mitglieds bedarf, weil der im Vereinsrecht geltende Gleichbehandlungsgrundsatz verlangt, daß ein Mitglied nicht ungerechtfertigt, sachwidrig schlechter gestellt werden darf als die übrigen Mitglieder[55].

---

[53] Auch das BAG hält es für denkbar, daß innerhalb eines Vereins einzelne Mitglieder einen weiteren rechtsgeschäftlichen Vertrag mit dem Verein schließen, um eine bestimmte Tätigkeit zu übernehmen. Siehe dazu BAGE 2, 289 (293); BAG NJW 1996, 143 (150 f.). Vgl. zum Idealverein OLG Stuttgart NJW 1996, 1352 f.; *S. Kohler*, Mitgliedschaftliche Regelungen, S. 192 f.; *Oertmann*, Bd. 1, § 35 Anm. 2 a; *Reichert/van Look*, Rn. 522 f.; *Soergel/Hadding*, § 35 Rn. 4. Zur GmbH RGZ 79, 332 (336); *Baumbach/Hueck*, § 14 Rn. 11; *Baums*, Geschäftsleitervertrag, S. 99 f.; *Lutter/Hommelhoff*, § 14 Rn. 8; *Scholz/Winter*, § 14 Rn. 16. Zur Genossenschaft BGH NJW 1960, 1858 (1859); BGHZ 103, 219 (221 f.); *Hettrich/Pöhlmann*, § 18 Rn. 24; *Meyer/Meulenbergh/ Beuthien*, § 18 Rn. 42; *Müller*, § 18 Rn. 5. Zur Gesellschaft bürgerlichen Rechts MünchKomm-*Ulmer*, § 709 Rn. 36 und § 713 Rn. 1; RGRK-*v. Gramm*, § 705 Rn. 5; *Soergel/Hadding*, § 709 Rn. 13 und § 713 Rn. 3; *Staudinger/Keßler*, Vorbem §§ 709–715 Rn. 16 und § 713 Rn. 1. Zur Handelsgesellschaft RGZ 153, 305 (310); GroßKommHGB-*Fischer* (3. Aufl.), § 128 Anm. 43; *Heymann/Emmerich*, § 110 Rn. 22; *Schlegelberger/K.Schmidt*, § 128 Rn. 12; *Westermann/Klingberg*, Hdb. der Personengesellschaften, I. Teil, § 20 Rn. 383.

[54] *Oertmann*, Bd. 1, § 35 Anm. 5 a, nennt beispielhaft die Übernahme einer Organstellung bzw. Ausführung einer übertragenen Tätigkeit für den Verein, die keine aus der Satzung hervorgehende allgemeine Pflicht des Mitglieds darstellt. Vgl. zu den Sonderpflichten auch *Reichert/van Look*, Rn. 607 – gegenüber anderen Mitgliedern erhöhte Beitragspflicht.

[55] Siehe zu solchen Sonderpflichten *Dütz*, FS Hilger und Stumpf, S. 99 (107); *Erman/H.P. Westermann*, § 35 Rn. 2; MünchKomm-*Reuter*, § 35 Rn. 9; *Reichert/van Look*, Rn. 607 f.; *Soergel/Hadding*, § 35 Rn. 21. A.A. *Oertmann*, Bd. 1, § 35 Anm. 5 a, der eine Auferlegung von Sonderpflichten kraft Verfassung ablehnt und einen besonderen zweiseitigen Verpflichtungsakt verlangt; ähnl. *Isele*, Geschäftsbesorgung, S. 28: "Zur Übernahme der Geschäftsbesorgung als Organ einer juristischen Person ist, wenn nicht besondere vertragliche Abreden getroffen sind,

Eine weitergehende Verpflichtung eines Mitglieds zur Mitarbeit im Verein kann jedoch auch durch einen zusätzlichen Vertrag begründet werden. Es dürfte dabei nicht von der Hand zu weisen sein, daß es sich bei der vertraglichen Geschäftsbesorgung um die praktikablere Lösung handelt. Eine satzungsrechtliche Normierung erfordert, falls die Sonderpflicht nicht schon zum Zeitpunkt der Gründung bzw. des Beitritts zum Verein statuiert wurde, eine in ordnungsgemäßem Verfahren, insbesondere unter Wahrung der nach § 33 BGB erforderlichen Mehrheit[56], zustandegekommene Satzungsänderung. Diese kann aber nicht von heute auf morgen erfolgen, so daß zumindest bei dringlicher Aufgabenwahrnehmung nur das Gestaltungsmittel des schuldrechtlichen Geschäftsbesorgungsvertrages bleibt. Weil die Satzungsänderung gemäß § 71 I 1 BGB erst mit Eintragung in das Vereinsregister wirksam wird, läßt sich deren Inkrafttreten nur schwer vorherbestimmen[57]. Auf eine vertragliche Regelung durch Abschluß eines Geschäftsbesorgungsvertrages ist der Verein ebenfalls angewiesen, wenn er aus Geheimhaltungsinteressen die Publizität vermeiden möchte und somit der Weg über eine satzungsrechtliche Regelung nicht beschritten werden kann[58]. Auch soweit die Tätigkeitspflicht unabhängig von der Mitgliedschaft bestehen, d.h. bei deren Beendigung fortdauern soll, empfiehlt sich eine vertragliche Vereinbarung. Sie bietet des weiteren den Vorteil, daß die Parteien für jeden Einzelfall die Ausgestaltung der Geschäftsbesorgung sowie deren Rechtsfolgen flexibel bestimmen können[59].

Hierbei ist allerdings zu beachten, daß sich der Verein durch die Wahl der schuldrechtlichen Form nicht seiner Pflichten entledigen darf. Daher muß sich der gesondert geschlossene Vertrag am Gleichbehandlungsgebot messen lassen, d.h. er darf die daran unbeteiligten Vereinsmitglieder gegenüber den Vertragsparteien nicht sachwidrig benachteiligen[60].

---

niemand verpflichtet". Zum Gleichbehandlungsgrundsatz MünchKomm-*Reuter*, § 34 Rn. 16; *Soergel/Hadding*, § 38 Rn. 19; *Staudinger/Weick*, § 35 Rn. 13 ff.

[56] § 33 BGB ist allerdings gemäß § 40 BGB abdingbares Recht, so daß die Satzung abweichende Regelungen treffen kann. Vgl. MünchKomm-*Reuter*, § 33 Rn. 7; *Staudinger/Weick*, § 33 Rn. 6.

[57] Siehe *Lukes*, NJW 1972, 121 (125).

[58] Siehe *Müller-Erzbach*, Kap. 24, S. 198.

[59] So zum Vertrag mit einem GmbH-Geschäftsführer *Baumbach/Hueck/Zöllner*, § 35 Rn. 9.

[60] Vgl. zum Genossenschaftsrecht *Hettrich/Pöhlmann*, § 18 Rn. 26.

bb) Vertragsschluß

Der Abschluß eines schuldrechtlichen Geschäftsbesorgungsvertrages setzt voraus, daß der Verein, vertreten durch das zuständige Organ, und das Mitglied einen rechtsgeschäftlichen Konsens über die Aufgabenwahrnehmung erzielen. In der Praxis erfolgt allerdings nicht immer eine ausdrückliche Aufgabenübertragung, da vor allem im Bereich der Jugendarbeit oftmals Eltern, die selbst Vereinsmitglieder sind, Aufgaben für den Verein im Interesse ihrer Kinder wahrnehmen, ohne vom Verein damit explizit betraut worden zu sein. In vielen Fällen besitzen jedoch die zuständigen Vereinsorgane Kenntnis von diesen Tätigkeiten und billigen sie auch, weil sie für die Funktionsfähigkeit des Vereins unerläßlich sind. Eine solche Konstellation findet sich in einer Entscheidung des AG Bochum[61]:

Das Vereinsmitglied war Trainerin der Mädchen-Fußballmannschaft eines Sportvereins. Im Rahmen ihrer Tätigkeit holte sie regelmäßig Spielerinnen von zu Hause zum Training und zu Spielen ab und brachte sie anschließend auch wieder zurück. Während einer solchen Fahrt verursachte sie mit dem PKW ihrer Mutter schuldhaft einen Verkehrsunfall, wobei das Fahrzeug beschädigt wurde und damit eine Schadensersatzpflicht gegenüber ihrer Mutter entstand. Die Trainerin trat einen etwaigen Freistellungsanspruch gegen den Verein an ihre Mutter ab, die dann Klage erhob. Der Verein machte geltend, daß hinsichtlich der Durchführung der Fahrten kein Vereinsbeschluß bestanden habe. Dagegen wurde von Klägerseite vorgebracht, daß solche Fahrten im Verein üblich gewesen wären, vom Verein gerne gesehen und auch hingenommen wurden.

Voraussetzung eines Zahlungsanspruchs der Klägerin gegen den Verein war die wirksame Abtretung eines bestehenden Freistellungsanspruchs an sie, der sich mit der Abtretung in einen Zahlungsanspruch wandeln konnte[62]. Ein abtretbarer Freistellungsanspruch konnte allerdings nur entstehen, wenn die Aufgabenwahrnehmung durch das Vereinsmitglied überhaupt auf einer rechtlichen Grundlage beruhte. Die Durchführung der Fahrten konnte offensichtlich nicht auf eine Pflicht aus der mitgliedschaftlichen Sonderrechtsbeziehung, insbesondere nicht auf eine satzungsrechtliche Bestimmung zurückgeführt werden. Das Gericht ging davon aus, daß das Zustandekommen eines "Geschäfts-

---

[61] AG Bochum NJW-RR 1989, 96 f.

[62] Vgl. die Nachweise oben I, Fn. 31.

besorgungsverhältnisses besonderer Art" verlange, daß die Aufgabe dem Mitglied vom Verein "übertragen" worden sei[63]. Eine eindeutige Übertragung der Geschäftsbesorgung auf die Trainerin konnte allerdings nicht festgestellt werden. In den Entscheidungsgründen wird jedoch darauf verwiesen, daß ein ausdrücklicher Auftrag oder Beschluß nicht erforderlich sei, vielmehr die stillschweigende Duldung und Billigung der Fahrten genüge[64]. Eine solche Duldung seitens des Vereins konnte offenbar von Zeugen glaubhaft gemacht werden. Das Gericht vertrat hierzu die Ansicht, daß dies durchaus der gängigen Praxis in den Vereinen entspreche, wonach Fahrten zu Sportveranstaltungen mangels vereinseigener Fahrzeuge hauptsächlich mit Privatfahrzeugen der Mitglieder vorgenommen würden.

Der Abschluß eines Geschäftsbesorgungsverhältnisses setzt zunächst wie jeder andere Vertrag die entsprechenden Willenserklärungen beider Parteien voraus. Unter dem Begriff "Übertragung" kann somit nur die notwendige Willenserklärung des zuständigen Vereinsorgans für den Vertragsschluß verstanden werden, keinesfalls aber darf er als einseitige Auferlegung von Tätigkeitspflichten interpretiert werden, da dafür eine satzungsrechtliche Ermächtigung erforderlich wäre. Die stillschweigende Duldung und Billigung einer Aufgabenwahrnehmung seitens der Vereinsorgane kann letztlich nur nach den für Rechtsgeschäfte allgemeingültigen Regeln zu einem Vertragsschluß führen. Für Vereine mit idealer Tendenz gelten diesbezüglich keine Besonderheiten. In solchen Fällen ist zuerst zu prüfen, ob sich das Verhalten der zuständigen Organe nicht schon als konkludente Willenserklärung deuten läßt. Davon kann beispielsweise ausgegangen werden, wenn der Vorstand des Vereins eine Abrechnung der Fahrtkosten entgegengenommen oder vorab für solche Fahrten eine Kilometerpauschale in Aussicht gestellt hat.

Dagegen ist bloßes Schweigen im Rechtsverkehr grundsätzlich nicht als Willenserklärung zu verstehen[65]. Jedoch ist anerkannt, daß das Stillschweigen in gleicher Weise als Erklärungsmittel eingesetzt werden kann wie das Reden[66]. Dies erfordert allerdings, daß das Schweigen in der jeweiligen besonderen

---

[63] AG Bochum NJW-RR 1989, 96 (97 f.). Ähnlich BGHZ 89, 153 (158), wobei dort das Zustandekommen des Geschäftsbesorgungsverhältnisses unproblematisch war.

[64] AG Bochum NJW-RR 1989, 96 (97).

[65] *Larenz*, AT, § 19 IV a, S. 357; RGRK-*Krüger-Nieland*, Vor § 116 Rn. 16; *Soergel/Hefermehl*, Vor § 116 Rn. 32.

[66] Vgl. *Flume*, AT II, § 5, 2 a, S. 64; MünchKomm-*Kramer*, Vor § 116 Rn. 23; *Pawlowski*, AT, § 4, Rn. 400.

Situation als Erklärungsakt gedeutet werden kann (sog. Schweigen mit Erklärungswirkung)[67]. Das ist nur dann zu bejahen, wenn aufgrund der konkreten Umstände das Stillschweigen vom objektiven Empfängerhorizont als Willenserklärung verstanden werden kann und der Schweigende kraft Treu und Glauben hätte reden müssen, um eine andere Deutung zu vermeiden[68].

Für die Annahme einer rechtserheblichen Willenserklärung spricht im Fall des Amtsgerichts Bochum jedenfalls, daß die Fahrten für den Sportverein offenbar gängige Praxis waren und die zuständigen Vereinsorgane Kenntnis davon besaßen. Weil die Durchführung der Fahrten durch die Trainerin für den Spielbetrieb unerläßlich war, sich mithin im Rahmen der satzungsgemäßen Aufgabe bewegte, hätte es zumindest nach Kenntniserlangung von der Tätigkeit einer ablehnenden Äußerung der Vereinsorgane für alle weiteren Fahrten bedurft. Die notwendige Willensäußerung der Trainerin ist in konkludenter Form in der tatsächlichen Ausführung der Fahrten zu sehen.

Festzuhalten bleibt, daß der Abschluß eines Geschäftsbesorgungsvertrages nur aufgrund der allgemeinen rechtsgeschäftlichen Regeln beurteilt werden kann[69].

c) Abgrenzung zwischen mitgliedschaftlichen und vertraglich begründeten Tätigkeitspflichten

Nachdem nunmehr gezeigt wurde, daß Geschäftsbesorgungen eines Vereinsmitglieds entweder als mitgliedschaftliche Pflicht ausgestaltet sein oder auf einem zusätzlichen Vertragsschluß beruhen können, sollen Kriterien erarbeitet werden, um beide Gestaltungsmittel voneinander abzugrenzen. In einer Entscheidung des OLG Stuttgart[70] war beispielsweise zu ermitteln, ob die Pflicht des Mitglieds eines Tischtennisvereins, eine bestimmte Zeitdauer für den Verein zu spielen, aus der mitgliedschaftlichen Bindung oder einem daneben abgeschlossenen Arbeitsvertrag zu folgern war. Die Abgrenzung war hier für die Zuständigkeit des Gerichts entscheidend, weil nur bei Annahme eines Arbeits-

---

[67] Siehe *Flume*, AT II, § 5, 2, S. 64 ff.; *Larenz*, AT, § 19 IV a, S. 357; MünchKomm-*Kramer*, Vor § 116 Rn. 8; *Palandt/Heinrichs*, Einf v. § 116 Rn. 8; RGRK-*Krüger-Nieland*, Vor § 116 Rn. 16.

[68] Es gilt der Satz: "qui tacet, consentire videtur, ubi loqui debuit atque potuit". Vgl. dazu RGZ 145, 87 (94); BGHZ 1, 353 (355); BGH NJW 1990, 1601 f.; *Larenz*, AT, § 19 IV a, S. 357; MünchKomm-*Kramer*, Vor § 116 Rn. 24 und § 151 Rn. 5.

[69] So zu Recht *Soergel/Hadding*, § 38 Rn. 10.

[70] OLG Stuttgart AuR 1978, 125 f.

vertrages die Zuständigkeit nach §§ 2, 5 ArbGG in den Bereich der Arbeitsgerichtsbarkeit fallen konnte.

Für die Beurteilung, ob ein schuldrechtlicher Vertrag geschlossen und welcher Vertragstyp gewählt wurde, ist vornehmlich der Parteiwille heranzuziehen[71]. Demgemäß sind die Erklärungen der zuständigen Vereinsorgane sowie des betroffenen Mitglieds auszulegen[72]. Prinzipiell sind nämlich die Parteien hinsichtlich der Wahl der Rechtsform frei[73]. Eine Ausnahme gilt nur insoweit, als die Begründung vereinsrechtlicher Tätigkeiten nicht zur Umgehung zwingender arbeitsrechtlicher Bestimmungen führen darf[74]. Für die Frage der Umgehung kommt es dabei nicht auf eine beabsichtigte Umgehung, sondern lediglich auf die objektive Funktionswidrigkeit des Rechtsgeschäfts an[75]. Im Falle der zwingenden Geltung von arbeitsrechtlichen Bestimmungen ist es daher irrelevant, wie die Parteien das Rechtsverhältnis bezeichnen und ob die Satzung die Tätigkeit als mitgliedschaftliche Pflicht vorsieht, da die Einstufung der Rechtsbeziehung allein nach objektiver Betrachtung des Geschäftsinhalts erfolgt[76].

Im übrigen steht dem eindeutigen Parteiwillen zur Begründung eines schuldrechtlichen Vertrages nicht einmal das Vorhandensein einer inhaltsgleichen mitgliedschaftlichen Pflicht entgegen, weil insofern kein Grund ersichtlich ist, dem mitgliedschaftlichen Verhältnis den Vorrang einzuräumen. Unzutreffend ist daher die Auffassung, daß neben der alle maßgeblichen Rechte und Pflichten umfassenden Mitgliedschaft ein besonderes Arbeitsverhältnis schon denkge-

---

[71] Vgl. *Beuthien*, FS BAG, S. 1 (8); *Erman/Hanau*, § 611 Rn. 20; *K.H. Schmidt*, RdA 1972, 84 (85).

[72] So BAG AP Nr. 36 zu § 611 BGB Arbeitnehmerbegriff; *Beuthien*, FS BAG, S. 1 (8); *Grunsky*, AuR 1978, 126 (127); *Loritz*, Mitarbeit Unternehmensbeteiligter, S. 194. Vgl. OLG Stuttgart NJW 1996, 1352 f., zur Abgrenzung eines Dienst- bzw. Reisevertrages von dem Mitgliedschaftsverhältnis als Grundlage eines Schadensersatzanspruchs des Mitglieds.

[73] Eingehend zur Frage der Rechtsformenwahl, jeweils m.w.N. *Beuthien*, FS BAG, S. 1 (6 ff.); *Grunsky*, AuR 1978, 126 (127 f.).

[74] BAG NJW 1996, 143 (151) – Scientology. Das OLG Stuttgart AuR 1978, 125 f., nahm aufgrund der Schutzbedürftigkeit des Vereinsmitglieds entgegen dem Parteiwillen ebenfalls zwingend einen Arbeitsvertrag an. Kritisch dazu *Grunsky*, AuR 1978, 125 ff.

[75] Vgl. BAG NJW 1996, 143 (151), insb. auch zu den Kriterien einer Umgehung.

[76] BAG NJW 1996, 143 (150).

setzlich nicht bestehen kann[77]. So weist Gitter zu Recht darauf hin, daß auch für die Personengesellschaften die Doppelspurigkeit sich überlagernder Rechtsbeziehungen anerkannt ist[78]. In ähnlicher Weise kann sich übrigens beim Vereinsvorstand aus der Organstellung einerseits und einem zusätzlichen Anstellungsvertrag andererseits eine Pflichtenidentität ergeben, ohne daß einem von beiden Rechtsverhältnissen der Vorrang einzuräumen wäre[79]. Deshalb meint Loritz[80] gar, daß die Auffassung des BAG jeglicher dogmatischen Absicherung entbehrt.

Für mitgliedschaftliche Geschäftsbesorgungspflichten ist häufig kennzeichnend, daß sie auf der Satzung beruhen und daher mit der Mitgliedschaft im Verein stehen und fallen[81]. Sie werden mit dem Beitritt zum Verein begründet, während das Erlöschen mit Beendigung der Mitgliedschaft erfolgt und daher keine besonderen Kündigungsregelungen vorgesehen sind[82]. Vertragliche Verpflichtungen enden hingegen nach Ablauf eines bestimmten Zeitraums bzw. nach Ausübung eines vereinbarten Kündigungsrechts. Soweit die Leistungspflicht also unabhängig vom Bestehen der Mitgliedschaft beendet werden kann, deutet dies auf einen schuldrechtlichen Vertrag hin[83]. Darüber hinaus bedarf die Aufhebung oder Abänderung von mitgliedschaftlichen Pflichten einer in ordnungsgemäßen Verfahren zustandegekommenen Satzungsänderung, während eine schuldrechtliche Regelung ohne weiteres im Einvernehmen von Verein und Mitglied modifiziert bzw. aufgehoben werden kann.

Die formale Aufnahme von Bestimmungen über die Geschäftsführung in die Vereinssatzung kann als Indiz für eine mitgliedschaftliche Tätigkeit gewertet

---

[77] So aber BAG AP Nr. 1 zu § 5 BetrVG 1972 Rotes Kreuz. Bestätigend BAG AP Nr. 2 zu § 5 BetrVG 1972 Rotes Kreuz. Undeutlich hingegen BAG NJW 1996, 143 (151), das auf die Pflichtenidentität nicht näher eingeht: "Körperschaftliche und arbeitsrechtliche Pflichten können nebeneinander bestehen".

[78] Siehe *Gitter*, SAE 1976, 208.

[79] Dazu ausführlich II 2.

[80] *Loritz*, Mitarbeit Unternehmensbeteiligter, S. 206.

[81] Siehe BGH NJW 1960, 1858 (1859); BGHZ 103, 219 (222); BAG AP Nr. 1 zu § 5 BetrVG 1972 Rotes Kreuz.

[82] Vgl. BAG AP Nr. 1 zu § 5 BetrVG 1972 Rotes Kreuz.

[83] Vgl. BGH NJW 1960, 1858 (1859); BGHZ 103, 219 (222).

werden[84], läßt jedoch nicht per se auf eine solche schließen, weil die Satzung auch sogenannte unechte Satzungsbestandteile[85] ohne materiellen Satzungsgehalt enthalten kann, die als individualrechtliche Abreden lediglich schuldrechtliche Wirkung entfalten[86]. Die Verbindung mit der Satzung ist dann nur eine äußerliche, die zum Zwecke der besseren Übersicht oder vollständigkeitshalber erfolgt. Soweit sich allerdings mit Hilfe einer Auslegung der Satzung die Feststellung gewinnen läßt, daß die Tätigkeitspflicht an das Bestehen der Mitgliedschaft geknüpft ist, kann von einer echten Satzungsbestimmung ausgegangen werden[87]. Die Geschäftsbesorgung ist weiterhin dann nicht auf eine besondere vertragliche Grundlage zurückzuführen, wenn das Vereinsmitglied im Rahmen eines ihm übertragenen Ehrenamtes gehandelt hat[88].

Ein gesondert geschlossener Vertrag wird demgegenüber anzunehmen sein, wenn die in Frage stehende Tätigkeit weder explizit in der Satzung geregelt ist, noch aus einer ungeschriebenen aktiven Förderpflicht hergeleitet werden kann[89]. Der Beitritt zu einem Pfadfinderverein wird in der Regel jedenfalls nicht das Tätigwerden als Stammesführer verlangen[90]. Ebensowenig ist aus dem Beitritt zu einem Sportverein die Pflicht zu folgern, als Trainerin tätig zu werden und Fahrten für andere Mitglieder zu übernehmen[91].

---

[84] Ähnlich wie hier *Reichert/van Look*, Rn. 295. Zur GmbH *Lutter/Hommelhoff*, § 3 Rn. 49; *Scholz/Schneider*, § 35 Rn. 153. Zur GbR MünchKomm-*Ulmer*, § 706 Rn. 4 und § 709 Rn. 36; *Soergel/Hadding*, § 706 Rn. 3. Zur OHG *Priester*, DB 1979, 681 (684). Gegen eine derartige Vermutung für die GmbH *Baumbach/Hueck*, § 3 Rn. 56 sowie *Walter*, JuS 1982, 81 (85, insb. Fn. 56), zur OHG.

[85] Diese werden auch als "individualrechtliche" bzw. "fakultative" Satzungsbestandteile im Gegensatz zu "echten", "körperschaftlichen" oder "notwendigen" Satzungsbestandteilen bezeichnet. Zur Terminologie vgl. *Priester*, DB 1979, 681.

[86] Siehe BGH NJW 1960, 1858 (1859); BGHZ 103, 219 (223 f.); *Priester*, DB 1979, 681; *Reichert/van Look*, Rn. 294; *Sauter/Schweyer*, Rn. 133; *Soergel/Hadding*, § 25 Rn. 23.

[87] Dazu BGH NJW 1960, 1858 (1859); BGHZ 103, 219 (223). Siehe zur Abgrenzung von echten und unechten Satzungsbestandteilen im Wege der Auslegung auch *Reichert/van Look*, Rn. 295; *K. Schmidt*, GesR, § 19 III 3 a, S. 557 f. Speziell zur GmbH *Baumbach/Hueck*, § 3 Rn. 56; *Hachenburg/Raiser*, § 14 Rn. 30; *Scholz/Winter*, § 14 Rn. 16. Für die GbR *Soergel/Hadding*, § 706 Rn. 3. Zur OHG *Walter*, JuS 1982, 81 (85).

[88] Siehe OLG Köln MDR 1990, 244 f., zur Frage, ob ein Werkvertrag geschlossen wurde und damit ein Vergütungsanspruch entstanden ist. Im Ergebnis blieb nach Verneinung einer vertraglichen Grundlage offen, ob die Tätigkeit auf dem mitgliedschaftlichen Verhältnis oder einer Organstellung beruhte.

[89] Nach OLG Stuttgart AuR 1978, 125 f., soll der Beitritt zu einem Sportverein nicht die Pflicht begründen, an Wettkämpfen teilzunehmen; ebenso *K.H. Schmidt*, RdA 1972, 84 (85). Zu diesem Problemkreis siehe auch *Oertmann*, Bd. 1, § 35 Anm. 5 a.

[90] Vgl. BGHZ 89, 153 ff.

[91] Vgl. AG Bochum NJW-RR 1989, 96 f.

In ähnlicher Weise wird übrigens bei der Gesellschaft bürgerlichen Rechts zwischen der Geschäftsführung kraft Gesellschaftsrechts und einer solchen aufgrund eines besonderen vertraglichen Rechtsverhältnisses differenziert[92]. Die Geschäftsführungsbefugnis der Gesellschafter nach §§ 709 ff. BGB beruht allein auf ihrer Mitgliedschaft und ist daher als deren Bestandteil zu betrachten[93]. Die gesellschaftsrechtliche Geschäftsführung schließt dabei weitere schuldrechtlich begründete Geschäftsbesorgungspflichten der Gesellschafter – sogenannte Sonderaufträge – nicht aus. Die Abgrenzung richtet sich vor allem danach, ob die Aufgabe als Teil des Gesellschaftsvertrages, also der Mitgliedschaft, anzusehen ist oder nicht[94]. Um keinen Sonderauftrag handelt es sich wie beim Idealverein, wenn die Tätigkeitspflicht einen Beitrag i.S.v. § 706 III BGB darstellt, weil damit eine gesellschaftsrechtliche Leistungspflicht begründet und nicht etwa eine individualrechtliche Abrede getroffen wird[95]. Diese Unterscheidung entspricht auch dem Konzept der Gesetzesverfasser, die ebenfalls von einer durch den Gesellschaftsvertrag übertragenen Geschäftsführung einerseits und einer solchen aufgrund eines "gewöhnlichen Mandats" andererseits ausgingen und diese "in der Natur der Sache" begründete Differenzierung für notwendig erachteten[96].

d) Abgrenzung zwischen mitgliedschafts- und nichtmitgliedschaftsbezogenen Geschäftsbesorgungsverträgen – Problem der Drittgläubigerschuldverhältnisse

Allgemein anerkannt ist zunächst, daß das Mitglied dem Verein beim Abschluß eines schuldrechtlichen Vertrages wie ein vereinsfremder Dritter gegenüberstehen, mithin die Gläubiger- bzw. Schuldnerstellung zwischen den Parteien eine mehr oder weniger zufällige sein kann. Solche schuldrechtlichen Bezie-

---

[92] Dazu Mot. II, S. 605; MünchKomm-*Ulmer*, § 709 Rn. 36 und § 713 Rn. 4; RGRK-*v. Gramm*, § 709 Rn. 5; *Soergel/Hadding*, § 709 Rn. 13 und § 713 Rn. 3; *Staudinger/Keßler*, Vorbem zu §§ 709–715 Rn. 16 und § 713 Rn. 1.

[93] So MünchKomm-*Ulmer*, § 713 Rn. 1; *Soergel/Hadding*, § 713 Rn. 1; *Staudinger/Keßler*, Vorbem zu §§ 709–715 Rn. 11.

[94] Vgl. Mot. II, S. 605; MünchKomm-*Ulmer*, § 709 Rn. 36; *Staudinger/Keßler*, Vorbem zu §§ 709–715 Rn. 16.

[95] Siehe *Erman/H.P. Westermann*, § 706 Rn. 2; RGRK-*v. Gramm*, § 706 Rn. 10; *Staudinger/Keßler*, § 706 Rn. 39.

[96] Hierzu Mot. II, S. 605.

hungen werden als "Drittgläubigerschuldverhältnisse" bezeichnet[97]. Die am Vertrag beteiligte Person tritt also nicht als Mitglied des Vereins, sondern als Privatperson auf. Schon Gierke hat ausgeführt[98], daß solche "außerkörperschaftlichen Rechtsverhältnisse", bei denen sich "die Körperschaft und die Körperschaftsglieder einander als unverbundene Personen gegenüberstehen", existieren können. Die Möglichkeit, eine reine Drittbeziehung einzugehen, ergibt sich schon aus dem Umstand, daß die Mitgliedschaft nicht das gesamte Privatleben des einzelnen umfaßt, sondern lediglich bestimmte Lebensausschnitte, innerhalb derer sich das Mitglied zur Erreichung eines bestimmten Zwecks dem Verein angeschlossen hat[99].

Demgemäß sollen sich die Rechte und Pflichten aus Drittgläubigerschuldverhältnissen nach ihren eigenen Bestimmungen richten und in keinem Zusammenhang mit der Mitgliedschaft stehen[100]. Ein Drittgläubigerschuldverhältnis scheidet selbstverständlich immer dann aus, wenn die Tätigkeit auf keiner vertraglichen Grundlage beruht, sondern das Mitglied aufgrund der mitgliedschaftlichen Rechtsbeziehung bzw. einer Organstellung tätig wurde[101].

Von der herrschenden Meinung werden Dienstleistungs- und Geschäftsbesorgungspflichten eines Vereinsmitglieds, die sich nicht aus einer mitgliedschaftlichen Pflicht, sondern einem zusätzlichen Rechtsgeschäft ergeben, pauschal als "Drittgläubigerschuldverhältnisse" behandelt und als besondere schuldrechtliche Vereinbarungen von der mitgliedschaftlichen Sonderverbindung unterschieden[102]. Ein solches echtes Drittverhältnis ist sicherlich anzunehmen,

---

[97] So BGHZ 103, 219 (222); *S. Kohler*, Mitgliedschaftliche Regelungen, S. 192 f.; *Oertmann*, Bd. 1, § 35 Anm. 2 a; *Prediger*, BB 1971, 245; *Reichert/van Look*, Rn. 522 f.; *Soergel/Hadding*, § 35 Rn. 4.

[98] *Gierke*, Dt. Privatrecht, § 68, S. 534; *ders.*, Genossenschaftstheorie, S. 176 ff.

[99] Vgl. *Gierke*, Genossenschaftstheorie, S. 176; ähnlich *Oertmann*, Bd. 1, § 35 Anm. 2 a.

[100] *Reichert/van Look*, Rn. 522; *Soergel/Hadding*, § 38 Rn. 26. *Oertmann*, Bd. 1, § 35 Anm. 2 a, bemerkt daher zu Recht, daß dem Vereinsrecht hinsichtlich der Drittgläubigerschuldverhältnisse keine Bestimmungen zu entnehmen sind, weil es sich überhaupt nicht um spezifisch vereinsrechtliche Beziehungen handelt. Bereits *Gierke* hat festgestellt, daß für diesen Bereich, der in keiner Weise von der Mitgliedschaft beeinflußt wird, reines Individualrecht gilt, d.h. diejenigen Regelungen Anwendung finden, die für die Rechtsverhältnisse der Körperschaft mit Dritten, die nicht Mitglied im Verband sind, gelten. Dazu Dt. Privatrecht, § 68, S. 534; Genossenschaftstheorie, S. 176 ff.

[101] Vgl. OLG Köln MDR 1990, 244: Kein Vergütungsanspruch aus Werkvertrag bei Tätigkeit als "Baubeauftragter" des Vereins.

[102] So insb. für den Idealverein *Soergel/Hadding*, § 38 Rn. 26; *Reichert/van Look*, Rn. 522. Für Drittverhältnisse in der OHG RGZ 153, 305 (310 f.); *Heymann/Emmerich*, § 128 Rn. 15 ff.; HK-*Stuhlfelner*, § 128 Rn. 21; *Schlegelberger/K. Schmidt*, § 128 Rn. 12.

wenn mit einem Vereinsmitglied, das ein Bauunternehmen betreibt, ein Werkvertrag über die Errichtung eines Vereinsheims zu üblichen Konditionen geschlossen wird und das Mitglied als Inhaber des Betriebs möglicherweise am Vertragsschluß gar nicht mitwirkt, sondern vom dafür zuständigen Geschäftsführer vertreten wird. Nichts anderes gilt, wenn ein Steuerberater unabhängig von seiner Mitgliedschaft den Verein in Steuerangelegenheiten betreut.

Das zuerst genannte Beispiel scheint jedoch einer abweichenden Beurteilung zu bedürfen, falls der Bauunternehmer die Arbeitsleistung unentgeltlich bzw. gegen eine bloße Unkostenpauschale erbringt und anstelle seiner Arbeitnehmer andere Vereinsmitglieder bei der Tätigkeit mithelfen. Hier besteht zweifelsohne eine Verbindung zwischen der Mitgliedschaft im Verein und der übernommenen Aufgabe, weil das Mitglied durch seine Gefälligkeit den Vereinszweck aktiv fördert. Weil der schuldrechtliche Vertrag in diesem Fall also mitgliedschaftsbezogen ist, kann man kaum behaupten, daß das Mitglied dem Verein wie ein vereinsfremder Dritter gegenübersteht und daher ein nichtmitgliedschaftsbezogenes Drittgläubigerschuldverhältnis vorliegt. Man wird deshalb – wie sogleich näher zu belegen ist – bei zusätzlich abgeschlossenen schuldrechtlichen Verträgen entgegen der herrschenden Meinung zwischen vereinsrechtlichen (mitgliedschaftsbezogenen) Geschäftsbesorgungsverträgen und echten (nichtmitgliedschaftsbezogenen) Drittgläubigerschuldverhältnissen zu differenzieren haben. Die Unterscheidung ist nicht nur dogmatisch geboten, sondern kann auch im Hinblick auf die Rechtsfolgen notwendig sein, weil eine von der Mitgliedschaft unbeeinflußte Anwendung der entsprechenden Rechtsnormen auf den Vertrag nur bei einem echten Drittgläubigerschuldverhältnis in Betracht kommt.

aa) Begründung der Differenzierung zwischen vereinsrechtlichen (mitgliedschaftsbezogenen) Geschäftsbesorgungsverträgen und Drittgläubigerschuldverhältnissen

Nimmt man die gängige Definition des Drittgläubigerschuldverhältnisses zum Ausgangspunkt, so zeigt sich, daß nicht jeder zusätzliche schuldrechtliche Vertrag zwischen dem Verein und seinem Mitglied diesen Anforderungen entspricht. Ein Drittverhältnis verlangt nämlich, daß der Vertrag gerade in der abgeschlossenen Art und Weise wegen des fehlenden Zusammenhangs mit der mitgliedschaftlichen Position ebensogut mit einem Nichtmitglied hätte zustande kommen können[103]. Kann der schuldrechtliche Vertrag in der konkret gefaßten Form jedoch nur mit Mitgliedern bestehen, so liegt kein echtes Drittgläubigerschuldverhältnis vor, sondern ein vereinsrechtlicher Geschäftsbesorgungsvertrag.

Eine Modifikation gegenüber Drittgläubigerschuldverhältnissen und damit die Mitgliedschaftsbezogenheit des Vertrages kann sich durch die vereinsrechtliche Treupflicht ergeben, die im Einzelfall dazu geeignet ist, auf besondere vertragliche Beziehungen zwischen dem Mitglied und dem Verein auszustrahlen[104] und diese zu überlagern[105], so daß eine vollständige Trennung von mitgliedschaftlicher und schuldrechtlicher Ebene nicht immer möglich ist[106]. So ist vor allem bei der Geltendmachung von Ansprüchen die Treupflicht zu beachten, die dem Mitglied im Hinblick auf die Interessen des Vereins eine gewisse Rücksichtnahme abverlangen kann. Dies gilt richtigerweise jedoch nur bei Annahme eines mitgliedschaftsbezogenen Geschäftsbesorgungsvertrages[107]. Die Ansicht der herrschenden Meinung, wonach auch in Drittgläubigerschuldverhältnissen die Durchsetzung der Ansprüche der Treupflicht unterliegen kann[108], ist unzutreffend, weil die aus der Mitgliedschaft entspringenden gesteigerten Treupflichten im Verhältnis zu einem vereinsfremden Dritten gerade nicht existieren können[109]. Eine aus der Mitgliedschaft resultierende Treu-

---

[103] Dazu schon Fn. 97. Siehe weiterhin für die OHG *Walter*, JuS 1982, 81 (84 f.); GroßKommHGB-*Fischer* (3. Aufl.), § 128 Anm. 43.

[104] Siehe insb. KG MDR 1985, 230. Dies erkennen auch *Reichert/van Look*, Rn. 522; *Soergel/Hadding*, § 38 Rn. 26. Zur GmbH *Baumbach/Hueck*, § 14 Rn. 11; *Hachenburg/Raiser*, § 14 Rn. 30. Zur OHG *H.P. Westermann/Klingberg*, Hdb. der Personengesellschaften, I. Teil, § 20 Rn. 383.

[105] Vgl. zum Idealverein BGHZ 110, 323 (328). Zur GbR MünchKomm-*Ulmer*, § 705 Rn. 168; *Staudinger/Keßler*, § 705 Rn. 83. Zur Genossenschaft *Hettrich/Pöhlmann*, § 18 Rn. 24; *Meyer/Meulenbergh/Beuthien*, § 18 Rn. 42; *Paulick*, § 18 I 1, S. 189.

[106] Gegen die strenge Unterscheidung von mitgliedschaftlichen Pflichten und zusätzlichen schuldrechtlichen Vereinbarungen auch *Müller-Erzbach*, Kap. 17, S. 137, der der Meinung ist, daß in Folge der Aufteilung das Verhältnis zwischen Verein und Mitglied in zusammenhangslose Bruchstücke zerfalle. Ebenfalls kritisch *Ehrenberg/Fischer* III/1, S. 379 f.

[107] Vgl. zur OHG *Prediger*, BB 1971, 245 f., der eine Einwirkung der Treupflicht auf echte Drittverhältnisse ebenfalls verneint. Ebenso zur GmbH *Scholz/Winter*, § 14 Rn. 16 sowie BGH ZIP 1988, 1117 (1118). Näher zur Durchsetzbarkeit von Ansprüche gegen den Verein unten VII 6.

[108] Für den Idealverein *Soergel/Hadding*, § 38 Rn. 26. Zur Genossenschaft *Müller*, § 18 Rn. 5 ff., wonach sich die Mitgliedschaft umso stärker auf die Ausgestaltung und Abwicklung der schuldrechtlichen Beziehung auswirken soll, desto enger beide miteinander verknüpft sind. Zur GbR *Soergel/Hadding*, § 706 Rn. 3. Zur OHG *Baumbach/Hopt*, § 128 Rn. 24; *Düringer/Hachenburg/Flechtheim*, § 128 Anm. 15; GroßKommHGB-*Fischer* (3. Aufl.), § 128 Anm. 43; *Heymann/Emmerich*, § 128 Rn. 15 ff.; *Walter*, JuS 1982, 81 (85).

[109] Wie hier *Prediger*, BB 1971, 245.

pflicht, die geeignet ist, auf den schuldrechtlichen Vertrag einzuwirken, besteht nicht nur für das Mitglied, sondern umgekehrt auch für den Verein gegenüber seinen Mitgliedern, so daß ihm Rücksichtspflichten im Hinblick auf die schützenswerten Belange seiner Mitglieder obliegen[110]. Jedes Mitglied muß nämlich in der Regel darauf vertrauen können, im Verein keinen Nachteilen ausgesetzt zu sein, solange es sich nicht in Widerspruch zu den in der Satzung aufgestellten Maßstäben setzt[111].

Der vereinsrechtliche Geschäftsbesorgungsvertrag ist also aufgrund seiner Mitgliedschaftsbezogenheit von einem Drittgläubigerschuldverhältnis zu unterscheiden und kann in der Mitte zwischen Tätigkeiten auf mitgliedschaftlicher Basis und echten Drittgläubigerschuldverhältnissen eingeordnet werden. Bereits Oertmann und Gierke haben übrigens erkannt, daß zwischen der mitgliedschaftlichen Rechtsbeziehung und bloßen Drittverhältnissen besondere Rechtsverhältnisse zwischen dem Verein und seinen Mitgliedern existieren können. Dabei soll es sich um Rechtsbeziehungen handeln, die zwar im Wege der Zugehörigkeit zum Verband entstanden sind, jedoch eine selbständige Bedeutung haben[112].

Oertmann bezeichnet derartige Verbindungen als "Rechtsverhältnisse des körperschaftlichen Sonderrechts" und die daraus resultierenden Pflichten als "Sonderpflichten". Nach dem Ansatz von Gierke sollen zwischen den außerkörperschaftlichen und den rein körperschaftlichen Rechtsbeziehungen die Verhältnisse des körperschaftlichen Sonderrechts liegen. Die Körperschaft und ihre Glieder sollen in Rechtsbeziehungen stehen können, die zum Teil innerhalb und zum Teil außerhalb des körperschaftlichen Bereichs liegen, so daß sich Sozial- und Individualrecht miteinander verflechten. Gierke nimmt an, daß diese sich von außerkörperschaftlichen Beziehungen durch die körperschaftliche Gebundenheit, von den mitgliedschaftlichen Verhältnissen durch die individualrechtliche Selbständigkeit unterscheiden. Auf die Verhältnisse des körperschaftlichen Sonderrechts könnten zwar grundsätzlich die Begriffe des Individual-

---

[110] BGHZ 110, 323 (330); KG MDR 1985, 230; OLG Stuttgart NJW 1996, 1352 (1353); *Reichert/van Look*, Rn. 610 und 615; RGRK-*Steffen*, § 38 Rn. 11. Zur Genossenschaft BGHZ 27, 297 (305); BGHZ 31, 37 (42); BGH NJW 1990, 1917 (1919).

[111] BGHZ 55, 381 (385); BGH MDR 1985, 230; *Staudinger/Keßler*, Vorbem zu §§ 709–715 Rn. 16, zur GbR.

[112] Vgl. *Oertmann*, Bd. 1, § 35 Anm. 2 c; dazu die Beispiele bei § 35 Anm. 5 a: Übernahme einer Tätigkeit für den Verein bzw. einer Organstellung. Ferner *Gierke*, Dt. Privatrecht, § 68, S. 536 sowie Genossenschaftstheorie, S. 188 ff. und S. 314 f.

rechts übertragen werden, jedoch immer nur mit den durch die Eingliederung in die Körperschaft bedingten Modifikationen. Dagegen müssen außerkörperschaftliche Rechtsbeziehungen einen unveränderten Gehalt gegenüber anderen Individualrechtsverhältnissen aufweisen, so daß deren Regelungen ohne Abweichungen auf sie anwendbar sind.

Ferner ist, was die Rechte der Mitglieder betrifft, anerkannt, daß sogenannte "Gläubigerrechte der Vereinsmitglieder" bestehen können[113]. Charakteristisch ist für diese Rechte, daß sie auf der Mitgliedschaft gründen und deshalb von einem Dritten nicht erworben werden können[114]. Solche Gläubigerrechte werden beispielsweise dadurch begründet, daß der Verein seinen Mitgliedern satzungsgemäß eine bestimmte Leistung, wie Versicherungs-, Renten- oder Gewinnansprüche gewährt. Es besteht jedoch die Möglichkeit, sie von der Mitgliedschaft zu lösen und als selbständige Forderungsrechte zu übertragen. Sie nehmen somit eine Mittelstellung zwischen Mitgliedschafts- und Drittgläubigerrechten ein und sind trotz rechtlicher Verselbständigung von der Mitgliedschaft mehr vereinsbezogen als Drittgeschäfte und können daher eher der Treubindung unterliegen[115]. Wenn Rechte der Mitglieder eine derartige Mittelstellung einnehmen können, bestehen keine Bedenken, eine solche auch in bezug auf die Pflichten anzuerkennen. Solche in Zusammenhang mit der Mitgliedschaft stehenden Verpflichtungen sind allerdings – im Gegensatz zu den Gläubigerrechten der Vereinsmitglieder – nicht Bestandteil der Mitgliedschaft, sondern es bleibt die schuldrechtliche Natur des Rechtsgeschäfts unberührt[116].

Daß nicht jede rechtsgeschäftlich begründete Geschäftsführung ein echtes Drittgläubigerverhältnis darstellt, läßt sich zudem am Beispiel des Sonderauftrags in der Gesellschaft bürgerlichen Rechts nachweisen[117]. Dort ist anerkannt, daß ein innerer Zusammenhang zwischen dem Sonderauftrag und dem Gesellschaftsverhältnis besteht, da die zumeist sachlich beschränkte Aufgabe gerade von einem Gesellschafter zur Verfolgung des Gesellschaftszwecks wahrgenommen werden soll. Deshalb wird auch überwiegend die Anwendung des gesellschaftsrechtlichen Sorgfaltsmaßstabs des § 708 BGB auf den zusätz-

---

[113] Dazu *Reichert/van Look*, Rn. 524; RGRK-*Steffen*, § 35 Rn. 2 und § 38 Rn. 8; *Soergel/Hadding*, § 35 Rn. 5; *Staudinger/Weick*, § 35 Rn. 20.

[114] Vgl. *Reichert/van Look*, Rn. 524; *Soergel/Hadding*, § 35 Rn. 5.

[115] Dazu *Reichert/van Look*, Rn. 524. Zur GmbH *Baumbach/Hueck*, § 14 Rn. 11.

[116] So z.B. für die GmbH *Hachenburg/Raiser*, § 14 Rn. 30; *Scholz/Winter*, § 14 Rn. 16.

[117] Dazu schon II 1 c.

lichen schuldrechtlichen Geschäftsbesorgungsvertrag befürwortet[118]. Der Sonderauftrag stellt damit kein echtes Drittgläubigerschuldverhältnis dar[119]. Dagegen kann in echten Drittbeziehungen die gesellschaftsrechtliche Norm des § 708 BGB nicht zur Anwendung gelangen[120]. Aus diesem Grund ist stets zu prüfen, ob von den Parteien ein Rechtsverhältnis gewollt ist, das unabhängig von der mitgliedschaftlichen Position besteht und daher ein echtes Drittverhältnis darstellt[121].

Wenn nunmehr festgestellt wurde, daß nicht jeder schuldrechtliche Vertrag zwischen Verein und Mitglied zugleich ein Drittgläubigerschuldverhältnis begründet, so gilt es im folgenden Kriterien zu entwickeln, anhand derer im Einzelfall eine Abgrenzung zwischen vereinsrechtlichem Geschäftsbesorgungsvertrag und Drittgläubigerschuldverhältnis vorgenommen werden kann.

bb) Abgrenzungskriterien

Vorab gilt es festzustellen, daß das rechtliche Gestaltungsmittel, dessen sich die Parteien bedient haben, nicht als alleiniges Abgrenzungskriterium herangezogen werden kann, weil es eine zuverlässige Einordnung der Geschäftsbesorgung nicht erlaubt[122]. Selbst wenn die Leistung aufgrund eines besonderen schuldrechtlichen Vertrages erbracht wird, liegt nach der hier vertretenen Auffassung kein echtes Drittgläubigerschuldverhältnis vor, soweit die Pflicht zur Geschäftsbesorgung mitgliedschaftsbezogen ist, also z.B. bereits in der Satzung angelegt ist und der Vertrag nur noch zur Regelung von Einzelfragen geschlossen wird[123]. Andererseits sind unechte Satzungsbestandteile zwar for-

---

[118] So RGRK-*v. Gramm*, § 709 Rn. 5; *Soergel/Hadding*, § 709 Rn. 13; *Staudinger/Keßler*, Vorbem zu §§ 709–715 Rn. 16 und § 713 Rn. 1. MünchKomm-*Ulmer*, § 713 Rn. 4, will dagegen im Einzelfall eine Vertragsauslegung vornehmen. Die Ausdehnung des § 708 BGB entbehrt jedoch entgegen den Stellungnahmen im Schrifttum nicht jeder Zweifel, da die Gesetzesverfasser die Anwendung der Norm auf Tätigkeiten kraft gesellschaftsrechtlicher Verpflichtung beschränken wollten. Dazu Mot. II, S. 601.

[119] Siehe RGRK-*v. Gramm*, § 709 Rn. 5; *Soergel/Hadding*, § 709 Rn. 13; *Staudinger/Keßler*, § 708 Rn. 7. A.A. MünchKomm-*Ulmer*, § 709 Rn. 36.

[120] Vgl. RGRK-*v. Gramm*, § 708, Rn. 2; *Soergel/Hadding*, § 708 Rn. 4; *Staudinger/Keßler*, § 708 Rn. 7. Zur OHG *H.P. Westermann/Klingberg*, Hdb. der Personengesellschaften, I. Teil, § 20 Rn. 406.

[121] So *Staudinger/Keßler*, § 708 Rn. 7.

[122] Ähnl. *Müller-Erzbach*, Kap. 17, S. 137; Kap. 24, S. 197; Kap. 45, S. 301.

[123] So auch zur GmbH *Hachenburg/Raiser*, § 14 Rn. 30. Zur GbR MünchKomm-*Ulmer*, § 705 Rn. 167. Zur OHG GroßKommHGB-*Ulmer*, § 105 Rn. 126. A.A. zur OHG – Drittgläubigerschuldverhältnis: *Heymann/Emmerich*, § 128 Rn. 17; *Schlegelberger/K. Schmidt*, § 128 Rn. 12.

mal in der Vereinssatzung aufgenommen, können jedoch zwischen den Parteien nur schuldrechtliche Wirkung entfalten und gegebenenfalls sogar ein Drittgläubigerschuldverhältnis darstellen, weil individualrechtliche Abreden in der Satzung auch mit vereinsfremden Dritten getroffen werden können[124]. Bei unechten Satzungsbestandteilen wird freilich oftmals von einem mitgliedschaftsbezogenen Schuldverhältnis und nicht von einem Drittgläubigerschuldverhältnis auszugehen sein, weil mit der Aufnahme in die Satzung dem Zusammenhang mit der Mitgliedschaft Ausdruck verliehen wird. Allerdings gilt es in derartigen Fällen stets sorgfältig zu prüfen, ob es sich nicht schon um einen echten Satzungsbestandteil und daher eine mitgliedschaftliche Pflicht handelt[125].

Kein echtes Drittgläubigerschuldverhältnis ist anzunehmen, wenn die Satzung oder ein Beschluß der Mitgliederversammlung vom vertretungsberechtigten Organ verlangt, nur mit Vereinsmitgliedern zu kontrahieren oder diesen zumindest Sonderkonditionen einzuräumen[126]. Darüber hinaus besteht eine Verknüpfung von Vertrag und Mitgliedschaft, falls das Schicksal des schuldrechtlichen Rechtsverhältnisses an den Bestand der Vereinsmitgliedschaft gekoppelt ist. Denkbar ist diesbezüglich, daß die Mitgliedschaft Bedingung oder Geschäftsgrundlage des Geschäftsbesorgungsvertrages ist bzw. bei Beendigung der Mitgliedschaft ein Kündigungsrecht besteht[127]. Ebenso muß ein Drittverhältnis verneint werden, wenn Mitglied und Verein mit dem zusätzlich begründeten Geschäftsbesorgungsverhältnis bestehende mitgliedschaftliche Tätigkeitspflichten erweitern wollen und somit beide Parteien zur Förderung des Vereinszwecks handeln, d.h. das Mitglied seinerseits in erster Linie nicht eigene, sondern vielmehr Interessen des Vereins wahrnimmt[128]. Gerade die ehrenamtliche Geschäftsbesorgung dürfte aufgrund ihrer Fremdnützigkeit häufig gegen eine echte Drittgläubigerbeziehung sprechen, da die Bereitschaft

---

[124] Vgl. für den Idealverein *Soergel/Hadding*, § 25 Rn. 23.

[125] Zur Indizwirkung von Satzungsbestandteilen siehe oben II 1 c.

[126] Daher kein echtes Drittverhältnis, soweit den Mitgliedern gegenüber Dritten Vorzugsbedingungen eingeräumt werden. Dazu für die GmbH *Baumbach/Hueck*, § 14 Rn. 11; *Scholz/Winter*, § 14 Rn. 16.

[127] Zu diesen Verknüpfungen *Soergel/Hadding*, § 38 Rn. 26, für Verträge mit Vereinsmitgliedern; BGHZ 113, 237 (242), für den Vorstand eines Idealvereins; BGH WM 1989, 1246, für den Vorstand einer AG; *Hachenburg/Raiser*, § 14 Rn. 30, für den Gesellschafter einer GmbH.

[128] *Prediger*, BB 1971, 245 f., charakterisiert Drittverhältnisse dadurch, daß die Vertragspartner nicht zum Zweck der Verfolgung gleicher Interessen auftreten, sondern als Parteien mit gegensätzlichen Interessen.

zur unentgeltlichen Aufgabenwahrnehmung oftmals mit der Stellung des Mitglieds im Verein verbunden sein wird. Gegen die Annahme eines Drittgläubigerschuldverhältnisses ist also der Umstand zu werten, daß die Übernahme der Tätigkeit in der Eigenschaft als Vereinsmitglied erfolgt und daher die Geschäftsbesorgung an den mit der Mitgliedschaft verfolgten Zweck geknüpft ist[129]. So stand die Übernahme der Aufgabe als Jugendleiter in der obengenannten Pfadfinderentscheidung zweifelsohne in Verbindung mit der Mitgliedschaft, da die Vereinssatzung offenbar Regelungen hinsichtlich der Ausübung dieser Tätigkeit enthielt und die Funktion als Stammesführer nur von Mitgliedern übernommen werden sollte[130].

Gestützt wird die hier vertretene Ansicht durch eine Entscheidung des Kammergerichts[131], das einen Benutzungsvertrag zwischen einem Segelsportverein und seinem Mitglied über eine dem Verein gehörende Segelyacht nicht als Drittgläubigerschuldverhältnis eingestuft hat. Hier war das Schuldverhältnis in Verfolgung und zur Verwirklichung des Vereinszwecks, nämlich der Förderung und der Pflege des Wassersports durch Benutzung der Vereinseinrichtungen, abgeschlossen worden, so daß die Stellung des Mitglieds nicht mit der eines außenstehenden Dritten vergleichbar war.

Dagegen weist der Umstand, daß die Beteiligten je eigene Belange verfolgen, auf ein echtes Drittverhältnis hin[132]. Deswegen sind Austauschverträge, die von einer diametralen Interessenlage gekennzeichnet sind, eher als echte Drittverhältnisse einzuordnen, wobei der Faktor der Entgeltlichkeit in besonderem Maße geeignet ist, ein Eigeninteresse auf seiten des Vereinsmitglieds zu begründen[133].

Hat das Mitglied gegenüber dem zuständigen Organ zum Ausdruck gebracht, daß es dem Verein als Drittgläubiger, d.h. unabhängig von seiner mitglied-

---

[129] So auch *Hueck/Nipperdey* I, § 9, S. 47, die eine echte Arbeitnehmerschaft nur dann annehmen, wenn Mitglieder unabhängig von der Eigenschaft als Mitglied beschäftigt werden; MünchKomm-*Ulmer*, § 705 Rn. 167, für die GbR.

[130] Vgl. die Ausführungen in BGHZ 89, 153 (156).

[131] Siehe KG MDR 1985, 230.

[132] So zutreffend zur OHG GroßKommHGB-*Ulmer*, § 105 Rn. 216; *Prediger*, BB 1971, 245 (246).

[133] Ähnlich *Soergel/Hadding*, § 706 Rn. 3, zur GbR, mit der Regel, daß je geringer die Gegenleistung des Vereins ist, desto eher von einer mitgliedschaftlichen Beitragspflicht auszugehen ist. Zum Entgelt als Merkmal des Eigeninteresses siehe *Löhlein*, ZHR 102, S. 297 (312).

schaftlichen Position gegenübertreten will, so ist dies als Indiz für ein echtes Drittverhältnis zu berücksichtigen[134].

Abweichend von der hier vertretenen Ansicht sollen nach Müller-Erzbach[135] für die Differenzierung im wesentlichen diejenigen Interessen ausschlaggebend sein, die zum Zeitpunkt der Pflichtenbegründung verfolgt werden. Die Interessengestaltung glaubt er nur aus der Perspektive der Mitglieder beurteilen zu können, da der Verband stets im Eigeninteresse handle, d.h. sowohl im rechtsgeschäftlichen Verkehr mit außenstehenden Dritten als auch beim Handeln gegenüber Mitgliedern. Demgemäß ordnet er alle vertraglich begründeten Pflichten, die die Mitglieder allein des Verbandes wegen auf sich nehmen, um in dieser Weise den Vereinszweck zu verfolgen, den mitgliedschaftlichen Pflichten zu[136]. Eine rein schuldrechtliche Pflicht soll dagegen anzunehmen sein, wenn das Mitglied eigene und daher nicht Interessen des Vereins verfolgt.

Gegen Müller-Erzbach ist vorzubringen, daß es im Grenzbereich zwischen Eigen- und Fremdinteressenwahrung in vielen Fällen kaum möglich sein wird, allein anhand dieses Kriteriums festzustellen, wann das Mitglied lediglich eigene bzw. Verbandsinteressen verfolgt, zumal das Mitglied dem Verein gerade beitritt, um seine eigenen Interessen gemeinsam mit anderen verfolgen zu können und sich so den Vereinszweck zu eigen macht. In der eben angesprochenen Entscheidung des Kammergerichts[137] hat das Mitglied ohne Zweifel (auch) eigene Interessen verfolgt, indem es die Segelyacht mietete. Deshalb kann nicht allein das subjektive Interesse des Mitglieds dafür entscheidend sein, ob der Abschluß des schuldrechtlichen Vertrags in Zusammenhang mit der Mitgliedschaft steht, sondern es bedarf einer objektiven Beurteilung der Sachlage unter Berücksichtigung der gesamten Umstände des Einzelfalles. Im übrigen vermag es nicht zu überzeugen, daß Müller-Erzbach mitgliedschaftsbezogene vertragliche Pflichten wie solche aus der Mitgliedschaft behandelt, weil dadurch nicht hinreichend zum Ausdruck kommt, daß sie durch ein zusätzlich abgeschlossenes Rechtsgeschäft begründet werden und deshalb gerade von den mitgliedschaftlichen Regelungen abweichen können.

---

[134] RGZ 153, 305 (312), für die OHG.

[135] *Müller-Erzbach*, Kap. 45, S. 301.

[136] Vgl. *Müller-Erzbach*, Kap. 24, S. 197 und Kap. 45, S. 301.

[137] KG MDR 1985, 230.

Trotz der genannten Kriterien bleibt zu beachten, daß kaum eine vom Mitglied im Verein übernommene Tätigkeit vollständig von der Mitgliedschaft gelöst ist. So kann möglicherweise jeder außenstehende Dritte für die Geschäftsbesorgung in gleicher Weise in Frage kommen wie das Mitglied, dieses den "Zuschlag" jedoch deshalb erhalten, weil es eben Mitglied im Verein ist und durch die Entscheidung die persönlichen Beziehungen zwischen den Beteiligten nicht getrübt werden sollen. Allein die Motivation des vertretungsberechtigten Vereinsorgans, mit einem Mitglied kontrahieren zu wollen, hindert die Annahme eines Drittgläubigerschuldverhältnisses nicht, solange das Rechtsverhältnis selbst nicht von der Mitgliedschaft überlagert und modifiziert wird. Abgesehen von der unbeachtlichen Motivationsebene ist der Vertrag nämlich nicht an die Mitgliedschaft geknüpft, so daß derselbe Vertrag mit jedem Vereinsfremden hätte geschlossen werden können. Wird also im obengenannten Beispielsfall[138] der Auftrag – zu üblichen Vertragsbedingungen – nur deshalb an den Bauunternehmer vergeben, um keine persönlichen Unstimmigkeiten im Verein hervorzurufen, so stellt der Werkvertrag dennoch eine echte Drittbeziehung dar.

cc) Ergebnis

Soweit zwischen den Parteien nicht ein echtes Drittgläubigerschuldverhältnis, sondern ein vereinsrechtlich geprägtes Schuldverhältnis besteht, empfiehlt es sich zur Verdeutlichung, den Vertrag als vereinsrechtlichen Geschäftsbesorgungsvertrag, nicht aber als Auftrag i.S.v. § 662 BGB zu bezeichnen, weil dieser gewissen Modifikationen aus der Vereinsmitgliedschaft unterliegen kann. Dies dürfte letztlich auch der Bundesgerichtshof meinen, wenn er von einem "Geschäftsbesorgungsverhältnis besonderer Art" spricht[139]. Unkorrekt war daher die Annahme eines Auftragsverhältnisses i.S.v. § 662 BGB durch das Reichsgericht[140] hinsichtlich eines Vertrages, der die Überwachung einer Vereinsaktivität zum Gegenstand hatte, daher in unmittelbarem Zusammenhang mit der Mitgliedschaft stand und somit nur von einem Mitglied übernommen werden konnte.

---

[138] Dazu II 1 d.

[139] So auch für die unentgeltliche Geschäftsbesorgung von Vereinsorganen *Erman/H.P. Westermann*, § 27 Rn. 6. Vgl. zur organschaftlichen Geschäftsführung unten II 2.

[140] RG Das Recht 1914, Nr. 1092.

Ein von der Mitgliedschaft beeinflußter schuldrechtlicher Vertrag wandelt sich mit dem Ausscheiden des Mitglieds aus dem Verein in ein Drittgläubigerschuldverhältnis. Im Einzelfall muß allerdings geprüft werden, ob der Vertrag ebenfalls endet, weil dieser über eine auflösende Bedingung (§ 158 II BGB) an die Mitgliedschaft gekoppelt wurde, oder ob für diesen Fall ein Kündigungsrecht vereinbart wurde[141]. Zu bedenken ist weiterhin, daß das Schuldverhältnis von nachwirkenden Treupflichten aus der beendeten Mitgliedschaft beeinflußt werden kann[142].

Sollte dagegen das Mitglied im Einzelfall tatsächlich wie ein Dritter dem Verein gegenübertreten, so richten sich die Rechtsfolgen allein nach den für den abgeschlossenen Vertrag geltenden Bestimmungen, ohne daß eine Modifikation aufgrund der mitgliedschaftlichen Beziehung in Betracht kommen würde[143]. Das bloß zufällige Zusammenfallen der Vertragspartnerstellung mit der Mitgliedschaft kann eine rechtlich abweichende Behandlung nicht begründen. Handelt es sich hierbei um ein Auftragsverhältnis i.S.v. § 662 BGB, so greifen die auftragsrechtlichen Vorschriften, insbesondere § 670 BGB, unmittelbar ein[144].

e) Geschäftsbesorgungen mit GoA–ähnlichem Charakter

Es sind Fallkonstellationen denkbar, in denen die Geschäftsbesorgung durch das Vereinsmitglied einer berechtigten Geschäftsführung ohne Auftrag sehr nahe kommt. So wenn ein Mitglied eines kleinen Kunstvereins, das als einzige anwesende Person einen Schlüssel zu den Räumlichkeiten besitzt, wertvolle Gemälde vor einem Brand rettet oder ein Mitglied eines Sportvereins Schutzmaß-

---

[141] Siehe für Verträge mit Vereinsmitgliedern *Soergel/Hadding*, § 38 Rn. 26. Für den Vorstand eines Idealvereins BGHZ 113, 237 (242). Für den Vorstand einer AG BGH WM 1989, 1246. Für den Gesellschafter einer GmbH *Hachenburg/Raiser*, § 14 Rn. 30.

[142] Zu den nachwirkenden Treupflichten, die insbesondere bei Dauerrechtsverhältnissen bestehen können, siehe *Erman/Werner*, § 242 Rn. 58; *Palandt/Heinrichs*, § 276 Rn. 121 f.; *Soergel/Teichmann*, § 242 Rn. 167 ff. Speziell zur Mitgliedschaft *K. Schmidt*, GesR, § 20 IV 1 b, S. 589.

[143] Vgl. *Gierke*, Dt. Privatrecht, § 68, S. 534; *ders.*, Genossenschaftstheorie, S. 176 ff.; *Oertmann*, Bd. 1, § 35 Anm. 2 a; *Reichert/van Look*, Rn. 522; *Soergel/Hadding*, § 38 Rn. 26. Deshalb soll im Rahmen der weiteren Arbeit auf diese echten Drittgläubigerschuldverhältnisse nicht mehr eingegangen werden, da insofern keine vereinsrechtlichen Besonderheiten auftreten. Zu den Rechtsfolgen eines vereinsrechtlichen Geschäftsbesorgungsvertrages sogleich III 1 b.

[144] Zu Drittgläubigerschuldverhältnissen in der OHG vgl. *Baumbach/Hopt*, § 110 Rn. 21; GroßKommHGB-*Ulmer*, § 110 Rn. 8. Für den Verlustersatzanspruch gilt bei Drittgeschäften nicht die gesellschaftsrechtliche Norm des § 110 HGB, sondern die getroffenen Vereinbarungen bzw. § 670 BGB, soweit ein Auftragsverhältnis zustande kommt.

nahmen für das Clubhaus vor dem herannahenden Hochwasser ergreift, weil sich darin teure Sportgeräte befinden. Die Bestimmungen der §§ 677 ff. BGB, insbesondere die Aufwendungsersatzregelung des § 683 S. 1 BGB i.V.m. § 670 BGB, können nur Anwendung finden, falls das Vereinsmitglied ohne Auftrag oder sonstige Berechtigung gehandelt hat. Eine Geschäftsführung ohne Auftrag scheidet daher aus, wenn der Geschäftsführer gegenüber dem Geschäftsherrn aus anderem Grunde zur Geschäftsbesorgung legitimiert oder verpflichtet war[145]. Abgesehen von einer besonderen schuldrechtlichen Vereinbarung einer Geschäftsbesorgungspflicht kommt eine Geschäftsführung ohne Auftrag auch dann nicht in Betracht, wenn eine mitgliedschaftliche Pflicht zum Tätigwerden bestand. Für Beispiele der obengenannten Art ist daher sorgfältig zu prüfen, ob nicht eine ungeschriebene aktive Förderpflicht zur Vornahme der Rettungshandlung bestand. Nur wenn keine Geschäftsbesorgungspflicht aus der Mitgliedschaft selbst zu folgern ist, handelt es sich um eine Geschäftsführung ohne Auftrag i.S.d. §§ 677 ff. BGB, so z.B. bei Handlungen, die aufgrund ihrer Gefährlichkeit für den Geschäftsführer nicht mehr von der aktiven Förderpflicht erfaßt werden.

2. Geschäftsführung durch Vereinsorgane am Beispiel des Vorstands

Zunächst einmal kommt mit der Bestellung des Vereinsorgans ein organschaftliches Rechtsverhältnis zustande, das allein nach korporationsrechtlichen Grundsätzen zu beurteilen ist und gegebenenfalls neben der mitgliedschaftlichen Rechtsbeziehung existiert. Jedoch besteht zwischen der Organstellung und dem Mitgliedschaftsverhältnis ein enger Zusammenhang, soweit die Übernahme der Organtätigkeit als echter Bestandteil in der Vereinssatzung geregelt ist, also Teil des Mitgliedschaftsverhältnisses ist[146].

Umstritten ist, ob die Bestellung schon allein mit Mitteilung des Beschlusses des Kreationsorgans an den Gewählten wirksam wird oder ob es einer einseitigen, jedoch seitens des Gewählten zustimmungsbedürftigen Bestellungserklärung bedarf. Die herrschende Meinung verlangt zumindest die konkludente Zustimmung in Form der vorausgegangenen Bewerbung bzw. nachträg-

---

[145] Allgemein dazu MünchKomm-*Seiler*, § 677 Rn. 34, *Soergel/Mühl*, § 677 Rn. 11; *Staudinger/Wittmann*, Vorbem zu §§ 677 ff. Rn. 40.

[146] So zutreffend für die GmbH *Baumbach/Hueck/Zöllner*, § 35 Rn. 9; *Scholz/Schneider*, § 35 Rn. 153.

lichen Annahme der Wahl. Dafür spricht jedenfalls, daß dem gewählten Organ auch Pflichten, wie z.B. die Konkursantragspflicht nach § 42 II BGB bzw. die ordnungsgemäße Geschäftsführung, obliegen, deren Auferlegung durch einseitigen Akt nur bei Zustimmung des Betroffenen möglich sein kann[147].

Die organisationsrechtliche Bestellung ist von einem etwaigen Anstellungsvertrag, der als schuldrechtliche Rechtsbeziehung zwischen dem Verein und dem Organ geschlossen werden kann, rechtlich zu trennen[148]. Gegen die von Baums[149] wiederbelebte Einheitstheorie spricht, daß der Gesetzgeber die Trennung zwischen Bestellung und Anstellung im Korporationsrecht positivrechtlich in §§ 84 I 1 und 84 I 5 bzw. §§ 84 III 1 und 84 III 5 AktG zum Ausdruck gebracht hat. Für den Vorstand eines Idealvereins läßt sich diese Unterscheidung ohne weiteres der Norm des § 27 II 1 BGB entnehmen. Danach ist die *Bestellung* jederzeit widerruflich, unbeschadet des Anspruchs auf die *vertragsmäßige* Vergütung. Die vertragsmäßige Vergütung bezieht sich also nach dem eindeutigen Gesetzeswortlaut auf einen von der Bestellung rechtlich zu trennenden schuldrechtlichen Vertrag[150]. Schon im Gesetzgebungsverfahren wurde ausdrücklich darauf hingewiesen, daß die Frage der Vergütung des Vorstands durch das Statut oder in einem besonderen Vertrag geregelt werden kann[151].

Mithin bedarf es einer sachlichen Unterscheidung auch deshalb, weil das Organschaftsverhältnis und der Anstellungsvertrag jeweils verschiedene Rechte

---

[147] Siehe BGH NJW 1975, 2101; BayObLGZ 1981, 270 (277); *Erman/H.P. Westermann*, § 27 Rn. 1; *Flume*, AT I/2, § 10 I 1, S. 344 f.; MünchKomm-*Reuter*, § 27 Rn. 4; *Reichert/van Look*, Rn. 1235; RGRK-*Steffen*, § 27 Rn. 3; *Sauter/Schweyer*, Rn. 251; *Soergel/Hadding*, § 27 Rn. 9; *Staudinger/Weick*, § 27 Rn. 10. A.A. *Richert*, SchlHA 1956, 194 f.

[148] Zu der von der h.M. vertretenen Trennungstheorie im Bereich der juristischen Personen allgemein *K. Schmidt*, GesR, § 14 III 2 b, S. 422 ff.; *Fleck*, FS Hilger und Stumpf, S. 197 (202 f.). Zum Idealverein BGHZ 113, 237 (242); BAG NJW 1996, 614 f.; *Erman/H.P. Westermann*, § 27 Rn. 1; *Flume*, AT I/2, § 10 I 2, S. 345 f.; MünchKomm-*Reuter*, § 27 Rn. 1; RGRK-*Steffen*, § 27 Rn. 3; *Reichert/van Look*, Rn. 756 f.; *Soergel/Hadding*, § 27 Rn. 12. Zur Genossenschaft *Hettrich/Pöhlmann*, § 24 Rn. 8. Zur GmbH BGHZ 78, 82 (84); BGHZ 89, 48 (52); *Hachenburg/Mertens*, § 35 Rn. 22; *Lutter/Hommelhoff*, Anh. § 6 Rn. 1; *Meyer-Landrut/Niehus/Miller*, §§ 35–38 Rn. 100; *H. Sudhoff*, Rechte und Pflichten, S. 13 f. Zur AG GroßKommAktG-*Meyer-Landrut*, § 84 Anm. 1; *Hüffer*, § 84 Rn. 2; KölnKomm-*Mertens*, § 84 Rn. 2.

[149] Siehe *Baums*, Der Geschäftsleitervertrag, insb. S. 449 ff. Zur früher vertretenen Einheitstheorie z.B. *Godin/Wilhelmi* (2. Aufl.), § 75 Anm. II 2; *Hachenburg/Schilling* (6. Aufl.), § 35 Anm. 40; *Schilling*, JZ 1961, 545 f.

[150] Vgl. *Erman/H.P. Westermann*, § 27 Rn. 4; MünchKomm-*Reuter*, § 27 Rn. 3; *Oertmann*, Bd. 1, § 26 Anm. 5 b; *Soergel/Hadding*, § 27 Rn. 20.

[151] Siehe Prot. II, S. 378.

und Pflichten hervorzubringen vermögen. Dies gilt in besonderem Maße, wenn der schuldrechtliche Vertrag zur Ergänzung und Erweiterung der mit der Bestellung entstandenen Rechte und Pflichten abgeschlossen wurde[152]. Daher kann die Tätigkeit eines Vereinsorgans sowohl auf dem organschaftlichen Rechtsverhältnis als auch auf einem zusätzlichen Anstellungsvertrag beruhen. Folgt man demnach der Trennungstheorie, so schließt sich daran die Frage an, ob neben dem durch die Bestellung zustandegekommenen organschaftlichen Rechtsverhältnis stets ein Anstellungsvertrag erforderlich ist oder ob dieser fakultativ geschlossen werden kann.

a) Erfordernis eines Anstellungsvertrages

Vornehmlich Reichert/van Look vertreten die Auffassung, daß neben der organschaftlichen Beziehung ein Anstellungsvertrag erforderlich sei[153]. Zwar erlange der Träger des Vereinsamtes mit dem Bestellungsakt die Organstellung, jedoch würde dieses Rechtsverhältnis nicht alle Rechte und Pflichten zwischen dem Verein und dem Organ hinreichend regeln. So würden beispielsweise die korporationsrechtlichen Grundsätze nicht klarstellen, inwieweit das Organmitglied Aufwendungsersatz bzw. eine Vergütung beanspruchen kann. Folglich müsse die nähere Ausgestaltung der Rechtsbeziehungen mit Hilfe eines besonderen schuldrechtlichen Anstellungsvertrages erfolgen. Auch sei es im GmbH- und Genossenschaftsrecht unstreitig, daß selbst dann ein Anstellungsvertrag geschlossen werde, wenn das entsprechende Organ unentgeltlich tätig werde[154]. Weil der Anstellungsvertrag keinen Formvorschriften unterliege, werde er - soweit nicht explizit vereinbart - konkludent mit Annahme des Amtes durch den Gewählten vereinbart. Mit der Bestellung soll daher automatisch ein Anstellungsvertrag zustande kommen, wobei sich der Vertragsinhalt in einem solchen Fall unter anderem aus dem Organschaftsverhältnis ergebe[155].

Die herrschende Meinung hält hingegen für die ehrenamtliche Tätigkeit im Idealverein einen zusätzlichen Anstellungsvertrag mit Recht für entbehrlich,

---

[152] Ähnlich *K. Schmidt*, GesR, § 14 III 2 b, S. 423.

[153] Vgl. dazu *Reichert/van Look*, Rn. 756 ff.; ähnlich MünchKomm-*Reuter* (2. Aufl.), § 27 Rn. 17, wonach die Geschäftsführung auf dem Anstellungsvertrag beruhen soll. Nunmehr anders in 3. Aufl., § 27 Rn. 1 und Rn. 20: Das organschaftliche Rechtsverhältnis soll die Grundlage der Geschäftsführung bilden.

[154] Den bei *Reichert/van Look*, Rn. 757, angegebenen Fundstellen kann dies freilich so nicht entnommen werden.

[155] *Reichert/van Look*, Rn. 757, 759, 1237, 1240.

solange die Parteien keine vom Auftragsrecht abweichenden Rechte und Pflichten begründen wollen[156]. Weil das organschaftliche Rechtsverhältnis die Grundlage der Geschäftsführung des Vorstands bildet, bezieht sich der Verweis des § 27 III BGB auf dieses[157]. Der BGH geht in zwei neueren Entscheidungen ebenfalls von der Prämisse aus, daß die Geschäftsführung des Vorstands auf dem organschaftlichen Verhältnis beruht und deshalb schon dieses auftragsähnlichen Charakter hat. So meint er, daß mit dem Wirksamwerden der Bestellung für den Vereinsvorstand als gesetzliches Vertretungs- und Geschäftsführungsorgan nicht nur das Recht, sondern auch die Pflicht zur eigenverantwortlichen Führung der Vereinsgeschäfte entstehe[158]. In einer anderen Entscheidung wird ausgeführt, daß der Gesetzgeber keinen Anlaß gesehen habe, den Anstellungsvertrag besonders zu erwähnen, weil er vom typischen Idealverein ausgegangen sei, bei dem kein Dienstvertrag geschlossen werde, da der Vorstand sein Amt unentgeltlich nach auftragsrechtlichen Grundsätzen wahrnehme[159]. Auch ist im Gesetzgebungsverfahren diskutiert worden, ob das Rechtsverhältnis zwischen Vorstand und Verein ausdrücklich und erschöpfend nach den Grundsätzen des Auftrags geregelt werden soll[160]. Dabei kommt die Intention der Gesetzesverfasser zum Ausdruck, daß das Auftragsrecht entsprechend auf das organschaftliche Rechtsverhältnis anzuwenden ist, soweit nicht eine anderweitige Regelung getroffen wird bzw. die Natur des Vereinsrechts eine abweichende Beurteilung verlangt. Gestützt wird dieses Ergebnis durch die ähnlich strukturierte Verweisnorm des § 713 BGB, bei der sich die Anwendung der auftragsrechtlichen Vorschriften auf die kraft Gesellschafterstellung bestehende Geschäftsführung bezieht, ohne daß es eines zusätzlichen schuldrechtlichen Vertrages bedarf[161].

---

[156] Siehe *Flume*, AT I/2, § 10 I 2, S. 345 f.; MünchKomm-*Reuter*, § 27 Rn. 1 (anders 2. Aufl., § 27 Rn. 17); *Oertmann*, § 26 Anm. 5 b; *K. Schmidt*, GesR, § 14 III 2 b, S. 422; *Soergel/Hadding*, § 27 Rn. 12; *Staudinger/Weick*, § 27 Rn. 12 und Rn. 24.

[157] So *Flume*, AT I/2, § 10 I 2, S. 345; MünchKomm-*Reuter*, § 27 Rn. 20 (entgegen der Vorauflage in § 27 Rn. 17); *K. Schmidt*, GesR, § 14 III 2 b, S. 422; *Soergel/Hadding*, § 27 Rn. 12 und Rn. 21. A.A. offenbar *Erman/H.P. Westermann*, § 27 Rn. 1, wonach die Pflichten im Anstellungsverhältnis nach § 27 III BGB bestimmt werden sollen; LG Bonn NJW-RR 1995, 1435, das § 27 III BGB auch auf den Dienstvertrag anwendet.

[158] Vgl. BGH NJW 1993, 191 (192).

[159] Siehe BGHZ 113, 237 (246). Vgl. aber auch den Hinweis in § 27 II 1 BGB auf die vertragsmäßige Vergütung.

[160] Prot. II, S. 378 f.

[161] So *Flume*, AT I/1, § 10 I, S. 130 f.; MünchKomm-*Ulmer*, § 713 Rn. 1, Rn. 4; *K. Schmidt*, § 14 III 2 b, S. 422; *Soergel/Hadding*, § 713 Rn. 1 und Rn. 3; *Staudinger/Keßler*, § 713 Rn. 1.

Folglich stellt das Gesetz für die unentgeltliche Wahrnehmung der Organtätigkeit über § 27 III BGB ein umfassendes Rechtsfolgenprogramm in Form der entsprechenden Anwendung des Auftragsrechts zur Verfügung. Weil aber damit die Rechte und Pflichten bereits hinreichend geregelt werden, ist ein zusätzlicher Anstellungsvertrag unnötig. Ist die organschaftliche Beziehung als satzungsrechtlicher Teil des Mitgliedschaftsverhältnisses ausgestaltet, so ist ein Anstellungsvertrag zumeist deshalb entbehrlich, weil die rechtlichen Regelungen aus dem mitgliedschaftlichen Sonderrechtsverhältnis zu entwickeln sind[162]. Das organschaftliche Rechtsverhältnis stellt dann einen Bestandteil der Mitgliedschaft dar, wenn die Verpflichtung zur Amtsübernahme in der Satzung festgesetzt[163] bzw. ein Sonderrecht i.S.v. § 35 BGB auf Vorstandsbestellung eingeräumt wurde[164].

Diese Grundsätze gelten entgegen der Ansicht von Reichert/van Look[165] auch für das GmbH- und Genossenschaftsrecht, so daß die Pflicht zur Geschäftsführung schon mit der Bestellung entsteht und ein zusätzlicher Anstellungsvertrag entbehrlich ist[166]. Die Konstruktion eines konkludenten Vertragsschlusses überzeugt letztlich wenig. Reichert/van Look[167] halten einen Anstellungsvertrag deshalb für notwendig, weil das organschaftliche Rechtsverhältnis nicht alle Rechtsfragen zwischen dem Verein und seinen Organen regle. Abgesehen davon, daß der Verweis des § 27 III BGB auf das Auftragsrecht eine hinreichende Ausgestaltung der Organstellung bewirkt, enthält ein konkludent mit Annahme der Bestellung geschlossener Anstellungsvertrag keine weitergehenden Rechte und Pflichten, da es an einer diesbezüglichen Vereinbarung gerade fehlt. Der Inhalt eines derartigen Vertrages könnte daher ohne-

---

[162] Ähnlich zur GmbH *Baumbach/Hueck/Zöllner*, § 35 Rn. 9; *Scholz/Schneider*, § 35 Rn. 153.

[163] Siehe *Eisenhardt*, Rn. 141; *Enneccerus/Nipperdey*, AT 1, § 112, S. 674; *Erman/H.P. Westermann*, § 58 Rn. 2; MünchKomm-*Reuter*, § 38 Rn. 24; *Stöber*, Rn. 83; *v. Tuhr*, Bd. 1, § 38, S. 548 f.

[164] Zum Sonderrecht auf Vorstandsbestellung MünchKomm-*Reuter*, § 35 Rn. 4; *Reichert/van Look*, Rn. 562; RGRK-*Steffen*, § 35 Rn. 4; *Soergel/Hadding*, § 35 Rn. 11; BGH NJW 1969, 131, zur GmbH.

[165] *Reichert/van Look*, Rn. 756 ff.

[166] Vgl. *Baums*, Geschäftsleitervertrag, S. 45; *Flume*, AT I/2, § 10 I 2, S. 346; sogar für entgeltliche Tätigkeiten *Scholz/Schneider*, § 43 Rn. 12 und § 35 Rn. 155; *H. Sudhoff*, Rechte und Pflichten, S. 12.

[167] *Reichert/van Look*, Rn. 756.

hin nur durch die Regelungen des organschaftlichen Verhältnisses bestimmt werden[168].

Eines zusätzlichen Anstellungsvertrags bedarf es im übrigen auch nicht deshalb, weil es ansonsten bei einer unwirksamen Bestellung an einer Rechtsgrundlage für die Geschäftsführung fehlen würde. In diesen Fällen greifen nämlich die Grundsätze über die fehlerhafte Bestellung ein. Demgemäß können nach Beginn der Organtätigkeit Anfechtungs- bzw. Nichtigkeitsgründe nur ex nunc wirken. Das Handeln des Organs kann also nicht mehr rückwirkend unwirksam werden[169]. Damit erweist sich selbst bei unwirksamer Bestellung ein zusätzlich abgeschlossener Anstellungsvertrag für überflüssig.

b) Abschluß eines Anstellungsvertrages

Den Parteien bleibt es freilich unbenommen, ausdrücklich einen Anstellungsvertrag zu schließen, der dann das organschaftliche Rechtsverhältnis ergänzt[170]. Dieser Vertrag ist angesichts der Vielgestaltigkeit der Rechte und Pflichten als vereinsrechtlicher Geschäftsbesorgungsvertrag zu qualifizieren, der je nach Ausgestaltung der Entgeltfrage einem Auftrag bzw. einem Dienstvertrag angenähert ist. Richtigerweise handelt es sich um kein echtes Auftrags- oder Dienstvertragsverhältnis, weil der Anstellungsvertrag vom Vereinsrecht überlagert wird und durch dessen Besonderheiten modifiziert werden kann[171].

So bestehen besondere organschaftliche Treubindungen, die sich aus dem Umgang mit fremden Vermögenswerten begründen lassen[172]. Für den Inha-

---

[168] Selbst *Reichert/van Look*, Rn. 1240, wollen so den Inhalt des Anstellungsvertrages ermitteln. Den Abschluß eines konkludenten Anstellungsvertrages mit Bestellung und deren Annahme lehnen ausdrücklich für die GmbH ab: *Baumbach/Hueck/Zöllner*, § 35 Rn. 94; *Lutter/Hommelhoff*, Anh. § 6 Rn. 2. Für die Genossenschaft *Müller*, § 24 Rn. 37.

[169] Vgl. MünchKomm-*Reuter*, § 27 Rn. 24, mit deutlicher Abgrenzung zum unwirksamen Anstellungsvertrag; *Staudinger/Weick*, § 27 Rn. 21. Falls ausdrücklich ein Anstellungsvertrag geschlossen wurde, sollen bei dessen Unwirksamkeit die Grundsätze über das fehlerhafte Arbeitsverhältnis entsprechend anzuwenden sein. Dazu BGHZ 113, 237 (249); MünchKomm-*Reuter*, § 27 Rn. 2; *Staudinger/Weick*, § 27 Rn. 21.

[170] Siehe *Flume*, AT I/2, § 10 I 2, S. 346; MünchKomm-*Reuter*, § 27 Rn. 2.

[171] So auch *Erman/H.P. Westermann*, § 27 Rn. 6; *Noelle*, S. 87, geht von einem auftragsähnlichen Rechtsverhältnis aus. Die überwiegende Lehre nimmt hingegen bei Unentgeltlichkeit einen Auftrag, bei Entgeltlichkeit einen Dienstvertrag an. Vgl. *Reichert/van Look*, Rn. 757; *Soergel/Hadding*, § 27 Rn. 13. Zur Genossenschaft *Hettrich/Pöhlmann*, § 24 Rn. 8; *Müller*, § 24 Rn. 35. Zur GmbH *Lutter/Hommelhoff*, Anh. § 6 Rn. 2.

[172] So auch *Hüffer*, § 84 Rn. 9, zur AG. Vgl. zu den Treupflichten BGHZ 49, 30 (31) bzgl. eines GmbH-Geschäftsführers.

ber einer Organstellung gilt es vornehmlich, an der Verwirklichung des Vereinszwecks mitzuwirken. Wie den gewöhnlichen Vereinsmitgliedern obliegen dem Vorstand daher Förder- und Rücksichtspflichten[173]. Durch die Bestellung zum Organ und den Abschluß des Anstellungsvertrages werden zwar verschiedene Rechtsverhältnisse begründet, diese sind jedoch sowohl tatsächlich als auch rechtlich miteinander verknüpft[174]. Abgesehen davon, daß beide über eine Bedingung i.S.v. § 158 BGB oder über die Vereinbarung eines Kündigungsrechts für den Fall, daß eines der Rechtsverhältnisse beendet wird, miteinander verbunden werden können[175], besteht ein weitergehender Zusammenhang. Legt der Anstellungsvertrag nämlich Pflichten des Vorstands fest, so sind diese zugleich Pflichten des organschaftlichen Rechtsverhältnisses[176]. Umgekehrt verpflichtet sich das Organ mit Abschluß des Anstellungsvertrages, die organschaftlichen Pflichten auf der vertraglichen Ebene zu wahren[177]. Ferner ist das Eigenorgan, das selbst Mitglied im Verein ist, im Rahmen seiner Geschäftsführung an die satzungsrechtlichen Regelungen und eventuell bestehende Vereinsordnungen gebunden.

c) Fremdorganschaft

Bei körperschaftlich strukturierten Personenvereinigungen kann auch ein Nichtmitglied zum Organ bestellt werden[178], falls sich aus der Satzung oder stillschweigend aus dem Vereinszweck[179] nichts Gegenteiliges ergibt. Ob die Satzung auch für Nichtmitglieder gilt, die ein Vereinsamt bekleiden, ist umstritten. Dies dürfte richtigerweise zu verneinen sein, weil sich der Geltungsbereich der Satzung grundsätzlich nicht auf außenstehende Dritte er-

---

[173] *Reichert/van Look*, Rn. 617 und Rn. 1929; vgl. auch *Stöber*, Rn. 124.

[174] Siehe BGHZ 79, 38 (41); BGHZ 89, 48 (52); BGHZ 113, 237 (242); BGH WM 1989, 1246 (1247 f.). Kritisch hierzu MünchKomm-*Reuter*, § 27 Rn. 1.

[175] Dazu *Soergel/Hadding*, § 27 Rn. 13.

[176] So insbesondere *Flume*, AT I/2, § 10 I 3, S. 348. Vgl. zur GmbH *Fleck*, ZHR 149, S. 387 (397); *Hachenburg/Mertens*, § 43 Rn. 4. Zur AG *Hüffer*, § 93 Rn. 13; *Wiesner*, MünchHdb., GesR, Bd. 4, § 26 Rn. 5.

[177] Siehe zur Genossenschaft *Hettrich/Pöhlmann*, § 24 Rn. 8. Zur GmbH *Fleck*, ZHR 149, S. 387 (397); *Hachenburg/Stein*, § 35 Rn. 310. Zur AG KölnKomm-*Mertens*, § 93 Rn. 3.

[178] OLG Köln NJW 1992, 1048 (1049); BayObLGZ 7, 612 (616); *Dernburg*, Bd. 1, § 77, S. 212; *Reichert/van Look*, Rn. 719 f.; RGRK-*Steffen*, § 27 Rn. 2; *Soergel/Hadding*, § 26 Rn. 3 und § 27 Rn. 3; *Staudinger/Weick*, § 26 Rn. 3 und § 27 Rn. 7.

[179] OLG Stuttgart Rpfleger 1964, 20 (ordensähnlicher, karitativer Zusammenschluß); *Reichert/van Look*, Rn. 719 (Feuerwehrverein).

strecken kann[180]. Sie ist daher allenfalls in der Lage, den Umfang und die Grenzen des Amtes zu bestimmen; die Rechte und Pflichten ergeben sich jedoch lediglich aus der entsprechenden Anwendung des Auftragsrechts[181]. Die Geltung der vereinsrechtlichen Bestimmungen kann allerdings rechtsgeschäftlich vereinbart werden[182]. Es empfiehlt sich daher, deren Erstreckung auf das Fremdorgan zum Gegenstand des Anstellungsvertrages zu machen.

---

[180] Vgl. RGZ 122, 266 (268); BGHZ 28, 131 (133); BGHZ 29, 352 (359); MünchKomm-*Reuter*, § 25 Rn. 18; RGRK-*Steffen*, § 25 Rn. 7; *Soergel/Hadding*, § 25 Rn. 1; *Staudinger/Weick*, § 25 Rn. 9.

[181] So wie hier MünchKomm-*Reuter* (2. Aufl.), § 25 Rn. 15; *Soergel/Hadding*, § 25 Rn. 35. Zur GmbH *Heisse*, Beschränkung der Geschäftsführerhaftung, S. 135; *Scholz/Schneider*, § 35 Rn. 153, wonach sich jedoch eine Haftungsmilderung in der Satzung auch auf Fremdorgane erstrecken soll. A.A. nunmehr MünchKomm-*Reuter* (3. Aufl.), § 25 Rn. 18; *Staudinger/ Weick*, § 25 Rn. 13.

[182] So zur GmbH *Heisse*, Beschränkung der Geschäftsführerhaftung, S. 136. Vgl. ferner *Baumbach/Hueck*, § 3 Rn. 27 a. Allgemein zur rechtsgeschäftlichen Erstreckung von vereinsrechtlichen Bestimmungen auf Nichtmitglieder *Lukes*, FS H. Westermann, S. 325 (334 f.).

III. Anwendbarkeit auftragsrechtlicher Vorschriften

1. Geschäftsbesorgungen durch Vereinsmitglieder

a) Geschäftsbesorgungen aufgrund des mitgliedschaftlichen Rechtsverhältnisses

Für die mitgliedschaftlich begründeten Tätigkeiten gelten – soweit existent – primär die entsprechenden satzungsrechtlichen Bestimmungen[1]. Ansonsten können für Geschäftsbesorgungen, die auf einer mitgliedschaftlichen Pflicht beruhen, die Vorschriften des Auftragsrechts und insbesondere die Aufwendungsersatzregelung des § 670 BGB im Wege einer Analogie zu § 27 III BGB entsprechende Anwendung finden.

In diese Richtung deuten schon die Erwägungen des Gesetzgebers, die dieser für die Rechtsbeziehung zwischen Verein und Vorstand angestellt hat. Er war nämlich der Auffassung, daß das Auftragsrecht keine spezifischen Grundsätze beinhalte, sondern in allen Fällen einer fremden Geschäftsbesorgung zutreffe und eine Auslegung des jeweiligen Rechtsverhältnisses ohnehin eine entsprechende Anwendung dieser Bestimmungen ergeben würde[2]. So kann auch für den Vorstand einer Genossenschaft oder einer Aktiengesellschaft das Auftragsrecht ohne eine dem § 27 III BGB entsprechende Vorschrift Geltung erlangen[3]. Ferner wird der Anwendungsbereich des § 27 III BGB nicht auf den Vorstand innerhalb eines Idealvereins begrenzt, sondern analog auf andere Organe des Vereins, wie z.B. den Verwaltungsrat, erstreckt[4].

Für eine Analogie zu § 27 III BGB spricht weiterhin, daß die Anwendung auftragsrechtlicher Normen auf Rechtsbeziehungen mit ähnlicher Interessenlage anerkannt ist, weil sie dem Gedanken der Tätigkeit für einen anderen in

---

[1] Siehe *Reichert/van Look*, Rn. 472; *Soergel/Hadding*, § 38 Rn. 1 und Rn. 15; *Staudinger/Weick*, § 35 Rn. 6.

[2] Siehe Prot. II, 378.

[3] Für die Genossenschaft siehe RG JW 1936, 2312; *Lang/Weidmüller/Schaffland*, § 24 Rn. 39; *Müller*, § 24 Rn. 35. Zur Aktiengesellschaft *Geßler/Hefermehl/Eckhardt/Kropff*, § 84 Rn. 53; KölnKomm-*Mertens*, § 84 Rn. 76. Vgl. dazu auch *Bastuck*, Enthaftung, S. 111 und S. 113.

[4] Dazu BGH ZIP 1988, 706 (708).

dessen Rechtskreis entsprechen[5]. In den Protokollen zu § 675 BGB[6] findet sich die Ansicht der Gesetzesverfasser, daß die auftragsrechtlichen Vorschriften wegen ihres *allgemeinen Inhalts* ohne Rücksicht auf das zugrundeliegende Rechtsverhältnis überall dort passen würden, wo es sich um Geschäftsbesorgungen für einen Dienstberechtigten oder Besteller handelt. Auftragsrecht gilt also für diejenigen Rechtsverhältnisse, die die für den Auftrag geltenden Rechtsfolgen erfordern, weil damit sachgerechte Ergebnisse erzielt werden können[7].

Die Aufwendungsersatzbestimmung des § 670 BGB findet beispielsweise in allen Fällen Anwendung, in denen der Geschäftsführer Angelegenheiten in fremdem Interesse wahrnimmt, weil die objektiv erforderlichen Kosten dieser Geschäftsführung von demjenigen zu tragen sind, in dessen Interesse sie liegen[8]. Zuzustimmen ist daher Isele[9], der ausführt, daß das Recht des Aufwendungsersatzes zu den "großen Klammern, die den Normbereich der Geschäftsbesorgung zu einer Systemeinheit zusammenschließen", gehört. Daß der Gesetzgeber für die mitgliedschaftliche Geschäftsbesorgung im Idealverein keinen gesonderten Verweis auf das Auftragsrecht ausgesprochen hat, dürfte an der schon eingangs angesprochenen defizitären Ausgestaltung der vereinsrechtlichen Innenverhältnisse liegen, die im Bereich der Geschäftsbesorgungen auch dadurch begründet ist, daß das Gesetz den Vorstand in §§ 26 ff. BGB als den regelmäßigen Geschäftsführer des Vereins betrachtet. Die Mitglieder sind anders als in der Gesellschaft bürgerlichen Rechts, bei der die Führung der Geschäfte den Gesellschaftern gemeinschaftlich zusteht, von der Geschäftsführung ausgeschlossen, weil der Verein im Rechtsverkehr durch seine Organe handelt.

Als Argument für die Anwendung des Auftragsrechts auf die mitgliedschaftliche Geschäftsbesorgung kann im übrigen die Regelung des § 713 BGB im Personengesellschaftsrecht herangezogen werden. § 713 BGB betrifft nämlich ebenfalls diejenigen Geschäftsbesorgungen, deren Grundlage bereits in der

---

[5] So *Coing*, AcP 167, S. 99 (102); *Erman/Ehmann*, Vor § 662 Rn. 15.

[6] Vgl. Prot. II, S. 376 f.

[7] So für § 675 BGB MünchKomm-*Seiler*, § 662 Rn. 14; *Staudinger/Nipperdey* (11. Aufl.), § 675 Rn. 17.

[8] Vgl. *Kropholler/Berenbrok*, § 670 Rn. 1; *Lammel*, Vertragsschuldverhältnisse, S. 272; MünchKomm-*Seiler*, § 662 Rn. 67 und § 670 Rn. 3; RGRK-*Steffen*, § 670 Rn. 37. § 670 BGB ist daher auch auf die Geschäftsführertätigkeit in der GmbH anwendbar. Dazu *Baumbach/Hueck/Zöllner*, § 35 Rn. 35. Zum Aufwendungsersatz als allgemeines Institut des Schuldrechts *Müller*, JZ 1968, 769 (771 ff.).

[9] *Isele*, Geschäftsbesorgung, S. 58.

Mitgliedschaft zu finden ist[10]. Außerdem kommt in zahlreichen weiteren Normen des BGB (§§ 48 II, 86, 675, 683 S. 1, 1648, 1691, 1835 I, 1908 e I, 1908 h I, 1908 i I, 1915 I, 1959 I, 1978 I 2 und III, 2218 I), die für Fälle der Geschäftsführung in fremdem Interesse auf § 670 BGB verweisen, ein allgemeines Prinzip des Aufwendungsersatzes zum Ausdruck.

Mithin wird für den Bereich der wirtschaftlichen Vereine darauf hingewiesen, daß die Vorschriften über den entsprechenden Vertragstyp auf das Mitgliedschaftsverhältnis Anwendung finden[11]. Für eine als mitgliedschaftliche Pflicht ausgestaltete Geschäftsführertätigkeit in der GmbH kann der Aufwendungsersatzanspruch daher aus einer Analogie zu §§ 713 BGB, 110 HGB abgeleitet werden[12].

Für die Geschäftsbesorgung kraft Mitgliedschaft im Idealverein gilt folglich der Verweis in § 27 III BGB auf das Auftragsrecht entsprechend, so daß der Heranziehung des § 670 BGB grundsätzlich keine Bedenken entgegenstehen.

b) Vertraglich begründete Geschäftsbesorgungen

Auf echte Drittgläubigerschuldverhältnisse ist die Norm des § 27 III BGB nicht anzuwenden, weil insofern die spezifisch vereinsrechtlichen Gedanken nicht zutreffen und die Rechtsbeziehung nicht dem Vereinsrecht unterliegt. Hier sind die Bestimmungen für den von den Parteien jeweils gewählten Vertragstypus einschlägig, also z.B. Auftragsrecht oder Dienstvertragsrecht[13].

Zu untersuchen ist, ob § 27 III BGB auch bei einem vereinsrechtlichen Geschäftsbesorgungsvertrag, der in Zusammenhang mit der Mitgliedschaft geschlossen wurde, entsprechend heranzuziehen ist. Die Rechtsfolgen eines solchen gesondert geschlossenen Vertrages richten sich in erster Linie nach der Parteivereinbarung. Daher kann selbstverständlich eine besondere Regelung hin-

---

[10] Siehe MünchKomm-*Ulmer*, § 713 Rn. 1; *Soergel/Hadding*, § 713 Rn. 1; *Staudinger/Keßler*, Vorbem zu §§ 709–715 Rn. 11.

[11] Für die GmbH schon RGZ 87, 261 (265); Zur AG *Hüffer*, § 55 Rn. 3; KölnKomm-*Lutter*, § 55 Rn. 10.

[12] *Baumbach/Hueck/Zöllner*, § 35 Rn. 35.

[13] Zum Drittgläubigerschuldverhältnis oben II 1 d. Für den Idealverein *Reichert/van Look*, Rn. 522 f.; *Soergel/Hadding*, § 38 Rn. 26. Zur GbR MünchKomm-*Ulmer*, § 713 Rn. 4; RGRK-*v. Gramm*, § 706 Rn. 10; *Soergel/Hadding*, § 713 Rn. 2; *Staudinger/Keßler*, § 713 Rn. 1. Zur GmbH *Scholz/Winter*, § 14 Rn. 16.

sichtlich der Voraussetzungen eines Aufwendungs- bzw. Schadensersatzanspruchs getroffen werden[14]. Für die hier vor allem interessierenden Fälle der unentgeltlichen Übernahme einer Tätigkeit dürfte es allerdings in der Praxis zumeist an besonderen Absprachen fehlen.

Das Geschäftsbesorgungsverhältnis stellt jedenfalls kein reines Auftragsverhältnis gemäß §§ 662 ff. BGB dar, da ein solches nur bei einem echten Drittgläubigerschuldverhältnis in Frage kommt. Der Verweis in § 27 III BGB auf §§ 664 bis 670 BGB hinsichtlich der Tätigkeit von Vereinsorganen zeigt, daß nicht alle Vorschriften des Auftragsrechts für die Innenbeziehungen des Vereins Geltung erlangen. Vielmehr geht das Gesetz davon aus, daß es sich um Rechtsbeziehungen eigener Art handelt, da es die Auftragsnormen "nur" für entsprechend anwendbar erklärt[15]. Deshalb ist jeweils zu untersuchen, inwieweit die gesetzlichen Regelungen des Auftragsrechts im Einzelfall angemessen sind[16]. Die Rechte und Pflichten, die sich aus der mitgliedschaftlichen Sonderrechtsbeziehung ergeben, können den Geschäftsbesorgungsvertrag beeinflussen, so daß das Schicksal des schuldrechtlichen Vertrages mit der Mitgliedschaft verknüpft ist und daher das Auftragsrecht modifiziert werden kann[17]. So hat das Mitglied selbstverständlich im Rahmen des Geschäftsbesorgungsvertrages die satzungsrechtlichen Pflichten zu wahren und demgemäß zu handeln[18]. Weiterhin steht das Tätigwerden des Mitglieds unter dem Gebot der Treupflicht, d.h. es hat bei der Mitarbeit im Verein dessen Interessen zu wahren[19]. Umgekehrt ist die Rücksichtnahmepflicht des Vereins als Ausprägung seiner Treupflicht zu beachten, wenn der Verein besondere Schuldverhältnisse mit Mitgliedern schließt, die nur mit diesen zustande kommen können[20]. Berücksichtigt man im Rahmen der Geschäftsbesorgung diese Spezifika des Vereinsrechts, so handelt es sich um einen besonderen vereinsrechtlichen Geschäftsbesor-

---

[14] Zur expliziten Regelung einer Haftungsfreistellung siehe VII 4.

[15] *Isele*, Geschäftsbesorgung, S. 153.

[16] Siehe dazu *Isele*, Geschäftsbesorgung, S. 97.

[17] Vgl. zur Verknüpfung von Mitgliedschaft und schuldrechtlichem Vertrag schon oben II 1 d.

[18] So zutreffend *Hettrich/Pöhlmann*, § 18 Rn. 26, für die Genossenschaft.

[19] Siehe schon II 1 d aa. Vgl. BGHZ 110, 323 (330); *H. Götz/J. Götz*, JuS 1995, 106 (107); *Hadding*, FS Kellermann, S. 91 (107 ff.); *Lutter*, AcP 180, S. 84 (102 ff.); *Müller-Erzbach*, Kap. 47, S. 311 ff.; *Reichert/van Look*, Rn. 472 und Rn. 608 ff.

[20] Siehe KG MDR 1985, 230; BGHZ 110, 323 (330); *Reichert/van Look*, Rn. 608 f. und Rn. 615 f.; RGRK-*Steffen*, § 38 Rn. 11. Zur Genossenschaft BGHZ 27, 297 (305); BGHZ 31, 37 (42); BGH NJW 1990, 1917 (1919).

gungsvertrag, der jedoch aufgrund der Fremdnützigkeit der Geschäftsführung strukturell mit dem Auftrag vergleichbar ist.

Auf den vereinsrechtlichen Geschäftsbesorgungsvertrag kann demnach Auftragsrecht unter dem Vorbehalt entsprechende Anwendung finden, daß sich aus der mitgliedschaftlichen Beziehung, insbesondere der Vereinssatzung, nichts Gegenteiliges ergibt. Insoweit ist denkbar, daß die Satzung auch Regelungen für den Fall enthält, daß ein schuldrechtlicher Vertrag geschlossen wird.

Daß eine Tätigkeitsübernahme kraft Mitgliedschaft und ein daneben abgeschlossener Geschäftsbesorgungsvertrag keine unterschiedliche rechtliche Beurteilung erfahren können, drängt sich gerade für Fälle auf, in denen der Geschäftsbesorgungsvertrag nur für eine über die Mitgliedschaft hinausschießende Tätigkeitspflicht abgeschlossen wird, die allgemeine mitgliedschaftliche Pflicht dagegen nicht vom zusätzlichen Vertrag umfaßt wird. So beispielsweise wenn sich ein Mitglied gegenüber dem zuständigen Vereinsorgan bereit erklärt, neben den satzungsrechtlich vorgesehenen zwanzig Arbeitsstunden weitere fünf Stunden Arbeit zu leisten. Die Übernahme der zusätzlichen fünf Stunden stellt schon wegen des vereinsrechtlichen Gleichbehandlungsgebot keine mitgliedschaftliche Pflicht dar, sondern beruht allein auf einem zusätzlichen Rechtsgeschäft. Dabei handelt es sich aber um kein Drittgläubigerschuldverhältnis, weil das Mitglied aufgrund seiner Zugehörigkeit zum Verein eine mitgliedschaftstypische Aufgabe (satzungsrechtliche Regelung) in erweitertem Umfang wahrnimmt. Haftungsfragen müssen hier einheitlich entschieden werden, da im Falle eines Schadenseintritts faktisch nicht festgestellt werden kann, zu welchem Zeitpunkt das Mitglied gerade die auf der Mitgliedschaft beruhenden zwanzig Arbeitsstunden bzw. die auf dem Geschäftsbesorgungsvertrag beruhenden fünf Arbeitsstunden ausgeführt hat.

Wird der mitgliedschaftliche Aufgabenbereich nur erweitert, kann die Ausführung der mitgliedschaftlichen und der vertraglichen Pflichten in einem Akt zusammenfallen, so daß eine verschiedene Beurteilung nicht geboten ist. Zum Beleg hierfür soll der Sachverhalt unserer Ausgangsentscheidung modifiziert werden: *Dem Jugendleiter obliegt die Führung des Stamms A kraft Satzung, später übernimmt er mittels schuldrechtlichen Vertrags die Aufsicht über einen weiteren Stamm B, dessen Leiter längerfristig ausfällt. Beim Aufhängen der Zelte kippt der Drahtgitterbehälter vom Gabelstapler, wobei je ein Jugendlicher von Stamm A und B verletzt wird. Der Jugendleiter leistet beiden Schadensersatz und fordert daraufhin Regreß vom Verein.*

Es wäre hier beispielsweise verfehlt, an das Handeln des Jugendleiters voneinander abweichende Sorgfaltsmaßstäbe anzulegen, da ihm eine Differenzierung in bezug auf die Sorgfaltsanforderungen aufgrund der gleichzeitigen Aufgabenwahrnehmung nicht zuzumuten ist[21].

Für die analoge Anwendung des Auftragsrechts unter Berücksichtigung der vereinsrechtlichen Besonderheiten und damit eine rechtliche Gleichbehandlung mit den mitgliedschaftlichen Tätigkeitspflichten ist letztlich anzuführen, daß für die Ausführung gleichartiger Aufgaben lediglich ein anderes Gestaltungsmittel gewählt wurde. Wie bereits im Rahmen der Behandlung von Sonderpflichten gezeigt wurde[22], können dabei Situationen auftreten, in denen beide Gestaltungsmittel ohne weiteres austauschbar sind. Die Wahlmöglichkeit der Parteien, die Geschäftsbesorgung auf die mitgliedschaftliche Sonderverbindung oder einen zusätzlichen rechtsgeschäftlichen Vertrag zu stützen, darf auch deshalb nicht zu einer anderen rechtlichen Beurteilung führen, weil es im Zweifel an einem dahingehenden Parteiwillen fehlt. Eine abweichende Betrachtungsweise wäre im übrigen sinnwidrig, falls die Satzung bereits die Tätigkeitspflicht festsetzt und möglicherweise ausgestaltet, jedoch vorsieht, daß jeweils gesonderte Verträge zu schließen sind. Hier beruht zwar die Geschäftsbesorgung als solche nicht unmittelbar auf der Satzung, sondern auf dem schuldrechtlichen Vertrag, jedoch besteht kein sachlicher Unterschied zur mitgliedschaftlichen Geschäftsbesorgung.

Für den besonderen schuldrechtlichen Vertrag bedarf es aber nicht einmal des Umwegs über § 27 III BGB, um zur entsprechenden Anwendung des Auftragsrechts zu gelangen, weil er schon ein mit dem Auftrag vergleichbares Rechtsgeschäft darstellt. Dagegen ist das mitgliedschaftliche Sonderrechtsverhältnis nicht per se als auftragsähnliche Rechtsbeziehung einzustufen, weil es die Summe aller Rechte und Pflichten im Verhältnis zwischen Verein und Mitglied umfaßt, also nicht nur auf Geschäftsbesorgungen beschränkt ist. Nur wenn im Einzelfall eine Geschäftsbesorgung innerhalb des Mitgliedschaftsverhältnisses im Raum steht, sind darauf die auftragsrechtlichen Vorschriften über § 27 III BGB anzuwenden. Bei der Geschäftsführung des Vereinsvorstands

---

[21] Vgl. auch das Beispiel von *Medicus*, BR, Rn. 369, bzgl. der Anwendung von § 1664 BGB bei gleichzeitiger Beaufsichtigung eigener und fremder Kinder.

[22] Zu den Sonderpflichten siehe II 1 b aa.

gilt der Verweis in § 27 III BGB ja auch nur für die organschaftliche Geschäftsführung, nicht aber für einen etwaigen Anstellungsvertrag[23].

c) Ergebnis

Das Vereinsrecht mit seiner lückenhaften Regelung der Innenverhältnisse geht prinzipiell von der Geschäftsführung durch den Vorstand als gewöhnlichen Geschäftsleiter des Vereins sowie durch die von der Satzung vorgesehenen Organe aus und enthält daher keine Regelung für den Fall einer Geschäftsbesorgung durch Vereinsmitglieder. Die vorhandene Lücke kann durch eine entsprechende Anwendung der auftragsrechtlichen Bestimmungen sowohl für die Tätigkeit aufgrund des mitgliedschaftlichen Rechtsverhältnisses als auch eines daneben bestehenden schuldrechtlichen Geschäftsbesorgungsvertrages geschlossen werden[24], wobei den Besonderheiten des Vereinsrechts gegebenenfalls im Wege der Modifikation des Auftragsrechts Rechnung zu tragen ist.

Im Gegensatz zum rechtsfähigen Verein bestehen die Rechte und Pflichten aus der Mitgliedschaft im nichtrechtsfähigen Verein nicht einer verselbständigten Körperschaft, sondern der Mitgliedergesamtheit gegenüber[25]. Ansonsten entspricht die Rechtsstellung des Mitglieds jedoch derjenigen im rechtsfähigen Verein, einschließlich der bereits genannten Treupflichten[26].

2. Geschäftsführung durch Vereinsorgane

Trotz der entsprechenden Anwendung der auftragsrechtlichen Regelungen über § 27 III BGB handelt es sich bei der organschaftlichen Beziehung nicht um ein echtes Auftragsverhältnis i.S.v. § 662 BGB, sondern um ein organschaftliches Rechtsverhältnis sui generis[27]. Zu berücksichtigen ist nämlich, daß der Vorstand in der Regel einen größeren Handlungsspielraum besitzt als ein Beauftragter[28]. Ferner wollte der Gesetzgeber mit dem Verweis in § 27 III

---

[23] Siehe schon II 2 a.

[24] Siehe BGHZ 89, 153 (157); dem folgend *Soergel/Hadding*, § 27 Rn. 22 a.

[25] RGZ 143, 212 (214); *Staudinger/Weick*, § 54 Rn. 45.

[26] Siehe MünchKomm-*Reuter*, § 54 Rn. 39. Insb. zu den Treupflichten BGHZ 13, 5 (11); RGRK-*Steffen*, § 54 Rn. 10; *Soergel/Hadding*, § 54 Rn. 11.

[27] So Prot. II, S. 378; *Flume*, AT I/2, § 10 I 2, S. 345; *Planck/Knoke*, § 27 Anm. 5; *Haidlen*, § 27, S. 52.

[28] Ebenso RGRK-*Steffen*, § 27 Rn. 7.

BGB lediglich eine "angemessene Direktive" erteilen, weil er die Übertragung des Auftragsrechts für naheliegend hielt und meinte, daß es den Bedürfnissen gerecht werde, ohne dabei jedoch der Natur des Rechtsverhältnisses vorgreifen zu wollen[29]. Demnach ist das Verhältnis zwischen Verein und Vorstand nicht lediglich nach Maßgabe des Auftragsrechts zu behandeln[30], vielmehr sind im Einzelfall aufgrund der Abdingbarkeit des § 27 III BGB Modifikationen vor allem durch eine satzungsrechtliche Ausgestaltung möglich[31].

Im Regelfall kommt als Anspruchsgrundlage einer Haftungsfreistellung für den Vorstand eines Idealvereins im Rahmen des organschaftlichen Rechtsverhältnisses zunächst § 27 III BGB i.V.m. § 670 BGB in Betracht[32]. Darüber hinaus ist § 27 III BGB i.V.m. § 670 BGB auf andere Organe als den Vorstand entsprechend anzuwenden[33]. Dafür spricht die schon für das Vereinsmitglied dargelegte Erwägung, daß die Anwendung der auftragsrechtlichen Bestimmungen auf Rechtsverhältnisse mit ähnlich gelagerten Interessen geboten ist[34].

Aus diesem Grund gilt § 670 BGB auch für einen etwaigen Anstellungsvertrag, der ebenfalls durch die Fremdnützigkeit der ehrenamtlichen Tätigkeit typisiert wird und daher einem Auftragsverhältnis angenähert ist[35]. Aber auch bei entgeltlicher Organtätigkeit können – wie § 675 BGB zeigt – auftragsrechtliche Normen, insbesondere § 670 BGB, zur Anwendung gelangen[36]. Der Anstellungsvertrag stellt aufgrund der vereinsrechtlichen Besonderheiten dann

---

[29] So Prot. II, S. 378 f.; Mot. I, S. 95: "kein wirkliches Auftragsverhältnis".

[30] Siehe Prot. II, S. 378 f. Anders noch Prot. I, S. 510 – erschöpfende Regelung nach Auftragsrecht.

[31] Siehe MünchKomm-*Reuter*, § 27 Rn. 21; *Soergel/Hadding*, § 27 Rn. 22; *Staudinger/Weick*, § 27 Rn. 23 f.

[32] So MünchKomm-*Reuter*, § 27 Rn. 21; *Soergel/Hadding*, § 27 Rn. 23; *Staudinger/Weick*, § 27 Rn. 25.

[33] BGH ZIP 1988, 706 (708), für den Verwaltungsrat. Im übrigen soll für Organtätigkeiten im Genossenschafts- und Kapitalgesellschaftsrecht § 670 BGB analog gelten, obwohl es dort an einer Verweisnorm i.S.d. § 27 III BGB fehlt. Siehe *Bastuck*, Enthaftung, S. 111 und S. 113. Vgl. zur Genossenschaft RG JW 1936, 2312; *Lang/Weidmüller/Schaffland*, § 24 Rn. 39; *Müller*, § 24 Rn. 35. Zur Aktiengesellschaft *Geßler/Hefermehl/Eckhardt/Kropff*, § 84 Rn. 53; KölnKomm-*Mertens*, § 84 Rn. 76.

[34] Dazu bereits III 1 a.

[35] So auch zur Genossenschaft *Müller*, § 24 Rn. 57 f.; *Noelle*, S. 87. Zur GmbH *Rowedder/Koppensteiner*, § 35 Rn. 91.

[36] Dazu allgemein *Bastuck*, Enthaftung, S. 111. Zur Genossenschaft *Müller*, § 24 Rn. 57. Zur GmbH *Baumbach/Hueck/Zöllner*, § 35 Rn. 35; *Hachenburg/Stein*, § 35 Rn. 307; *Lutter/Hommelhoff*, Anh. § 6 Rn. 30; *Rowedder/Koppensteiner*, § 35 Rn. 91.

jedoch keinen echten Dienstvertrag dar, sondern ist diesem lediglich angenähert[37].

Nicht erörtert wurde bislang, inwieweit ein Freistellungsanspruch sowohl aus dem organschaftlichen Verhältnis als auch aus einem bestehenden Anstellungsvertrag gefolgert werden kann. Um zu klären, ob Anspruchskonkurrenz vorliegen kann oder der Anspruch aus dem Bestellungsverhältnis vorrangig ist, soll vorab die Rechtslage im Hinblick auf eine mögliche Schadensersatzverpflichtung des Organs gegenüber dem Verein betrachtet werden, weil sich daraus nützliche Hinweise für das Verhältnis von Bestellung und Anstellung gewinnen lassen.

Im Bereich der Genossenschaften und Kapitalgesellschaften wird die Haftung aus §§ 34 GenG, 43 GmbHG, 93 AktG überwiegend als eine solche aus der Organstellung betrachtet[38]. Heftig umstritten ist hingegen, ob neben die Haftung aus der Organstellung eine Haftung wegen positiver Forderungsverletzung des Anstellungsvertrages treten kann[39] oder ob §§ 34 GenG, 43 GmbHG, 93 AktG zugleich die Vertragshaftung in sich aufnehmen[40]. Schwierigkeiten bestehen dort jedoch nur deshalb, weil die organschaftliche Haftung in §§ 34 GenG, 43 GmbHG, 93 AktG gesetzlich besonders ausgestaltet ist. Sie enthält z.B. in §§ 34 II 2 GenG, 93 II 2 AktG besondere Beweislastre-

---

[37] Vgl. dazu bereits II 2 b.

[38] Zur Genossenschaft *Hettrich/Pöhlmann*, § 34 Rn. 6; *Meyer/Meulenbergh/Beuthien*, § 34 Rn. 2; *Müller*, § 34 Rn. 2. Zur GmbH BGH ZIP 1989, 1390 (1392); *Baumbach/Hueck/Zöllner*, § 43 Rn. 1 c; *Hachenburg/Mertens*, § 43 Rn. 4; *Marsch-Barner/Diekmann*, MünchHdb., GesR, Bd. 3, § 46 Rn. 57; *Lutter/Hommelhoff*, Anh. § 6 Rn. 18 und § 43 Rn. 3; *Rowedder/Koppensteiner*, § 43 Rn. 3; *Scholz/Schneider*, § 43 Rn. 12; a.A. *H. Sudhoff/M. Sudhoff*, Gesellschaftsvertrag, S. 244. Zur AG *Geßler/Hefermehl/Eckardt/Kropff*, § 93 Rn. 8; *Sonnenberger*, GmbHR 1973, 25 (26 f.); *Wiesner*, MünchHdb., GesR, Bd. 4, § 26 Rn. 3; a.A. BGHZ 41, 282 (287), zur Haftung bei fehlerhaftem Anstellungsvertrag. Ausf. zu diesen Fragen *Baums*, Geschäftsleitervertrag, S. 211 ff.

[39] Dafür bei der Genossenschaft *Bottermann*, S. 40; *Großfeld/Noelle*, AG 1986, 275 (276 f.); *Meyer/Meulenbergh/Beuthien*, § 34 Rn. 2; *Müller*, § 34 Rn. 2. Zur GmbH *Fleck*, ZHR 149, S. 387 (397); Rowedder/Koppensteiner, § 43 Rn. 3; *K. Schmidt*, GesR, § 36 II 4 a, S. 1077 f.; *Scholz/Schneider*, § 43 Rn. 13. Zur AG *Hüffer*, § 93 Rn. 11.

[40] So für die GmbH BGH ZIP 1989, 1390 (1392); *Baumbach/Hueck/Zöllner*, § 43 Rn. 1 c; *Hachenburg/Mertens*, § 43 Rn. 4; *Lutter/Hommelhoff*, § 43 Rn. 3; *Marsch-Barner/Diekmann*, MünchHdb., GesR, Bd. 3, § 46 Rn. 57; *Roth*, § 43 Rn. 1. Zur AG *Geßler/Hefermehl/Eckardt/Kropff*, § 93 Rn. 8; KölnKomm-*Mertens*, § 93 Rn. 3; *Wiesner*, MünchHdb., GesR, Bd. 4, § 26 Rn. 4.

gelungen und in §§ 34 VI GenG, 43 IV GmbHG, 93 VI AktG Verjährungsregelungen[41].

Dagegen fehlt es für den Idealverein an einer besonderen gesetzlichen Normierung, so daß die Haftung aus dem Anstellungsvertrag ohne weiteres neben der organschaftlichen Haftung bestehen kann. Soweit zu dieser Frage in der Literatur überhaupt Stellung genommen wird, wird vertreten, daß der Vereinsvorstand sowohl wegen positiver Vertragsverletzung des organschaftlichen Rechtsverhältnisses als auch wegen positiver Vertragsverletzung des Anstellungsvertrages dem Verein gegenüber haften kann[42]. Eine mögliche Haftungsbeschränkung zugunsten des Vereinsorgans erstreckt sich dann regelmäßig auf beide Rechtsbeziehungen. Für einen Freistellungs- bzw. Ersatzanspruch würde konsequenterweise nichts anderes gelten, so daß dieser prinzipiell sowohl auf das organschaftliche Verhältnis als auch auf den Anstellungsvertrag zurückgeführt werden könnte.

---

[41] Richtigerweise muß auch bei Annahme von Anspruchskonkurrenz die Haftung aus dem Anstellungsvertrag durch §§ 34 GenG, 43 GmbHG, 93 AktG modifiziert werden, indem beispielsweise die Verjährungsregelung auf den Anstellungsvertrag übertragen wird. So auch *K. Schmidt*, GesR, § 36 II 4 a, S. 1077 f.; *Hüffer*, § 93 Rn. 11.

[42] So *Soergel/Hadding*, § 27 Rn. 23; *Staudinger/Weick*, § 26 Rn. 25. Vgl. auch LG Bonn NJW-RR 1995, 1435.

IV. Ersatz von Zufallsschäden im Auftragsrecht

Es wurde schon ausgeführt, daß auf Geschäftsbesorgungen von Vereinsmitgliedern und Vereinsorganen Auftragsrecht und damit die Norm des § 670 BGB entsprechende Anwendung finden kann, sofern nicht vereinsrechtliche Besonderheiten Modifikationen erfordern. Unbestritten ist dabei, daß § 670 BGB nicht nur als Anspruchsgrundlage eines Regreß-, sondern i.V.m. § 257 BGB auch eines Befreiungsanspruchs dienen kann[1].

1. Der Begriff "Aufwendungen"

§ 670 BGB regelt seinem Wortlaut nach zunächst nur den Ersatz von im Rahmen der Geschäftsführung entstandenen Aufwendungen. Zufällig in der Person oder im Vermögen des Geschäftsführers eingetretene Schäden, d.h. solche, die weder vom Geschäftsherrn noch vom Geschäftsführer verschuldet wurden, werden nicht vom Wortsinn des Begriffs "Aufwendungen" erfaßt, selbst wenn sie untrennbar mit dem Auftrag verbunden sind. Unter Aufwendungen sind nämlich nur freiwillige Vermögensopfer zu verstehen, die der Beauftragte zum Zweck der Auftragsausführung macht oder die sich als notwendige Folge seiner Geschäftsführung ergeben[2]. Dagegen handelt es sich bei Schäden

---

[1] Zur Geltendmachung bereits I 2 a. Schon in den Motiven, Bd. II, S. 542, findet sich der Hinweis, daß der Auftraggeber unter den Voraussetzungen des § 670 BGB verpflichtet ist, den Beauftragten von den zum Zweck der Auftragsausführung eingegangenen Verbindlichkeiten zu befreien. Die Liberationspflicht wurde von den Gesetzesverfassern diesbezüglich als Unterfall der Aufwendungsersatzpflicht angesehen. Dazu auch *Larenz*, SR II/1, § 56 III, S. 419; MünchKomm-*Seiler*, § 670 Rn. 13; *Staudinger/Wittmann*, § 670 Rn. 23. Für das Arbeitsrecht wird der Freistellungsanspruch ebenfalls entsprechend § 670 BGB begründet: *Dütz*, Arbeitsrecht, § 5 II, Rn. 202; *Heckelmann/Franzen*, S. 38; *Steindorff*, FS Dölle, Bd. 1, S. 273 (290). Mit anderer Begründung, jedoch demselben Ergebnis BAG AP Nr. 37, 94 zu § 611 BGB Haftung des Arbeitnehmers; demnach ist der Freistellungsanspruch direkt aus dem Arbeitsvertrag abzuleiten. Zu dieser Problematik insgesamt *Gerhardt*, Befreiungsanspruch, S. 118.

[2] Vgl. Prot. II, S. 368; RGZ 122, 298 (303); BGH NJW 1989, 1284 (1285); so schon *v. Tuhr*, Actio de in rem verso, S. 34 ff.; *Otto*, JuS 1984, 684; RGRK-*Steffen*, § 670 Rn. 1; *Soergel/Mühl*, § 670 Rn. 1; *Staudinger/Wittmann*, § 670 Rn. 5.

um unfreiwillige Einbußen[3]. Das Reichsgericht wies von diesem Standpunkt ausgehend zunächst eine Klage des Geschäftsführers auf Aufwendungsersatz mit der Begründung ab, daß es sich bei Zufallsschäden nicht um freiwillige Vermögensopfer handle und deshalb keine Aufwendungen im Sinne des § 670 BGB vorlägen[4].

Würde man unter Aufwendungen ohne weiteres auch unfreiwillig erlittene Verluste verstehen wollen, so müßte man die vom Gesetzgeber in §§ 249 bis 255 BGB einerseits und §§ 256, 257 BGB andererseits getroffene Unterscheidung von Schäden und Aufwendungen ignorieren[5]. §§ 256, 257 BGB als allgemeine, für alle Aufwendungen geltenden Vorschriften determinieren einen einheitlichen Aufwendungsbegriff, so daß für § 670 BGB eine gesonderte Auslegung nicht denkbar ist[6]. Ferner verwendet das BGB selbst eine unterschiedliche Terminologie, je nachdem ob es sich um Aufwendungen oder Schäden handelt. Das Moment der Freiwilligkeit bei Aufwendungen betont das Gesetz beispielsweise in §§ 256, 257, 304, 670, 1648, 1835 I, 2185 BGB, indem es von Aufwendungen *"machen"* spricht. Demgegenüber spricht es bei Schäden in §§ 122, 179 II, 307 BGB von *"erleiden"* oder in §§ 254, 280, 286, 823 BGB von *"entstehen"*. Für die begriffliche Trennung von Aufwendungen und Verlusten läßt sich im übrigen die Norm des § 110 HGB anführen, die zwischen beiden Arten der Ersatzleistung ausdrücklich differenziert. Deshalb ist es letztlich zweifelhaft, inwieweit der Geschäftsführer dennoch aufgrund von § 670 BGB den Ersatz von Verlusten verlangen kann.

---

[3] *Canaris*, RdA 1966, 41 (42); *Isele*, Geschäftsbesorgung, S. 124; *Lent*, S. 65; *Staudinger/Wittmann*, § 670 Rn. 5. Anders offenbar *Brückmann* , S. 196 ff., der auch Schäden vom Aufwendungsbegriff umfaßt sehen will.

[4] RG JW 1909, 311 Nr. 7.

[5] Dazu *Genius*, AcP 173, S. 481 (486 ff.); *A. Huber*, Haftung des Geschäftsherrn, S. 5 ff.; *Lent*, S. 64; *Müller*, JZ 1968, 769; *Wittmann*, S. 84; *Wollschläger*, S. 292.

[6] A.A. offenbar *Brückmann*, S. 193, mit der Ansicht, daß das Gesetz in § 670 BGB einen Blankettbegriff enthalte. Historisch betrachtet mußte nach der Regelung im ersten Entwurf der Aufwendungsbegriff in § 670 BGB nicht zwangsläufig im Sinne eines freiwilligen Vermögensopfers verstanden werden, da die allgemeinen Bestimmungen der §§ 256, 257 BGB noch nicht vorhanden waren. Damit bestand kein Erfordernis, den Aufwendungsbegriff an allen Stellen, an denen er vom Gesetzgeber verwendet worden war, in gleicher Weise zu interpretieren. Vgl. hierzu *Jakobs/Schubert*, Bd. 3,1, § 257, S. 124 ff.; Prot. VI, S. 152 f.; *Wittmann*, S. 84.

2. Historische Entwicklung

Die umstrittene Frage der Ersatzfähigkeit von Zufallsschäden stellt eine Hinterlassenschaft des römischen Rechts dar[7]. Im Mittelpunkt der Problematik des römischen Rechts steht dabei die Auslegung der einschlägigen Quellen[8]. Paulus[9] hat demnach den Ersatz von Zufallsschäden beim Mandat grundsätzlich verneint, während Africanus[10] im Einklang mit dem Utilitätsprinzip den Ersatz der entstandenen Schäden bei pflichtgemäßen Handeln im Interesse des Mandanten zugebilligt hat. Auch im Gesetzgebungsverfahren zum BGB wurde diese Frage kontrovers diskutiert.

a) Gesetzgebungsverfahren zum BGB

Die erste Kommission lehnte eine allgemeine Regelung der Einstandspflicht des Auftraggebers, wie sie z.B. das Preußische Allgemeine Landrecht in den Vorschriften I, 13, §§ 80, 81 getroffen hatte[11], mit der oberflächlichen Begründung ab, daß "wegen Verschiedenheit der in Betracht kommenden Fälle eine Entscheidung durch das Gesetz nicht gegeben werden kann"[12].

In der zweiten Kommission wurde der Antrag gestellt, für das Auftragsverhältnis eine dem Art. 93 I ADHGB inhaltsgleiche Vorschrift aufzunehmen[13]. Art. 93 I ADHGB entsprach sinngemäß dem heutigen § 110 HGB und normierte den Ersatz derjenigen Schäden, die der geschäftsbesorgende Handelsgesellschafter im Rahmen seiner Tätigkeit erlitt. Der zur Abstimmung gestellte

---

[7] Zur Rechtslage im römischen Recht beispielsweise *Eisele*, AcP 84, S. 319 ff.; *Honsell*, FS v. Lübtow, S. 485 (488 ff.). Zur historischen Entwicklung vgl. *Böckel*, AcP 96, S. 376 ff.; *Fitz*, Risikozurechnung, S. 61 ff.; *Genius*, AcP 173, S. 481 (482 f.); *Noda* in: Mandatum und Verwandtes, S. 207 ff.; siehe auch Prot. II, S. 367.

[8] Jeweils m.w.N. *Eisele*, AcP 84, S. 319 (321 ff.); *Honsell*, FS v. Lübtow, S. 485 (487 ff.).

[9] Paul. (32 ed.) D. 17, 1, 26, 6.

[10] Afric. (8 quaest.) D. 47, 2, 62, 5.

[11] Die Vorschriften lauteten: "§ 80. Unglücksfälle, welche den Bevollmächtigten bei der Ausrichtung des Geschäfts treffen, ist der Machtgeber nur insofern zu vergüten schuldig, als er dazu auch nur durch geringes Versehen Anlaß gegeben hat."
"§ 81. Doch muß der bloß zufällige Schaden auch alsdann vergütet werden, wenn der Bevollmächtigte die bestimmte Vorschrift des Machtgebers, ohne sich der Gefahr einer solchen Beschädigung auszusetzen, nicht hat befolgen können."

[12] So Mot. II, S. 541. Vgl. zur Frage des Ersatzes von Zufallsschäden im Gesetzgebungsverfahren insbesondere die Darstellung bei *Böckel*, AcP 96, S. 376 ff. sowie *Isay*, Geschäftsführung, S. 151 ff.

[13] Zu diesem Antrag siehe Prot. II, S. 367 f.

Antrag lautete: "Für Verluste, welche der Beauftragte aus Gefahren erleidet, die nach dem (bestimmten) Inhalt des Auftrags von der Geschäftsbesorgung unzertrennlich sind, hat der Auftraggeber dem Beauftragten Ersatz zu leisten."

Die Antragsteller führten unter anderem aus, daß es geboten sei, die Frage für Gesellschaft und Auftrag einheitlich zu beantworten, wobei sie davon ausgingen, daß dieser Standpunkt der damaligen Rechtsauffassung entsprach. Ferner wurde vorgebracht, daß sich die Gefahr und damit letztlich der Schaden in der Person des Auftraggebers realisiert hätte, wenn dieser das Geschäft selbst vorgenommen hätte. Daher handle der Beauftragte auf dessen Rechnung und Gefahr. Auch widerspreche es dem Gefälligkeitscharakter des Auftrags, daß der Geschäftsführer die Gefahr zu tragen habe. Weiterhin waren die Antragsteller der Meinung, daß der Zusammenhang zwischen dem Ersatzanspruch des Beauftragten (§ 670 BGB) und dem Herausgabeanspruch des Auftraggebers (§ 667 BGB) nicht außer acht gelassen werden dürfe. In derselben Weise wie der Geschäftsführer jeglichen aus dem Geschäft herrührenden Vorteil herausgeben müsse, sei der Geschäftsherr verpflichtet, alle daraus resultierenden Nachteile zu ersetzen[14]. Durch die gesetzliche Regelung der Aufwendungsersatzpflicht werde der Geschäftsführer nicht hinreichend geschützt, da unter Aufwendungen nur Verluste zu verstehen seien, die absichtlich zu einer bestimmten Zweckerreichung erbracht worden seien, während Zufallsschäden unfreiwillige Verluste darstellen würden.

Der Antrag wurde von der Kommission mit der Begründung abgelehnt, es entspreche keineswegs der Verkehrsauffassung, daß der Beauftragte aufgrund der Unentgeltlichkeit der Geschäftsführung in jedem Falle vom Auftraggeber den Ersatz der durch die Geschäftsführung entstandenen Schäden verlangen könne. Vielmehr hänge die Entscheidung wesentlich davon ab, inwieweit die Vertragsparteien den Schaden vorausgesehen und daher in Rechnung gestellt hätten. Habe der Mandant die Gefahr erkannt, den Mandatar jedoch nicht darauf hingewiesen, so hafte er wegen Verschuldens, da er gegen Treu und Glauben gehandelt habe. Eine gesetzliche Vorschrift sei mithin deshalb nicht notwendig, weil in vielen Fällen schon die allgemeinen Grundsätze über Aufwendungsersatz zum Ziel führen würden[15]. Wer sich nämlich bereit erkläre, den Auftrag zu übernehmen, stelle seine gesamte Persönlichkeit zum Zweck der Auftragserfüllung in den Dienst des Auftraggebers. Soweit er einen Schaden an der

---

[14] Prot. II, S. 368.

[15] Prot. II, S. 368 f.; im Anschluß daran *Brückmann*, S. 196.

Gesundheit erleide, opfere er ein Rechtsgut auf und könne daher in gleicher Weise wie bei vermögenswerten Aufwendungen Ersatz fordern. In diesem Falle handle es sich um Aufwendungen, da der Beauftragte die Geschäftsführung vorsätzlich wahrgenommen habe, auch wenn er die Gefahr nicht gekannt habe.

Von anderer Seite wurde diesem weiten Verständnis des Aufwendungsbegriffs zwar widersprochen, der Antrag jedoch deshalb verworfen, weil nach Natur und Zweck des Auftrags nicht anzunehmen sei, daß der Auftraggeber sich zu dem Ersatz von Verlusten verpflichten wolle[16] und die Haftung zu Belastungen des Auftraggebers führen könne, die dem Rechtsgefühl widerstreiten würden.

In der zweiten Lesung wurde nochmals der Antrag gestellt, eine dem Art. 93 I ADHGB vergleichbare Regelung für das Auftragsverhältnis zu treffen. Die Ablehnung des Antrags beruhte diesmal auf der irrigen Annahme, daß die Bestimmung des Art. 93 I ADHGB nicht in das neue HGB übernommen werde[17].

b) Bedeutung des Gesetzgebungsverfahrens für die heutige Rechtslage

Der Gesetzgeber hat mit der Nichtnormierung eines allgemeinen Verlustausgleichsanspruchs eine Ersatzpflicht des Geschäftsherrn für die vom Geschäftsführer erlittenen Zufallsschäden nicht endgültig abgelehnt, sondern bewußt offen gelassen und damit die Beantwortung der Einzelfragen Rechtsprechung und Lehre überlassen[18]. Die Gegenmeinung[19] kann nicht überzeugen, da die hier vertretene Ansicht deutlich in den Protokollen zum heutigen § 694 BGB zum Ausdruck kommt, wo ebenfalls die Frage einer verschuldensunabhängigen Einstandspflicht des Geschäftsherrn diskutiert wurde, aber im Gegensatz zum Auftragsrecht mit § 694 BGB eine klare Regelung getroffen

---

[16] Schon *Isay*, Geschäftsführung, S. 156, hat zutreffend bemerkt, daß mit der Argumentation, der Auftraggeber *wolle* die Haftung nicht, das gesamte Haftungssystem in Frage gestellt werden könnte, da der Ersatzpflichtige in der Regel nie haften will. Richtigerweise kann es also nicht darum gehen, wer haften will, sondern wer von Rechts wegen haften *soll*.

[17] Prot. VI, S. 190. Siehe aber nunmehr § 110 HGB.

[18] Vgl. RGZ 94, 169 (171); *Brox*, SR BT, Rn. 301; *Brückmann*, S. 192 f.; *Honsell*, FS v. Lübtow, S. 485 (494); *Isele*, Geschäftsbesorgung, S. 125; *Lange*, JZ 1963, 550; *Staudinger/Wittmann*, § 670 Rn. 11; *Weigelin*, SJZ 1946, 90.

[19] Siehe *Böckel*, AcP 96, S. 376 (432); *Isay*, Geschäftsführung, S. 156 ff., die davon ausgehen, daß der Gesetzgeber die Ersatzfähigkeit von Zufallsschäden abgelehnt hat. *Isay* will immerhin dann Aufwendungsersatz nach allgemeinen Grundsätzen gewähren, wenn der Verlust bewußt eingegangen wurde. Im übrigen hält er die vom Gesetzgeber getroffene Regelung für unbillig.

wurde[20]: "Der für den Streichungsantrag angeführte Grund, daß die in § 622 entschiedene Frage sich ebenso beim Auftrage, dem Dienstvertrage, dem Leihvertrag ergebe und deshalb hier *ebenso wie dort der Entscheidung durch Wissenschaft und Praxis an der Hand der allgemeinen Grundsätze überlassen bleiben könne*, sei nicht durchschlagend."

Gegen die Annahme, daß eine Haftung des Geschäftsherrn für Zufallsschäden endgültig verneint wurde, spricht weiterhin, daß der Standpunkt der Kommission nicht ganz widerspruchsfrei ist[21]. Wenn sie nämlich der Meinung war, daß es nicht unbedingt der damaligen Lebensauffassung entsprach, dem Geschäftsführer Zufallsschäden zu ersetzen, so hätte sie konsequenterweise die Einbeziehung aufgeopferter Rechtsgüter in den Aufwendungsbegriff verneinen müssen. Einer grundsätzlichen Ablehnung der Mandantenhaftung bei Zufallsschäden widerspricht also die Ansicht, daß in vielen Fällen schon die allgemeinen Regeln über Aufwendungsersatz zum Ziel führen könnten.

3. Begründungsmodelle für die Ersatzfähigkeit von Zufallsschäden

Im Laufe der Zeit wurden verschiedene Ansätze entwickelt, um den Ersatz von Zufallsschäden im Rahmen von § 670 BGB begründen zu können. Im folgenden sollen diese dargestellt und kritisch untersucht werden.

a) Annahme eines Garantievertrages bzw. ergänzende Vertragsauslegung

Nachdem das Reichsgericht den Verlustersatz zunächst mit dem Argument verneint hatte, daß Zufallsschäden keine Aufwendungen i.S.d. § 670 BGB seien[22], nahm die Rechtsprechung später im Bewußtsein der Unbilligkeit einer Versagung des Ersatzanspruchs über die Konstruktion eines konkludent geschlossenen Garantievertrages bzw. im Wege der ergänzenden Vertragsauslegung nach § 157 BGB an, daß der Geschäftsherr das aus der Geschäftsbesorgung resultierende Risiko zu tragen habe[23].

---

[20] Prot. II, S. 401.

[21] Darauf weist bereits *Isay*, Geschäftsführung, S. 155, hin.

[22] RG JW 1909, 311 Nr. 7.

[23] So z.B. RGZ 94, 169 (170 ff.); RG JW 1927, 441; RG JW 1931, 3441; RG JW 1937, 152. Siehe auch die Darstellung bei *A. Huber*, Haftung des Geschäftsherrn, S. 17 ff.

An der prinzipiellen Zulässigkeit einer expliziten oder konkludenten Haftungsübernahme durch den Auftraggeber bestehen angesichts der Parteiautonomie keine Bedenken. In der Praxis werden die Beteiligten jedoch an eine solche Regelung zumeist gar nicht gedacht haben, vor allem wenn sich die Gefährlichkeit des Auftrags nicht schon bei der Übernahme, sondern erst bei dessen Ausführung zeigt. Dieser Lösung ist weiter entgegenzuhalten, daß selbst dann, wenn beide Parteien die mit dem Auftrag verbundenen Risiken erkannt haben sollten, ein Anhaltspunkt für eine vertragliche Haftungsübernahme des Geschäftsherrn kaum gefunden werden kann[24]. In aller Regel führt sie zu bloßen Fiktionen[25], während sie bei der Geschäftsführung ohne Auftrag (§ 683 S. 1 BGB i.V.m. § 670 BGB) sogar völlig versagen muß, weil es dort von vorneherein an jeglicher Willenserklärung des Geschäftsherrn fehlt[26].

b) Argumentation mit § 242 BGB

Teilweise wurde versucht, die Haftung des Geschäftsherrn über eine auf Treu und Glauben (§ 242 BGB) gestützte Argumentation zu begründen[27]. Die Anwendung von § 242 BGB birgt freilich die Gefahr in sich, eine uferlose Billigkeitsrechtsprechung hervorzurufen, weil sich aus dieser Generalklausel kaum brauchbare Kriterien für einen Haftungstatbestand gewinnen lassen[28]. Auch kann § 242 BGB Zurechnungsgründe nicht ersetzen, sondern setzt solche richtigerweise voraus. Letztlich wirft der Begriff von Treu und Glauben eher einen Schleier über die wahren Zurechnungsgründe, als daß er sie erhellen könnte.

---

[24] So *Böckel*, AcP 96, S. 376 (422). A.A. *Brox*, SR BT, Rn. 301, der in diesem Fall eine Vertragsauslegung für möglich hält.

[25] Ähnl. Prot. II, S. 401, für die Haftung bei der Hinterlegung. Demnach soll die Annahme einer Garantiepflicht unter Berücksichtigung der Parteiabsicht lediglich auf Fiktionen beruhen.

[26] Vgl. zur Kritik an dieser Lösung auch *Canaris*, RdA 1966, 41 (42); *Erman/Ehmann*, § 670 Rn. 7; *Fitz*, Risikozurechnung, S. 30 f.; *A. Huber*, Haftung des Geschäftsherrn, S. 19 ff.; MünchKomm-*Seiler*, § 683 Rn. 18; *Staudinger/Wittmann*, § 670 Rn. 10.

[27] So z.B. *Erman/Hauß* (3. Aufl.), § 670 Anm. 5 (vgl. aber 4. Aufl., § 670 Anm. 5); *Esser*, SR (1. Aufl.), § 252, S. 322, der diese Ansicht jedoch bereits in der 2. Aufl., § 141, S. 624, aufgegeben hat; *Imlau*, NJW 1963, 1039 (1040 f.); RGRK-*Denecke* (10. Aufl.), § 670 Anm 5. BGH NJW 1960, 1568 f. ließ offen, ob der Ersatzanspruch auf einer Ausdehnung des Aufwendungsbegriffs oder auf den Grundsätzen von Treu und Glauben und dem Billigkeitsgefühl beruhen soll.

[28] So auch *Canaris*, RdA 1966, 41 (42); *Fitz*, Risikozurechnung, S. 31 ff.; *Genius*, AcP 173, S. 481 (495 f.); *ders.*, JuS 1965, 373 (375).

c) Lehre von der Risikohaftung bei schadensgeneigter Tätigkeit in fremdem Interesse

Die von Canaris begründete Lehre[29] nimmt den Satz zum Ausgangspunkt, daß grundsätzlich derjenige, der einen Schaden erleidet, diesen auch zu tragen habe. Solle ausnahmsweise ein anderer für den Schaden einstehen, so bedürfe es hierfür eines besonderen Zurechnungsgrundes. Als Zurechnungsgründe kämen das Verschuldensprinzip, die Vertrauenshaftung, die Aufopferungshaftung und die Gefährdungshaftung in Betracht[30]. Der Ersatzanspruch des Geschäftsbesorgers könne keinesfalls auf das Verschuldensprinzip gestützt werden, da dem Geschäftsherrn bei Zufallsschäden ja gerade kein Verschulden zur Last falle. Letztlich gehe es in den genannten Fällen nicht um den Ausgleich von Unrecht, sondern um die Verteilung von Unglück[31]. Zur Erklärung einer Schadensüberwälzung auf den Geschäftsherrn hält er den Gedanken der Vertrauens- und Aufopferungshaftung[32] ebenfalls für ungeeignet[33]. Canaris möchte vielmehr einen Anspruch des Geschäftsführers aus dem Gedanken der Risikohaftung bei Tätigkeit in fremdem Interesse herleiten, wobei er sich zunächst auf die der Gefährdungshaftung zugrundeliegenden Merkmale stützt.

aa) Dogmatische Begründung der Haftung bei Tätigkeit in fremdem Interesse

Die Gefährdungshaftung sei auf zwei tragende Elemente zurückzuführen, ein objektives und ein subjektives Element. Das objektive Zurechnungsmoment liege darin, daß der Inhaber einer Sache die Vorteile aus ihr ziehen kann und daher auch für die damit verbundenen Sachgefahren einstehen soll. Das subjektive Element werde dadurch begründet, daß der Inhaber die Gefahrenquelle

[29] Siehe *Canaris*, Feststellung von Lücken im Gesetz, S. 181 f. (Fn. 37); *ders.*, RdA 1966, 41 ff. Ähnl. *A. Huber*, Haftung des Geschäftsherrn, S. 49 ff.; *Larenz*, JuS 1965, 373 ff.; *ders.*, SR II/1, § 56 III, S. 417 ff. Zustimmend *Erman/Ehmann*, § 670 Rn. 8; *Jauernig/Vollkommer*, § 670 Anm. 3 b bb; *Soergel/Mühl*, § 670 Rn. 18.

[30] Vgl. dazu auch die ausf. Darstellung bei *Larenz*, JuS 1965, 373 ff.

[31] *Canaris*, RdA 1966, 41 (43). Siehe auch *Esser*, Gefährdungshaftung, S. 1 f. und 50.

[32] Dagegen stuft *Küchenhoff*, RdA 1963, 7 (9) und FS Nottarp, S. 153 ff. (157 ff.), die Ersatzpflicht des Geschäftsherrn für Zufallsschäden als Fall der Aufopferungshaftung ein. Eine Aufopferungshaftung muß allerdings schon deshalb ausscheiden, weil diese voraussetzt, daß die Rechtsordnung das Zurücktreten eines geringerwertigen Rechtsgutes zugunsten eines höherwertigen gebietet. Die Besonderheit der Aufopferungshaftung liegt des weiteren darin, daß der Entschädigungsanspruch einen Ersatz für eine zwangsweise hinzunehmende Schädigung bildet, mithin die actio negatoria ausgeschlossen ist. Vgl. dazu *Canaris*, RdA 1966, 41 (43); *Fitz*, Risikozurechnung, S. 38 ff.; *Genius*, AcP 173, S. 481 (521); *A. Huber*, Haftung des Geschäftsherrn, S. 35 ff.

[33] *Canaris*, RdA 1966, 41 (43).

gesetzt hat und sie demgemäß am ehesten beherrschen kann[34]. Beide Zurechnungselemente fänden sich in der Rechtsbeziehung zwischen Auftraggeber und Auftragnehmer wieder. Das objektive Merkmal – der Vorteilsgedanke – ist demnach darin zu sehen, daß die Geschäftsbesorgung im Interesse und zum Vorteil des Auftraggebers ausgeführt wird, das subjektive in der Tatsache, daß die Tätigkeit auf seine Veranlassung bzw. seinen Willen zurückgeht[35].

Canaris weist zwar auf die Strukturgleichheit des Instituts der Tätigkeit in fremdem Interesse und der Gefährdungshaftung hin, gleichwohl betont er, daß es sich hierbei nicht um einen Fall der Gefährdungshaftung im herkömmlichen Sinne, d.h. nicht um eine Anlagen- und Halterhaftung handle[36]. Vielmehr sei sowohl die Haftung für gefährliche Sachen als auch die Einstandspflicht für eine risikobehaftete Tätigkeit Ausdruck eines übergeordneten Instituts "Risikozurechnung an den, der den Vorteil zieht und dem es zum Willen zuzurechnen ist"[37].

Die Einstandspflicht des Geschäftsherrn für eine Tätigkeit in seinem Interesse wurde von Canaris zunächst für das Gebiet des Arbeitsrechts entwickelt, sie soll jedoch als ein allgemeingültiges Prinzip auf alle vergleichbar gelagerten Konstellationen im bürgerlichen Recht anwendbar sein. Neben der Geltung für Arbeitsverhältnisse[38] findet sich ein breites Anwendungsfeld dieser Lehre im Bereich der Geschäftsbesorgungsverhältnisse, insbesondere im Rahmen des Auftrags bzw. der Geschäftsführung ohne Auftrag sowie der Gesellschaft bürgerlichen Rechts[39]. Die Haftungserleichterung soll demnach all denjenigen zugute kommen, die unentgeltlich für einen anderen tätig werden, weil man von solchen Personen nicht verlangen könne, daß sie sich gegen das mit der Geschäftsbesorgung verbundene Risiko absichern[40]. Auch die Regelung des

---

[34] Siehe schon *Wilburg*, Elemente, S. 38 ff. und S. 124.

[35] Zur Veranlassung des Schadens als Haftungselement vgl. bereits *Wilburg*, Elemente, S. 28 und S. 38 ff. Siehe ferner *A. Huber*, Haftung des Geschäftsherrn, S. 50 und S. 58 f., der jedoch nicht die Nähe zur Gefährdungshaftung betont.

[36] *Canaris*, RdA 1966, 41 (43).

[37] Siehe schon *Canaris*, Die Feststellung von Lücken im Gesetz, S. 181 f. (Fn. 37); *ders.*, RdA 1966, 41 (43).

[38] Dazu *Canaris*, Feststellung von Lücken im Gesetz, S. 181 f. (Fn. 37); *ders.*, RdA 1966, 41 (47); *A. Huber*, Haftung des Geschäftsherrn, S. 73 ff.; *Larenz*, JuS 1965, 373 (375).

[39] Vgl. *Canaris*, RdA 1966, 41 (48); *Erman/Ehmann*, § 670 Rn. 8; *A. Huber*, Haftung des Geschäftsherrn, S. 49 ff.; *Jauernig/Vollkommer*, § 670 Anm. 3 b bb; *Larenz*, JuS 1965, 373 ff.; *ders.*, SR II/1, § 56 III, S. 417 ff.; *Soergel/Mühl*, § 670 Rn. 18.

[40] *Canaris*, RdA 1966, 41 (43).

§ 110 I 2. Alt. HGB wird teilweise als Ausdruck der Risikohaftung für eine Tätigkeit in fremdem Interesse interpretiert[41].

In ähnlicher Weise wie Canaris begründet Larenz die Haftung des Geschäftsherrn. Er ordnet die Tätigkeit in fremdem Interesse dem Prinzip der Risikozurechnung zu, wobei er die Risikozurechnung als selbständige Haftungsbegründung neben den Instituten der Verschuldens-, Vertrauens- und Aufopferungshaftung sieht[42]. Für ihn bildet die Haftung für eine Tätigkeit in fremdem Interesse ebenfalls nur einen Unterfall der Haftung "im Wege der Zurechnung des Schadensrisikos an den Nutznießer dieses Risikos" (Risikozurechnung), so daß auch hier zwischen der Haftung für eine Tätigkeit und der herkömmlichen Gefährdungshaftung im Sinne einer Anlagen- und Halterhaftung zu trennen ist[43].

Nach der Konzeption von Canaris und Larenz handelt es sich bei der Risikohaftung für eine Tätigkeit in fremdem Interesse um einen echten Schadensersatzanspruch, auf den daher die schadensersatzrechtlichen Normen Anwendung finden können[44]. Zu berücksichtigen ist im Hinblick auf unsere Ausgangsentscheidung, daß Canaris den Freistellungsanspruch auch dann gewähren will, wenn dem Geschäftsführer ein Verschulden zur Last fällt. Dieses muß er sich gegebenenfalls anspruchsmindernd oder anspruchsausschließend über § 254 BGB anrechnen lassen[45]. Dem Geschäftsherrn sollen jedoch nur solche Gefahren zugerechnet werden können, die die Kehrseite der Nutznießung aus der Tätigkeit darstellen. Eine Haftung ist deshalb bei bloßen Zufallsschäden, die der Geschäftsführer ebensogut bei jeder anderen Tätigkeit hätte erleiden können, die also lediglich als Verkörperung des allgemeinen Lebensrisikos erscheinen, zu verneinen[46].

---

[41] So z.B. *Baumbach/Hopt*, § 110 Rn. 1; GroßKommHGB-*Ulmer*, § 110 Rn. 1; *A. Huber*, Haftung des Geschäftsherrn, S. 66; *Koller/Roth/Morck*, § 110 Rn. 1.

[42] *Larenz*, JuS 1965, 373 (374).

[43] Einen weiteren Unterfall stellt die Gruppe der Konstellationen dar, in denen die Rechtsordnung trotz noch endgültig zu klärender Rechtslage eine riskante Maßnahme der Vollstreckung oder Anspruchssicherung gestattet (vgl. §§ 302 IV 3, 600 II, 717 II, 945 ZPO). Siehe *Larenz*, JuS 1965, 373 (374).

[44] *Canaris*, RdA 1966, 41 (43), behandelt die Einstandspflicht des Geschäftsherrn als Fall einer außervertraglichen Haftung. Vgl. auch *Canaris*, Feststellung von Lücken im Gesetz, S. 181 f. (Fn. 37); *Larenz*, Jus 1965, 373 (375). Anders hingegen *A. Huber*, Haftung des Geschäftsherrn, S. 49 und S. 87, der die durch den Vertragsschluß zustandegekommene schuldrechtliche Beziehung als Grundlage der Geschäftsherrnhaftung heranziehen will.

[45] *Canaris*, RdA 1966, 41 (43, insb. Fn. 33).

[46] *Canaris*, RdA 1966, 41 (43) und (46).

bb) Stellungnahme

Die Lehre von der Risikohaftung bei Tätigkeit in fremdem Interesse kennzeichnet zunächst den vom Geschäftsführer unfreiwillig erlittenen Verlust als das, was er in Wirklichkeit ist, nämlich als Schaden. Vom Boden dieser Meinung aus bereitet die Heranziehung von § 254 BGB bzw. §§ 844, 845 BGB keinerlei Schwierigkeiten, da es sich um einen echten Schadensersanspruch handelt[47]. Richtig erscheint auch die Begründung, daß der Geschäftsherr, auf dessen Willen die Schaffung des Risikos für den Geschäftsführer letztlich zurückzuführen ist und der als Nutznießer der in seinem Interesse ausgeführten Tätigkeit auftritt, die damit korrespondierenden Nachteile zu tragen hat. Ein ähnlicher Gedanke liegt ja auch § 278 BGB zugrunde, wonach der Geschäftsherr für die von ihm durch die Einschaltung eines Erfüllungsgehilfen geschaffenen Risiken (subjektives Element) gegenüber Dritten einzustehen hat – ohne daß freilich deshalb der Erfüllungsgehilfe selbst von der Haftung befreit wird –, weil ihm die Vorteile der Arbeitsteilung (objektives Element) zukommen[48].

Zu kritisieren ist jedoch, daß das Institut der Risikohaftung bei Tätigkeit in fremdem Interesse noch zu unbestimmt ist und den Besonderheiten der einzelnen Rechtsverhältnisse, auf die es sich erstreckt, zu wenig Rechnung trägt[49]. Allein aus dem allgemeinen Prinzip heraus läßt sich noch keine nähere Umschreibung der tatbestandlichen Voraussetzungen eines solchen Anspruchs entnehmen.

Ferner überzeugt die von Canaris gezogene Parallele zur Gefährdungshaftung nicht ohne weiteres. Zwischen der Gefährdungshaftung im herkömmlichen Sinne und der Haftung des Geschäftsherrn für eine Tätigkeit in seinem Interesse bestehen nämlich durchaus Unterschiede. Das Grundprinzip der Gefährdungshaftung ist im Ausgleich für eine von anderen Personen hinzunehmende Gefährdung zu sehen, wohingegen sich der Geschäftsbesorger, zumindest wenn er sich des mit der Tätigkeit verbundenen Risikos bewußt ist, freiwillig der Gefahr

---

[47] Vgl. *Canaris*, RdA 1966, 41 (43); *Esser/Weyers*, SR II, § 35 III 2, S. 318; *Larenz*, SR II/1, § 56 III, S. 419; MünchKomm-*Seiler*, § 670 Rn. 2; *Palandt/Thomas*, § 670 Rn. 11 f.

[48] Vgl. Mot. II, S. 30; MünchKomm-*Hanau*, § 278 Rn. 1; *Soergel/Wolf*, § 278 Rn. 1; *Staudinger/Löwisch*, § 278 Rn. 1.

[49] So auch *Fitz*, Risikozurechnung, S. 56; *Genius*, AcP 173, S. 481 (521 f.); *J. Hübner*, Schadenszurechnung, S. 144; *Staudinger/Wittmann*, § 670 Rn. 14; *Wittmann*, S. 85. Ebenso hält es *Erman/Ehmann*, § 670 Rn. 8, aufgrund der Besonderheiten der Sachverhalte und Vertragsbeziehungen für schwierig, allgemeine Regeln aufzustellen. Siehe auch *Schlegelberger/Martens*, § 110 Rn. 2, zur OHG; *Zöllner/Loritz*, § 19 II 1, S. 228 f., zum Arbeitsrecht.

aussetzt[50]. Kennzeichnend für die Gefährdungshaftung ist mithin, daß es sich um eine Einstandspflicht des Gefährdenden handelt, bei der er im Rahmen der Verfolgung seiner eigenen Interessen gleichsam als Nebenfolge die Interessen Dritter gefährdet[51]. Dagegen entspringen die Verluste des Geschäftsführers Risiken, die den Interessen des Geschäftsherrn selbst entgegenstehen, weil sie ihn anstelle des Geschäftsführers getroffen hätten, wenn er das Geschäft eigenhändig, also ohne Übertragung der Aufgabe, ausgeführt hätte[52].

Auch aus anderen Gründen stößt die Argumentation mit der Gefährdungshaftung auf Bedenken. Das von der herrschenden Meinung anerkannte Enumerationsprinzip fordert nämlich für die Begründung der Haftung des Gefährdenden eine gesetzliche Regelung[53]. Das für schadensersatzrechtliche Ansprüche im BGB grundsätzlich vorherrschende culpa–Prinzip[54] kann also nur ausnahmsweise mit Hilfe einer besonderen Rechtsnorm durchbrochen werden, die jedoch für Tätigkeiten in fremdem Interesse nicht existiert[55]. Eine gewohnheitsrechtliche Absicherung der Risikohaftung kann allenfalls für die Regeln des innerbetrieblichen Schadensausgleichs im Bereich des Arbeitsrechts[56], nicht aber für das gesamte Privatrecht angenommen werden. Die Bedeutung des culpa–Prinzips bei Geschäftsbesorgungstatbeständen wird durch § 694 BGB belegt. Danach muß der Hinterleger als Geschäftsherr den durch die

---

[50] So *A. Huber*, Haftung des Geschäftsherrn, S. 42 f.; *J. Hübner*, Schadenszurechnung, S. 126 f.; kritisch *Fitz*, Risikozurechnung, S. 43 ff.

[51] So bereits *Müller-Erzbach*, AcP 106, S. 309 (352 f.); *Genius*, AcP 173, S. 481 (522); *A. Huber*, Haftung des Geschäftsherrn, S. 46 und S. 55.

[52] Dazu Prot. II, S. 368; RGZ 75, 208 (213); *Fitz*, Risikozurechnung, S. 49; *Genius*, AcP 173, S. 481 (522 f.); *A. Huber*, Haftung des Geschäftsherrn, S. 46 und S. 55.

[53] Siehe BGH VersR 1968, 351 (352 f.); OLG Hamburg NJW 1977, 1347 (1348 f.); *Lange*, Schadensersatz, § 10 VII 2, S. 560; *Soergel/Mertens*, § 254 Rn. 25; *Staudinger/Medicus*, § 254 Rn. 11. Zur Kritik am Enumerationsprinzip *Deutsch*, Haftungsrecht, § 20 I 4, S. 324. Nach Ansicht von *Canaris* soll das Enumerationsprinzip allerdings nur für die Anlagen- und Halterhaftung, nicht jedoch für Tätigkeiten in fremdem Interesse gelten; siehe *Canaris*, RdA 1966, 41 (46). Zum Verzicht auf das Erfordernis einer gesetzlichen Regelung für den Bereich des Arbeitsrechts *Gick*, JuS 1980, 393 (398); *Soergel/Mertens*, § 254 Rn. 26; *Staudinger/Medicus*, § 254 Rn. 14.

[54] Dazu *Wilburg*, Elemente, S. 75 ff. und S. 144 ff. Vgl. auch *Planck/Siber*, § 670 Anm. 5.

[55] Ähnlich *Wittmann*, S. 87: Es wird damit ein neuer, nicht vom Gesetz festgelegter Bereich der Gefährdungshaftung geschaffen.

[56] Die Regeln des innerbetrieblichen Schadensausgleichs sollen gewohnheitsrechtlich gesichert sein. Vgl. *Canaris*, RdA 1966, 41 (46), der darauf hinweist, daß die Einigkeit über den Ausschluß der Arbeitnehmerhaftung genügt, um Gewohnheitsrecht anzunehmen; mithin sei nicht erforderlich, daß Einigkeit über die dogmatische Begründung bestehe. Ebenfalls für Annahme von Gewohnheitsrecht *Gamillscheg/Hanau*, S. 6; *Gick*, JuS 1980, 393 (400); *A. Huber*, Haftung des Geschäftsherrn, S. 68; *Steindorff*, FS Dölle, Bd. 1, S. 273 (290). Vgl. auch BAG NJW 1988, 2816 (2818).

Beschaffenheit der hinterlegten Sache entstehenden Schaden dem Verwahrer ersetzen, außer wenn er die schadensdrohende Beschaffenheit weder kennt noch kennen muß oder dem Verwahrer Anzeige erstattet bzw. dieser die Gefährlichkeit auch ohne Anzeige kennt. Der Gesetzgeber hat sich damit für eine Verschuldenshaftung mit Beweislastumkehr entschlossen[57]. Eine weitergehende Schadenshaftung wurde in den Motiven bewußt abgelehnt, da sich die Haftung überhaupt nur vom Standpunkt einer culpa in contrahendo, also einem schuldhaften Handeln, begründen lasse[58]. An der Verneinung einer Garantiehaftung wurde später festgehalten und ein Antrag auf verschuldensunabhängige Schadensersatzpflicht für alle durch die Beschaffenheit der Sache verursachten Schäden abgelehnt[59].

Darüber hinaus weist Otto[60] darauf hin, daß das subjektive Element der Gefährdungshaftung – der Gefahrsetzungsgedanke – bei Tätigkeiten in fremdem Interesse nicht immer festgestellt werden kann und somit die Annahme eines allgemeinen Haftungsprinzips nicht überzeugt. So fehlt es bei der Geschäftsführung ohne Auftrag regelmäßig an jeglicher Veranlassung durch den Geschäftsherrn, die eine Haftungszurechnung rechtfertigen könnte. Zweifelhaft ist die Konstruktion von Canaris, der sich mit dem mutmaßlichen Willen des Geschäftsherrn begnügen will[61]. Die Übernahme der Geschäftsführung läßt sich nämlich nicht auf eine tatsächliche Veranlassung des Geschäftsherrn zurückführen, und dieser ist daher nicht in der Lage, das Risiko eher zu beherrschen.

Demnach ist das Prinzip der Risikohaftung bei einer Tätigkeit in fremdem Interesse nicht geeignet, den Ersatz von Zufallsschäden zufriedenstellend zu begründen.

---

[57] Vgl. Prot. II, S. 401; *Erman/Seiler*, § 694 Rn. 2; MünchKomm-*Hüffer*, § 694 Rn. 8; *Staudinger/Reuter*, § 694 Rn. 2.

[58] Mot. II, S. 581 f.

[59] Prot. II, S. 401.

[60] *Otto*, JuS 1984, 684 (686 f.). Vgl. auch *Staudinger/Wittmann*, § 683 Rn. 5.

[61] *Canaris*, RdA 1966, 41 (43).

d) Die Regelung des § 110 I 2. Alt. HGB als allgemeines Haftungsprinzip

Vornehmlich Genius[62] entnimmt der Norm des § 110 I 2. Alt. HGB, die im Gegensatz zu § 670 BGB auch den Ersatz von Verlusten – also von unfreiwillig erlittenen Vermögensnachteilen – expressis verbis gewährt[63], ein für das gesamte Privatrecht Geltung beanspruchendes Haftungsprinzip. Er formuliert dieses Prinzip als hypothetische Norm mit folgendem Wortlaut: "Wer in Ausführung einer Geschäftsbesorgung für einen anderen ohne dessen Verschulden einen Schaden erleidet, kann von diesem Schadensersatz verlangen, wenn der Schaden auf einer Gefahr beruht, die für diese Geschäftsbesorgung spezifisch war".

Genius greift zur Rechtfertigung einer derartigen Haftung des Geschäftsherrn auf den Gedanken zurück, daß Vorteil und Gefahr, Interessenverfolgung und Unkosten, Initiative und Verantwortung miteinander verbunden sind[64]. Aufgrund der Unbestimmtheit dieser Merkmale bedarf es nach Ansicht von Genius jedoch eines zusätzlichen Zurechnungskriteriums. Dieses erblickt er in dem Umstand, daß der Geschäftszweck nur dadurch erreicht werden kann, daß sich der Geschäftsführer freiwillig Gefahren exponiert, die den Interessen des Geschäftsherrn zuwiderlaufen[65]. Hätte der Geschäftsherr die Ausführung der Tätigkeit nicht übertragen, sondern sie selbst wahrgenommen, dann wäre er den geschäftsspezifischen Risiken ausgesetzt gewesen und die eingetretenen Schäden wären ihm als Geschäftsunkosten angefallen. Daher müsse derjenige, der zur Verfolgung eigener Zwecke einen anderen bei der Geschäftsbesorgung einsetze, für die spezifischen Gefahren haften[66]. Der Anspruch des Geschäftsbesorgers auf Ersatz von Zufallsschäden soll ein vertraglicher bzw. vertragsähnlicher Anspruch sein. Dabei soll es sich um einen vom Verschulden un-

---

[62] *Genius*, AcP 173, S. 481 (511 f.). Bereits zuvor hat *Müller-Erzbach*, AcP 106, S. 309 (463), den Gedanken des § 110 HGB für das Auftragsrecht herangezogen und eine entsprechende Anwendung befürwortet.

[63] Vgl. GroßKommHGB-*Ulmer*, § 110 Rn. 118 und Rn. 21; *Heymann/Emmerich*, § 110 Rn. 9; *Schlegelberger/Martens*, § 110 Rn. 20.

[64] *Genius*, AcP 173, S. 481 (521, insb. Fn. 201). Vgl. zu diesem Gedanken auch *Marton*, AcP 162, S. 1 (48 f.); *Merkel*, S. 148; *Müller-Erzbach*, AcP 106, S. 309 (367 f.).

[65] Siehe Prot. II, S. 368; RGZ 75, 208 (213); *Fitz*, Risikozurechnung, S. 49; *Genius*, AcP 173, S. 481 (522 f.); *A. Huber*, Haftung des Geschäftsherrn, S. 46 und S. 55.

[66] *Genius*, AcP 173, S. 481 (522 f.).

abhängigen Schadensersatz- und nicht etwa um einen Aufwendungsersatzanspruch handeln[67].

Zweifelhaft erscheint jedoch, ob sich allein aus § 110 I 2. Alt. HGB ein allgemeingültiges Prinzip ableiten läßt. Die Gesetzesverfasser des BGB haben – wie bereits erörtert – bewußt darauf verzichtet, eine dem Art. 93 I ADHGB entsprechende Regelung für den Auftrag zu treffen[68]. Im Gesetzgebungsverfahren zum HGB wurde die Bestimmung des § 110 I 2. Alt. HGB im wesentlichen mit handelsrechtlichen Gesichtspunkten begründet[69]. So wurde davon ausgegangen, daß die Haftung der Handelsgesellschaft der Billigkeit entspreche und im Einklang mit der herrschenden Auffassung in Handelskreisen stehe. Im übrigen trage die Regelung der Tatsache Rechnung, daß die Gemeinschaft der Handelsgesellschafter enger ist als diejenige bei der Gesellschaft bürgerlichen Rechts[70]. Die Gesellschafter könnten den Ersatz von Schäden, den sie bei der Geschäftsführung erleiden, von der Handelsgesellschaft auch deshalb verlangen, weil sie in der Regel ihre ganze Tätigkeit und Arbeitskraft für die Gesellschaft einsetzten[71].

Eine Ausdehnung der in Art. 93 I ADHGB getroffenen Regelung auf die Gesellschaft bürgerlichen Rechts wurde schon in den Motiven zum BGB abgelehnt, weil eine Abweichung von den allgemeinen Grundsätzen weder durch Zweckmäßigkeits- oder Billigkeitsgründe noch aus einem anderen Grunde gerechtfertigt und die Sachlage keine andere als beim Auftrag sei[72]. In der zweiten Kommission wurde beantragt, eine Ersatzpflicht der Gesellschaft bürgerlichen Rechts für Zufallsschäden zu normieren, da es nicht mit dem der Gesellschaft innewohnenden Gedanken, daß unter den Gesellschaftern eine Gemeinschaft auf Gedeih und Verderb bestehen soll, vereinbar sei, wenn der

---

[67] Zur Einstufung von § 110 I 2. Alt. HGB als Schadensersatzanspruch *Fitz*, Risikozurechnung, S. 5; *Genius*, AcP 173, S. 481 (507) und (516); *A. Huber*, Haftung des Geschäftsherrn, S. 66; *Isele*, Geschäftsbesorgung, S. 124 ff. Zur a.A., die von einem Aufwendungsersatzanspruch ausgeht, vgl. *Baumbach/Hopt*, § 110 Rn. 11; GroßKomm HGB-*Ulmer*, § 110 Rn. 4 und Rn. 19; *Schlegelberger/Martens*, § 110 Rn. 3.

[68] Ausführlich IV 2 a. Im Gesetzgebungsverfahren zu Art. 93 ADHGB wurde bereits betont, daß es dem gemeinen Recht entspreche, daß die Gesellschaft weitergehend hafte als der Auftraggeber. Vgl. Prot. ADHGB, S. 986.

[69] Entwurf HGB, S. 89.

[70] Entwurf HGB, S. 89; *Düringer/Hachenburg/Flechtheim*, § 110 Anm. 1; *Fitz*, Risikozurechnung S. 139 f.; GroßKommHGB-*Fischer* (3. Aufl.), § 110 Anm. 6.

[71] Entwurf HGB, S. 89.

[72] Mot. II, S. 609.

geschäftsführende Gesellschafter erlittene Zufallsschäden selbst tragen müsse. Das Moment der Geschäftsführung durch den Gesellschafter trete hinter das der Gemeinschaftlichkeit zurück, weil die anderen Gesellschafter, soweit sie an der Geschäftsführung teilgenommen hätten, ebenso von den Risiken bedroht worden wären. Daher müßten die eingetretenen Schäden auf gemeinsame Rechnung aller Gesellschafter gehen[73]. Der Antrag wurde aber abgelehnt und zur Begründung auf die Ausführungen zum Auftragsrecht verwiesen[74]. Die Kommission glaubte ferner, daß eine Ersatzpflicht für die Gesellschaft eine unerträgliche und unerwartete Last bedeuten könne, falls der Geschäftsführer bei seiner Tätigkeit zu Tode komme oder seine Arbeitsfähigkeit verliere. Auch nähere sich die OHG nach Dauer und Umfang einer societas omnium bonorum[75] an, während die Gesellschaft bürgerlichen Rechts nur vorübergehender Natur sei.

§ 110 I 2. Alt. HGB stellt folglich eine bewußte Ausnahmeregelung dar[76], die teilweise auf spezifisch handelsrechtlichen Erwägungen beruht. Die Bestimmung kann damit für sich genommen nicht als Ausdruck eines allgemeinen Prinzips des bürgerlichen Rechts verstanden werden. Im übrigen bestehen gegen die Annahme eines vom Verschulden unabhängigen Schadensersatzanspruchs im Hinblick auf das culpa–Prinzip dieselben Bedenken, die schon gegen die Lehre von der Risikohaftung bei einer Tätigkeit in fremdem Interesse vorgebracht wurden[77].

e) Analoge Anwendung von § 670 BGB

Die herrschende Meinung beschreitet einen anderen Weg und wendet § 670 BGB analog auf Zufallsschäden an bzw. dehnt den Aufwendungsbegriff mit derselben Argumentation weit aus[78]. Anstelle eines freiwilligen Vermögens-

---

[73] Prot. II, S. 423.

[74] Prot. II, S. 424; siehe dazu schon IV 2 a.

[75] Siehe dazu *Hausmaninger/Selb*, S. 328; *Kaser* I, § 133.3, S. 573.

[76] So auch *Düringer/Hachenburg/Flechtheim*, § 110 Anm. 1; GroßKommHGB-*Fischer* (3. Aufl.), § 110 Anm. 6; *Heymann/Emmerich*, § 110 Rn. 2; *Otto*, JuS 1984, 684 (687); *Steindorff*, FS Dölle, Bd. 1, S. 273 (284 f.); *Wittmann*, S. 87; *Wollschläger*, S. 293.

[77] Vgl. IV 3 c bb.

[78] Dogmatisch bleibt in den diesbzgl. Ausführungen z.T. unklar, ob es sich um eine Analogie oder ein extensives Verständnis des Aufwendungsbegriffs handelt. Im Ergebnis sollen jedoch Verluste mit der sogleich darzustellenden Begründung ersatzfähig sein. Vgl. RGZ 167, 85 (89); BGHZ 33, 251 (257); BGHZ 38, 270 (277); BGHZ 92, 270 (271); BGH NJW 1993, 2234 (2235); *Brox*, SR BT, Rn. 301; *Deutsch*, AcP 165, S. 193 (214 f.); *Enneccerus/Lehmann*, SR, § 162, 4,

opfers wird zunächst die bewußte Übernahme einer gefahrbehafteten Tätigkeit seitens des Auftragnehmers als hinreichend erachtet. Eine solche sogenannte bedingte Aufwendung soll anzunehmen sein, wenn sich der Geschäftsführer zur Auftragsausführung bewußt der damit einhergehenden Gefahr exponiert hat. Konsequenterweise kann von einer bedingten Aufwendung nicht mehr gesprochen werden, wenn der Handelnde die Gefahr nicht erkannt hat, weil es insofern an einer Gefahrübernahme fehlt[79]. Ferner wird der Geschäftsführer, selbst wenn er die Gefährlichkeit des Auftrags erkannt hat, die Hoffnung hegen, daß sich der Eintritt des Schadens vermeiden läßt[80].

Darüber hinaus soll bereits die objektive Erkennbarkeit eines mit der Geschäftsbesorgung spezifisch verknüpften Risikos genügen[81], um den Ersatzanspruch zu begründen. Mit Recht wird allerdings darauf hingewiesen, daß die Preisgabe des Elements der bewußten Gefahrübernahme die Voraussetzungen einer Analogie beseitigt, weil eine Gleichstellung von Schäden mit Aufwendungen nicht ohne das Merkmal der Freiwilligkeit zu rechtfertigen ist[82]. Der Verzicht auf das Erfordernis einer Übernahme des Schadensrisikos durch den Geschäftsführer läßt damit das dem Aufwendungsbegriff immanente Moment der Freiwilligkeit zur Fiktion werden[83].

Mit ähnlich gelagerter Argumentation wird übrigens ein stillschweigender Haftungsausschluß bzw. eine rechtfertigende Einwilligung des Geschädigten beim "Handeln auf eigene Gefahr" verneint, wenn er sich einer Gefahrenlage ausgesetzt hat, ohne dazu verpflichtet gewesen zu sein. Die Kenntnis bzw. das Kennenmüssen der Gefahrenlage kann daher nur über § 254 BGB berücksichtigt werden, da der Geschädigte auch hier hofft, daß sich die Gefahr nicht verwirklichen wird. Die Annahme eines stillschweigenden Haftungsausschlusses

---

S. 687 f.; *Fikentscher*, SR, Rn. 921; *Otto*, JuS 1984, 684 (687). Für eine Gesamtanalogie zu § 670 BGB und § 110 I 2. Alt. HGB *Beuthien/Weber*, SR II, S. 141.

[79] *Staudinger/Wittmann*, § 670 Rn. 12.

[80] So *Canaris*, RdA 1966, 41 (42); *Lent*, S. 65; *Medicus*, BR, Rn. 429; *Staudinger/Wittmann*, § 670 Rn. 12.

[81] Vgl. auch RGZ 167, 85 (89); RG JW 1937, 152 f.; BGH NJW 1960, 1568 f.; BGHZ 33, 251 (257); BGHZ 38, 270 (277); BGHZ 92, 270 (271); BGH NJW 1993, 2234 (2235). *Enneccerus/Lehmann*, SR, § 162, 4, S. 687; *Lent*, S. 65; RGRK-*Steffen*, § 670 Rn. 16; *Soergel/Mühl*, § 670 Rn. 7; *Staudinger/Wittmann*, § 670 Rn. 16.

[82] Vgl. *Canaris*, RdA 1966, 41 (42); *A. Huber*, Haftung des Geschäftsherrn, S. 23 f.; *Larenz*, SR II/1, § 56 III, S. 418; *Palandt/Thomas*, § 670 Rn. 11; *Weigelin*, SJZ 1946, 90 (91); *Wittmann*, S. 85. Zur Differenzierung von Aufwendungen und Schäden vgl. schon IV 1.

[83] Vgl. *Canaris*, RdA 1966, 41 (42); *Genius*, AcP 173, S. 481 (490 f.); *J. Hübner*, Schadenszurechnung, S. 102.

oder einer rechtfertigenden Einwilligung wäre demgemäß eine bloße Fiktion[84]. Aus demselben Grund werden auch im Strafrecht hohe Anforderungen an die Bejahung einer rechtfertigenden Einwilligung des Verletzten bei riskanten Handlungen des Täters gestellt. Demnach muß der Verletzte das eingegangene Risiko klar erkannt und richtig eingeschätzt haben[85].

f) Extension des Anwendungsbereichs von § 670 BGB aufgrund der ratio legis

Gegen den vorstehend diskutierten Lösungsweg spricht freilich weniger das Ergebnis, über das im wesentlichen Einigkeit besteht, als dessen dogmatische Begründung. Wie bereits dargelegt wurde, fehlt es diesbezüglich an einer Analogiebasis, weil Verluste gemeinhin unfreiwillig erlitten werden. Auch erfaßt der Wortsinn des Begriffs "Aufwendungen" nicht unmittelbar Schäden des Geschäftsführers. Daher wird insbesondere von Wittmann[86] vorgeschlagen, den Ersatz von Verlusten methodologisch nicht mit einer Analogie, sondern einer teleologischen Extension des § 670 BGB zu begründen. Bei der teleologischen Extension wird ein anderer als der von der Norm geregelte Tatbestand in die gesetzliche Regelung miteinbezogen, weil dies die ratio legis gebietet[87]. In ihren Auswirkungen ist die teleologische Extension einer Analogie angenähert, da in beiden Fällen eine gesetzliche Regelung auf einen Sachverhalt ausgedehnt wird, der vom zu engen Wortsinn der Norm nicht mehr erfaßt wird[88]. Bei § 670 BGB ist der Wortsinn zu eng, weil Verluste nicht mit Aufwendungen gleichgesetzt werden können. Die teleologische Extension bietet gegenüber den Risikozurechnungslehren den Vorzug, daß jeweils die sachnächste Anspruchsgrundlage extensiv ausgelegt und somit auf die vorhandenen tatbestandlichen Voraussetzungen zurückgegriffen werden kann. Damit können die in Recht-

---

[84] Grundlegend BGHZ 34, 355 ff. Vgl. auch *Erman/Schiemann*, § 823 Rn. 146; MünchKomm-*Grunsky*, § 254 Rn. 34; MünchKomm-*Mertens*, § 823 Rn. 27; RGRK-*Kreft*, § 833 Rn. 64; *Staudinger/Schäfer*, Vorbem §§ 823 ff. Rn. 69 ff. A.A. noch RGZ 130, 162 (169) – Bejahung eines stillschweigenden Haftungsausschlusses. Annahme einer Einwilligung durch RGZ 141, 262 (265); BGHZ 2, 159 (162).

[85] Vgl. zu dieser Frage beispielsweise *Baumann/Weber/Mitsch*, Strafrecht AT, § 14 Rn. 72 ff. und § 22 Rn. 53; *G. Jakobs*, Strafrecht AT, 7. Abschn. Rn. 125 ff.; *Schönke/Schröder/Lenckner*, Vorbem §§ 32 ff. Rn. 105.

[86] So *Staudinger/Wittmann*, § 670 Rn. 15; *Wittmann*, S. 87; wohl auch *Staudinger/Martinek*, § 675 Rn. A 75.

[87] Vgl. zur teleologischen Extension *Canaris*, Feststellung von Lücken im Gesetz, S. 90; *Larenz*, Methodenlehre, S. 398; *Pawlowski*, Methodenlehre, Rn. 497 f.

[88] *Larenz*, Methodenlehre, S. 398.

sprechung und Wissenschaft bereits gewonnenen Erkenntnisse über die jeweilige Norm für die Extension fruchtbar gemacht werden. Einer vom Aufwendungsersatz abweichenden Betrachtungsweise bedarf es dann nur noch, soweit diese gerade von der Besonderheit des erweiterten Anwendungsbereichs gefordert wird.

aa) Begründung für die Einbeziehung von Zufallsschäden

Im folgenden gilt es noch argumentativ zu belegen, warum die ratio legis des § 670 BGB für die vereinsrechtliche Geschäftsbesorgung eine Ersatzpflicht von Zufallsschäden verlangt.

(1) Rechtsnatur des Geschäftsbesorgungsvertrages

Zunächst besteht ein allgemeiner Zusammenhang von Nutzen und Gefahr, d.h. von Vorteilen für den Interessenten aus der Geschäftsbesorgung und Schäden, weil ihm die Verluste auch bei eigener Ausführung des Geschäfts entstanden wären[89]. Ein gesetzlich geregelter Fall, bei dem das Risiko dem Träger des geförderten Interesses zugerechnet wird, stellt die Haftungserleichterung des § 680 BGB dar. Der Geschäftsherr ist dort Gefährdeter und hat das Risiko einer besonderen Gefahrenquelle zu tragen, soweit der Geschäftsführer nicht grob fahrlässig bzw. vorsätzlich handelt[90].

Auch enthält § 670 BGB den Rechtsgedanken, daß der Geschäftsführer schadlos zu halten ist, d.h. er soll durch die Aufgabenwahrnehmung im Interesse des Geschäftsherrn keinen Vermögensverlust erleiden[91]. Wie schon die Bestimmung des § 669 BGB zeigt, braucht der in fremdem Interesse Tätige nicht sein eigenes Vermögen einzusetzen, sondern kann einen Vorschuß verlangen[92]. Der Geschäftsführer erklärt sich deshalb nur bereit, die Dienste unentgeltlich zu übernehmen, nicht aber sämtliche Auslagen tragen zu wollen[93]. Er soll durch die Geschäftsführung per saldo weder Vor- noch Nachteile erlan-

---

[89] Zur Verbindung von Nutzen und Gefahr schon Prot. II, S. 367 f.; *Canaris*, RdA 1966, 41 (42 f.); *Genius*, AcP 173, S. 481 (522 f.); *A. Huber*, Haftung des Geschäftsherrn, S. 55 und S. 58; *Larenz*, JuS 1965, 373 (375); *Wilburg*, Elemente, S. 136 f.

[90] Siehe *Wittmann*, S. 134; *Wollschläger*, S. 282 f.

[91] *Brox*, SR BT, Rn. 301; *Otto*, JuS 1984, 684 (687); *Staudinger/Wittmann*, § 670 Rn. 1 und Rn. 14.

[92] *Staudinger/Wittmann*, § 670 Rn. 1.

[93] So schon *Müller-Erzbach*, AcP 106, S. 309 (461).

gen. In der gleichen Weise, wie er die Vorteile nach § 667 BGB herauszugeben hat, ist er berechtigt, den Ersatz aller mit der Geschäftsführung verbundenen Verluste zu verlangen[94].

Zur Begründung der Haftungsfreistellung kann auch die Unentgeltlichkeit der Tätigkeit betont werden. Obwohl die Grundsätze des innerbetrieblichen Schadensausgleichs teilweise auf spezifisch arbeitsrechtlich geprägten Motiven beruhen[95], läßt sich immerhin als *argumentum a maiore ad minus* anführen, daß wenn schon der entgeltlich tätig werdende Arbeitnehmer in den Genuß eines Ersatz- bzw. Freistellungsanspruchs trotz Verschuldens kommt, ein solcher erst recht einem ehrenamtlichen Geschäftsbesorger hinsichtlich Zufallsschäden zustehen muß[96]. Mangels eines Entgelts ist der ehrenamtliche Geschäftsführer im Verein im übrigen nicht in der Lage, das Risiko über die Höhe eines Gehalts zu decken oder durch den Abschluß einer Versicherung aufzufangen[97].

(2) Vergleich mit § 110 I 2. Alt. HGB

Für einen Ersatz von Zufallsschäden bei der Geschäftsführung im Verein spricht auch ein Vergleich mit der Interessenlage, die in den Fällen des § 110 I 2. Alt. HGB gegeben ist. Dem steht nicht entgegen, daß oben die Ableitung eines allgemeinen Haftungsprinzips aus § 110 I 2. Alt. HGB verworfen wurde. Eine ganz andere Frage ist es nämlich, ob § 110 I 2. Alt. HGB *im Einzelfall* analog angewendet oder der in dieser Norm verkörperte Rechtsgedanke zur argumentativen Absicherung herangezogen werden kann[98]. In § 110 I 2. Alt. HGB kommt der Gedanke zum Ausdruck, daß dem gemeinsamen Nutzen, den die Gesellschafter aus der Geschäftsführung ziehen, die Zurechnung des Scha-

---

[94] Vgl. bereits Prot. II, S. 368; *Staudinger/Wittmann*, § 667 Rn. 1.

[95] Dazu näher V 2 a cc (5).

[96] So für das Auftragsrecht *Erman/Ehmann*, Vor § 662 Rn. 12; *Hauß*, FS Möhring, S. 345 (355). *Brox*, SR BT (19. Aufl.), Rn. 298, "es ist nicht einzusehen, daß der unentgeltlich Tätige schärfer haftet".

[97] Hierzu *Koller*, Risikozurechnung, S. 405.

[98] Vgl. auch *Fitz*, Risikozurechnung, S. 141 f., der im Einzelfall ebenfalls eine Ausdehnung des in § 110 HGB enthaltenen Gedankens auf andere Rechtsverhältnisse, insbesondere auf Gesellschaften bürgerlichen Rechts befürwortet. *K. Schmidt*, GesR, § 24 III 2 d, S. 695, weist für das Verhältnis zwischen Vorstand und Verein auf die Rechtsähnlichkeit zu § 110 HGB hin. Ebenso wertet *A. Huber*, Haftung des Geschäftsherrn, S. 66, § 110 I 2. Alt. HGB lediglich als Ausdruck eines allgemeinen Rechtsgedankens des Zurechnungsprinzips der "Risikohaftung des Geschäftsherrn". Gegen eine analoge Anwendung des § 110 I 2. Alt. HGB für das Auftragsrecht MünchKomm-*Ulmer*, § 713 Rn. 15; *Soergel/Hadding*, § 713 Rn. 11.

dens an alle entspricht, wenn ein einzelner Gesellschafter in Ausübung von Gesellschaftsangelegenheiten einen Schaden erleidet[99]. Den nicht unmittelbar von dem Verlust betroffenen Gesellschaftern kann der Schaden des Geschäftsführers zugerechnet werden, da sie ihn mit Einräumung der Geschäftsführungsbefugnis veranlaßt haben, auch in ihrem Interesse ein Risiko einzugehen[100].

Eine strukturelle Gleichheit zwischen Verein und Handelsgesellschaft in der Frage der Ersatzpflicht von Zufallsschäden ist also in dem Umstand zu erblicken, daß jeweils mehrere Personen von der Geschäftsführung desjenigen profitieren, der bei der Ausübung der Tätigkeit auch im Interesse der anderen einen Schaden zu verzeichnen hat. Geschäftsherr und Interessent der Geschäftsbesorgung ist der Verein und damit letztlich die Gesamtheit der Mitglieder, die sich dessen Organisationsform zur gemeinsamen Zweckverfolgung bedient haben. Charakteristisch ist, daß der Eintritt des Verlustes sowohl beim Handelsgesellschafter als auch beim Geschäftsführer im Verein – abgesehen von Fremdorganen – jeweils im Rahmen der Verfolgung des gemeinsamen Zweckes eintritt. Die Haftung des Vereins läßt sich demnach dadurch begründen, daß die Gemeinsamkeit des Interesses mit der gemeinsamen Gefahrtragung verknüpft ist[101]. So wird zu Recht für die ehrenamtliche Vorstandstätigkeit in einer Genossenschaft angenommen, daß das Ehrenamt im Interesse der Mitglieder notwendig ist und daher die Gemeinschaft der Mitglieder die typischen Risiken aus der ehrenamtlichen Tätigkeit tragen muß und nicht auf den Geschäftsführer abschieben kann[102].

Als weitere Begründung für die Haftung der OHG führte der Gesetzgeber das im Gegensatz zur Gesellschaft bürgerlichen Rechts auf Dauer angelegte Wesen der OHG an[103]. Für den Idealverein bedarf es insoweit keiner anderen

---

[99] So auch *Wittmann*, S. 87.

[100] Ähnl. *Koller*, Risikozurechnung, S. 191.

[101] Siehe *A. Huber*, Haftung des Geschäftsherrn, S. 65.

[102] *Großfeld/Noelle*, AG 1986, 275 (282); *Noelle*, S. 83 und S. 89.

[103] Prot. II, S. 424. Für die Gesellschaft bürgerlichen Rechts unterscheidet das Gesetz nicht danach, ob die Verfolgung des gemeinsamen Zwecks eine dauernde oder kurzfristige Verbindung erfordert. Aus den Regelungen der §§ 721 I, 723 I 1 BGB läßt sich entnehmen, daß die Gesellschaft bürgerlichen Rechts auf einen lockeren, und nicht zwangsläufig langfristigen Bestand ausgerichtet ist. Vgl. *Erman/H.P. Westermann*, Vor § 705 Rn. 22; MünchKomm-*Ulmer*, Vor § 705 Rn. 56.

rechtlichen Bewertung, weil dieser nach dem gesetzgeberischen Konzept ebenfalls auf eine dauerhafte gemeinsame Zweckverfolgung ausgerichtet ist[104].

Daß die Sondervorschrift des § 110 I 2. Alt. HGB ihre Rechtfertigung in der engen Gemeinschaft der Handelsgesellschafter finden soll[105], steht der Rechtsähnlichkeit nicht zwingend entgegen. Das Merkmal der engen Gemeinschaft ist zwar als gesetzgeberisches Motiv, hingegen nicht als ungeschriebenes Tatbestandsmerkmal anzusehen. So ist unbestritten, daß § 110 I 2. Alt. HGB über § 161 II HGB auf die Kommanditgesellschaft Anwendung findet[106], in der die Verbindung keineswegs enger zu sein braucht als z.B. in einer Gesellschaft bürgerlichen Rechts oder einem Verein[107]. Zum anderen hat die herrschende Meinung den Ersatzanspruch der Gesellschafter einer Gesellschaft bürgerlichen Rechts aus § 713 BGB i.V.m. § 670 BGB inzwischen so weit ausgedehnt, daß er den Rechtsfolgen des § 110 HGB nahekommt[108].

Im Gegensatz zum Handelsgesellschafter verfolgt das geschäftsführende Vereinsmitglied bzw. Organ eines Idealvereins keine eigenen Vermögensinteressen und besitzt anders als ein Gesellschafter einer OHG in der Regel auch keine Gewinnansprüche[109]. Über den Gewinnanspruch, der auf die Ausübung des Handelsgewerbes zurückzuführen und somit mit der Geschäftsführung verknüpft ist, besteht für den Handelsgesellschafter immerhin die Möglichkeit, die im Rahmen seiner Tätigkeit erlittenen Schäden ganz oder teilweise aufzufangen. Wenn dem Handelsgesellschafter trotz Partizipation am Unterneh-

---

[104] Zum Kriterium der Dauerhaftigkeit als Wesensbestandteil des Vereins *Beuthien*, BB 1987, 6 (7); *Müller-Erzbach*, Kap. 2, S. 23 und Kap. 3, S. 30; MünchKomm-*Reuter*, §§ 21, 22 Rn. 1; *Reichert/van Look*, Einl Rn. 1; *K. Schmidt*, GesR, § 23 I 1 a, S. 661 und § 24 I 1, S. 679; *Staudinger/Weick*, §§ 21 ff. Rn. 43. Zum nichtrechtsfähigen Verein vgl. bereits I 3.

[105] Entwurf HGB, S. 89; *Düringer/Hachenburg/Flechtheim*, § 110 Anm. 1; *Fitz*, Risikozurechnung, S. 139 f.; GroßKommHGB-*Fischer* (3. Aufl.), § 110 Anm. 6.

[106] Siehe *Heymann/Horn*, § 163 Rn. 3; *Schlegelberger/Martens*, § 163 Rn. 5.

[107] Man denke nur an Gesellschaften wie eine Publikums-KG, in der die Person gänzlich hinter den Sachbeitrag zurückzutreten pflegt. So auch *Genius*, AcP 173, S. 481 (511).

[108] Vgl. BGH NJW 1960, 1568 f.; *Genius*, AcP 173, S. 481 (511); *A. Huber*, Haftung des Geschäftsherrn, S. 66; MünchKomm-*Ulmer*, § 713 Rn. 15; *Wittmann*, S. 87.

[109] Solange die Vereinssatzung keinerlei Bestimmungen enthält, kann von einem Anteilsrecht am Vereinsvermögen nicht ausgegangen werden. Dazu schon Mot. I, S. 88; *Flume*, AT I/2, § 8 IV 1, S. 283. Das Einräumen von vermögensrechtlichen Positionen mittels satzungsrechtlicher Regelung ist für den Fall des Ausscheidens des Mitglieds in Form einer Abfindungsentschädigung für den Wegfall künftiger Vorteile oder in der Form der Rückvergütung von früher erbrachten Leistungen möglich. Ebenso wird eine Beteiligung an Erträgen aus Maßnahmen, die zur Erreichung des Vereinszwecks vorgenommen werden, für zulässig erachtet. Vgl. hierzu *Ballerstedt*, FS Knur, S. 1 (13 ff.); *K. Schmidt*, GesR, § 24 IV 2, S. 710; *Soergel/Hadding*, § 38 Rn. 11 a.

mensgewinn ein Ersatz von Zufallsschäden zugebilligt wird, so muß ein derartiger Anspruch erst recht dem ehrenamtlich tätigen Vereinsmitglied bzw. Vereinsorgan gewährt werden, dem eine Abdeckung des Schadensrisikos mit Hilfe eines Gewinnanspruchs von vorneherein nicht möglich ist. Daher wäre es nicht gerechtfertigt, dem Gesellschafter einer OHG oder KG, der mit der Geschäftsführung für die Gesellschaft zugleich eigene Vermögensinteressen verfolgt[110], einen Ersatzanspruch zuzusprechen, während beispielsweise dem Geschäftsbesorger eines gemeinnützigen Vereins der Regreß versagt wird.

(3) Treupflicht des Vereins

Geht man mit Zöllner/Loritz[111] davon aus, daß für die Frage des Haftungsrisikos die zwischen den Parteien bestehende Pflichtenintensität mit zu berücksichtigen ist, so muß man hervorheben, daß in vereinsrechtlichen Beziehungen von gesteigerten Treupflichten auszugehen ist. Ähnlich wie im Arbeitsrecht[112] kann die Treupflicht des Vereins aufgrund ihrer Unbestimmtheit nicht als alleiniger Zurechnungsgrund dienen, jedoch kann sie durchaus als zusätzliches Argument für die Schadensübernahme genannt werden. Der Verein muß nämlich insbesondere auf die schützenswerten Belange seiner Mitglieder Rücksicht nehmen und darf sie daher keinen Nachteilen aussetzen, solange sich die Mitglieder im Einklang mit der Satzung verhalten[113]. So hat auch der BGH ausgeführt[114], daß es nicht gerechtfertigt sei, das Vereinsmitglied den Schaden tragen zu lassen, wenn sich das gefahrspezifische Risiko bei der Durchführung einer satzungsmäßigen Aufgabe verwirkliche. In diesem Fall dürfe der Verein das Mitglied nicht mit Nachteilen belasten, weil ihm die Gefahr selbst zuzuschreiben sei, zumal das Mitglied seinerseits mit der Geschäftsbesorgung in besonderem Maße seiner vereinsrechtlichen Treupflicht genüge. Die Treupflicht gebietet daher, den Geschäftsbesorger von Verlusten zu befreien, die dadurch entstanden sind, daß der Verein eine risikobehaftete Tätigkeit übertragen hat. Insofern kann von einer Haftung für Risikoübertragung gesprochen werden[115].

---

[110] Dazu *Fitz*, Risikozurechnung, S. 140.

[111] *Zöllner/Loritz*, § 19 II, S. 228.

[112] Dazu V 2 a aa.

[113] Siehe schon oben II, Fn. 110 f.

[114] BGHZ 89, 153 (158).

[115] Siehe allgemein zur Geschäftsherrnhaftung *A. Huber*, Haftung des Geschäftsherrn, S. 56. Ferner *Genius*, AcP 173, S. 481 (522 f.).

(4) Notwendigkeit der ehrenamtlichen Mitarbeit

Der BGH hat des weiteren zutreffend ausgeführt, daß viele Vereine auf ehrenamtliche Mitarbeiter angewiesen sind, da sie ansonsten kaum in der Lage wären, ihre Aufgaben zu erfüllen. Müßten diese die tätigkeitsspezifischen Risiken ihrer Geschäftsführung tragen, so wäre ein Großteil von ihnen nicht mehr zur Mitarbeit bereit. Dem Ersatzanspruch kommt daher die Funktion zu, den Geschäftsführer nicht von einer unentgeltlichen Aufgabenwahrnehmung abzuhalten[116]. Daher muß im Interesse der Förderung solcher Tätigkeiten verhindert werden, daß der Geschäftsführer über das von ihm übernommene Maß hinaus die Kosten zum Vorteil des Interessenten tragen muß[117]. Anders gewendet, kann die persönliche Einstandspflicht beispielsweise ein Hindernis für die Übernahme einer ehrenamtlichen Organtätigkeit bilden[118].

Im Idealverein erscheint neben der Übernahme eines Amtes aber auch die Förderung von ehrenamtlichen Tätigkeiten der Vereinsmitglieder wichtig, da der Vorstand als typischer Geschäftsleiter des Vereins oftmals selbst nur ehrenamtlich tätig ist und daher nicht seine volle Arbeitskraft dem Verein widmen kann. Deshalb ist es für die Existenz vieler Vereine lebensnotwendig, daß die Arbeit z.B. mit Hilfe besonderer Geschäftsbesorgungsverträge auf zahlreiche Schultern verteilt werden kann. Die Verfolgung des Vereinszwecks ist also nur dann möglich, wenn sich die Vereinsmitglieder bereit erklären, auch risikobehaftete Aufgaben wahrzunehmen. Dies werden sie aber nur tun, wenn sie dabei keinen außerordentlichen Haftungsrisiken ausgesetzt sind.

(5) Gleichbehandlungsgrundsatz

Speziell für die Geschäftsbesorgung durch Vereinsmitglieder gilt, daß häufig alle Mitglieder eines Vereins dieselben Tätigkeiten, wie z.B. als Beitrag festgesetzte Arbeitsdienste, wahrnehmen, so daß es bloßer Zufall bleiben kann, welches der Mitglieder bei der Geschäftsbesorgung einen Verlust erleidet. In solchen Fällen ist das im Vereinsrecht geltende Gleichbehandlungsgebot zu beachten. Das Gleichbehandlungsgebot besagt auf diese Konstellation ange-

---

[116] Ähnlich schon *Lent*, S. 60.

[117] So *Müller-Erzbach*, AcP 106, S. 309 (459 ff.).

[118] So auch *Beuthien/Kießler*, WuB L § 31 BGB 1/91; *Erman/H.P. Westermann*, § 38 Rn. 9; *Habersack*, Mitgliedschaft, S. 363. Zur Genossenschaft *Großfeld/Noelle*, AG 1986, 275 (280); *Großfeld/Schulte*, ZfG 1985, S. 187 (194 f.); *Lang/Weidmüller/Metz*, § 34 Rn. 6; *Seki/Noelle*, ZfG 1984, S. 128 (137).

wandt, daß kein Mitglied wegen der von ihm übernommenen Geschäftsbesorgung ohne sachlich gerechtfertigten Grund weitergehende Nachteile als die anderen Mitgliedern erleiden darf, die gleiche oder vergleichbare Aufgaben wahrnehmen[119]. Nicht selten besteht in der Vereinspraxis die Möglichkeit, Beiträge in Form von Dienst- oder Werkleistungen durch entsprechende Geldzahlungen zu ersetzen[120]. Mit Wahl der Geldzahlung entzieht sich das Mitglied einem jeglichen Schadensrisiko. Es erscheint dann nur billig, diejenigen zu entlasten, die den Vereinszweck mit ihren Geschäftsbesorgungen in besonderem Maße fördern und die anderen Mitglieder zumindest mittelbar über das Vereinsvermögen am Verlust zu beteiligen.

bb) Dogmatische Einordnung des Verlustersatzanspruchs

Vom Standpunkt der teleologischen Extension handelt es sich bei dem Verlustersatzanspruch um einen Aufwendungsersatzanspruch. Der Nachteil einer dogmatischen Einordnung als Aufwendungsersatzanspruch wird teilweise darin gesehen, daß eine am Einzelfall orientierte angemessene Berücksichtigung eines etwaigen Mitverschuldens des Geschäftsführers über § 254 BGB nicht erfolgen könne, da nach der Gesetzessystematik § 254 BGB nur auf Schadensersatz-, nicht aber auf Aufwendungsersatzansprüche anwendbar sei[121]. Dieser Einwand geht jedoch deshalb fehl, weil die (entsprechende) Anwendbarkeit des § 254 BGB auf die dem § 670 BGB rechtsähnliche Norm des § 110 I 2. Alt. HGB unbestritten ist, und zwar auch von denjenigen Stimmen in der Literatur, die hierin einen echten Aufwendungsersatzanspruch sehen[122]. Außerhalb des Schadensersatzrechts wird § 254 BGB ferner entsprechend bei Ausgleichs-

---

[119] Zum Gleichbehandlungsgebot siehe schon II 1 b aa.

[120] So auch in der bereits besprochenen Entscheidung des AG Grevenbroich NJW 1991, 2646 f. Vgl. oben II 1 a bb.

[121] So BGHZ 8, 222 (235); *Canaris*, RdA 1966, 41 (42); *Esser/Weyers*, SR II, § 35 III 2, S. 318; *Fitz*, Risikozurechnung, S. 36; *A. Huber*, Haftung des Geschäftsherrn, S. 26; *Larenz*, SR II/1, § 56 III, S. 418; MünchKomm-*Seiler*, § 670 Rn. 2; *Palandt/Thomas*, § 670 Rn. 11; *Wollschläger*, S. 291.

[122] Anwendung des § 254 BGB auf § 110 I 2. Alt. HGB trotz Einstufung als Aufwendungsersatzanspruch durch *Baumbach/Hopt*, § 110 Rn. 11; GroßKommHGB-*Ulmer*, § 110 Rn. 4 und Rn. 19 (entsprechende Anwendung von § 254 BGB); *Schlegelberger/Martens*, § 110 Rn. 33 (Rechtsprinzip des § 254 BGB). Die (analoge) Anwendung von § 254 BGB auf Aufwendungsersatzansprüche bejahen im übrigen *Deutsch*, AcP 165, S. 193 (217 f.); HK-HGB/*Stuhlfelner*, § 110 Rn. 8; MünchKomm-*Seiler*, § 683 Rn. 24; *Otto*, JuS 1984, 684 (687); *Soergel/Mertens*, § 254 Rn. 11; *Staudinger/Martinek*, § 675 Rn. A 76. Ferner BGHZ 16, 265 (274); OLG Celle NJW 1965, 2348 (2350); dazu abl. *Medicus*, BR, Rn. 428. BGHZ 52, 117 (123) läßt die Frage offen, ob § 254 BGB Anwendung finden kann.

ansprüchen unter Gesamtschuldnern[123] sowie bei Rückerstattungsansprüchen aus § 675 BGB i.V.m. § 667 BGB[124] herangezogen. Im übrigen stellt § 254 BGB nur eine speziell geregelte Ausprägung des in § 242 BGB enthaltenen Gedankens von Treu und Glauben dar[125], so daß zumindest aus diesem Gesichtspunkt heraus ein Abgehen von dem Grundsatz der Totalreparation möglich ist und der Umfang des Ersatzanspruchs dann gemäß § 242 BGB unter Berücksichtigung des Mitverschuldens zu bestimmen wäre. Dementsprechend wird das Mitverschulden sowohl beim Gewährleistungsanspruch[126] als auch beim Bereicherungsanspruch[127] zwar nicht über § 254 BGB, jedoch über § 242 BGB berücksichtigt.

Ein schuldhaftes Handeln des Geschäftsführers führt daher nicht zwingend zum Ausschluß des Freistellungsanspruchs, sondern ist lediglich nach den Grundsätzen des § 254 BGB zu berücksichtigen.

4. Zwischenergebnis

Auf Geschäftsbesorgungen von Vereinsmitgliedern und Vereinsorganen kann Auftragsrecht und insbesondere die Norm des § 670 BGB entsprechende Anwendung finden. § 670 BGB erfaßt im Wege einer teleologischen Extension sogenannte Zufallsschäden, die der Geschäftsführer während der Tätigkeit für den Verein erleidet.

---

[123] So RGZ 75, 251 (256); BGHZ 51, 275 (279); *Deutsch*, AcP 165, S. 193 (217 f.); *Otto*, JuS 1984, 684 (687); MünchKomm-*Selb*, § 426 Rn. 8; *Soergel/Mertens*, § 254 Rn. 10.

[124] Dazu BGHZ 87, 376 (380); BGHZ 108, 386 (391); BGH NJW 1991, 3208 (3209).

[125] So BGHZ 34, 355 (363 f.); BGHZ 50, 112 (115); BGHZ 56, 163 (169); BGH BB 1993, 532. Vgl. *Belemann*, MDR 1963, 186 (187); *Erman/Kuckuk*, § 254 Rn. 4; *Fikentscher*, SR, Rn. 570; *Palandt/Heinrichs*, § 254 Rn. 2; RGRK-*Alff*, § 254 Rn. 1. Kritisch hierzu MünchKomm-*Grunsky*, § 254 Rn. 2. Nach RGRK-*Steffen*, § 670 Rn. 29, soll der Anspruch aus § 670 BGB aufgrund der besonderen Umstände des Einzelfalles nach §§ 157, 242 BGB zu bestimmen sein; ähnl. BGHZ 38, 270 (279), wonach eine angemessene Entschädigung nach richterlichem Ermessen unter Berücksichtigung eines eventuellen Mitverschuldens zu gewähren ist.

[126] BGH DB 1971, 1764 (1765) – Minderungsanspruch; BGH NJW 1972, 447 und BGH NJW 1981, 1448 (1449) – Mängelbeseitigungsanspruch; dazu MünchKomm-*Grunsky*, § 254 Rn. 15; *Soergel/Mertens*, § 254 Rn. 17.

[127] Vgl. BGHZ 14, 7 (10); BGHZ 37, 363 (370); BGHZ 57, 137 (152); MünchKomm-*Grunsky*, § 254 Rn. 16; *Soergel/Mertens*, § 254 Rn. 12.

V. Schuldhaftes Handeln des Geschäftsführers

Besteht wie im Pfadfinderfall der Schaden in einer Ersatzpflicht gegenüber einem Dritten, so scheint das Vorliegen eines echten Zufallsschadens und damit ein ungekürzter Freistellungsanspruch fraglich zu sein, wenn der Geschäftsführer gegenüber dem Geschädigten schuldhaft gehandelt hat.

In einem ersten Schritt gilt es zu klären, ob ein schuldhaftes Handeln gegenüber einem Dritten zugleich als Verschulden des Geschäftsführers im Innenverhältnis zu werten ist oder ob für die Beurteilung allein die Rechtsbeziehung zum Verein heranzuziehen ist[1].

Soweit dem Geschäftsführer ein Verschulden zur Last fällt, ist in einem zweiten Schritt die Frage nach möglichen Haftungserleichterungen aufzuwerfen. So behalf sich beispielsweise der BGH in der Pfadfinderentscheidung mit der Anwendung der arbeitsrechtlichen Regelungen des innerbetrieblichen Schadensausgleichs und konnte so dem Vereinsmitglied trotz zumindest leicht fahrlässigen Handelns die Haftungsfreistellung gewähren. Nach allgemeinen Haftungsgrundsätzen hingegen bestünde zwar ein Anspruch des Geschäftsführers gegen den Verein, dieser müßte aber gemäß § 254 BGB gekürzt werden[2].

1. Relativität des Verschuldens bei Schädigung Dritter

Erst wenn ein bestimmtes Verhalten gegenüber Dritten einen Schadensersatzanspruch gegen den Geschäftsführer auslöst, stellt sich die Regreß- bzw. Freistellungsproblematik. Der Geschäftsführer hat dabei grundsätzlich Vorsatz und jedwede Fahrlässigkeit (§ 276 BGB) zu vertreten, soweit nicht das Gesetz besondere Haftungsmaßstäbe aufstellt oder die Haftung im Verhältnis zum Dritten rechtsgeschäftlich modifiziert wurde.

---

[1] Vgl. hierzu *Bastuck*, Enthaftung, S. 113 ff.

[2] Zur Anwendung von § 254 BGB auf Aufwendungsersatzansprüche siehe schon IV 3 f bb.

Ob und gegebenenfalls in welchem Umfang ein Verhalten des Geschäftsführers, das zur Schädigung des Dritten beigetragen hat, geeignet ist, auf den Freistellungsanspruch gegen den Verein einzuwirken, muß mit Hilfe der zwischen dem Verein und dem Geschäftsbesorger geltenden Sorgfaltsanforderungen beantwortet werden. Dies wird zunächst deutlich, wenn man davon ausgeht, daß der Geschäftsführer im Rahmen der Gestio dem Verein einen Schaden zufügt. Inwieweit hier ein Vorwurf schuldhaften Handelns gegen das Vereinsmitglied oder das Organ erhoben werden kann, ist dem im Verhältnis zum Verein bestehenden Pflichtenkreis zu entnehmen.

Die Rechtsbeziehung zum Verein ist für den Ersatzanspruch ebenfalls alleinentscheidend, wenn der Geschäftsführer ohne Drittbeteiligung Schäden an eigenen Rechtsgütern zu verzeichnen hat. Die im Verhältnis zum Verein bestehenden Pflichten können dann z.B. für die Frage relevant werden, ob die konkrete Geschäftsbesorgung überhaupt erforderlich war[3]. Ein schuldhaftes Handeln kann hier außerdem nach den Grundsätzen des § 254 BGB – Verschulden gegenüber sich selbst[4] – zu berücksichtigen sein.

Nichts anderes kann für den das Innenverhältnis betreffenden Ersatz- oder Freistellungsanspruch gelten, wenn der Geschäftsführer deshalb einen Schaden erleidet, weil er bei der Geschäftsbesorgung für den Verein einem Dritten schadensersatzpflichtig wird[5]. Ein Verschulden im Außenverhältnis muß daher nicht mit einem Verschulden im Innenverhältnis einhergehen. Es ist vielmehr relativ, d.h. für das Innen- und Außenverhältnis getrennt zu bestimmen[6].

Dabei kann zunächst einmal von der Prämisse ausgegangen werden, daß eine ordnungsgemäße Geschäftsführung im Innenverhältnis einem gesetzmäßigen Verhalten nach außen entspricht. Das Leitungsorgan trägt beispielsweise

---

[3] Siehe dazu näher unten VI 2.

[4] Vgl. *Erman/Kuckuk*, § 254 Rn. 3; MünchKomm-*Grunsky*, § 254 Rn. 2; *Soergel/Mertens*, § 254 Rn. 3; *Staudinger/Medicus*, § 254 Rn. 30.

[5] Ebenso *Bastuck*, Enthaftung, S. 120. Zum Erfordernis der Gleichbehandlung dieser Fallgruppen *Canaris*, RdA 1966, 41 (48); *Fitz*, Risikozurechnung, S. 146 f.; *Genius*, AcP 173, S. 481 (503); *Honsell*, FS v. Lübtow, S. 485 (497); *Larenz*, SR II/1, § 56 III, S. 419. Speziell zum Vereinsrecht *K. Schmidt*, GesR, § 14 V 1, S. 432.

[6] So *Bastuck*, Enthaftung, S. 113 ff.; *Baumbach/Hueck/Zöllner*, § 43 Rn. 32; *Hachenburg/Stein*, § 35 Rn. 307; KölnKomm-*Mertens*, § 84 Rn. 77. Exemplarisch kann dafür zunächst auf eine Entscheidung des OLG Frankfurt VersR 1970, 26, für den Bereich des Auftragsrechts verwiesen werden, in der eine Pflichtverletzung des Beauftragten im Innenverhältnis abgelehnt wurde, obwohl er einen Dritten derart geschädigt hatte, daß jenem Schadensersatzansprüche zustanden. Dabei handelte es sich allerdings um den Fall, daß der Auftraggeber den Schaden ersetzte und vom Auftragnehmer Regreß begehrte. Siehe dazu auch *Bastuck*, Enthaftung, S. 114.

grundsätzlich die Sorge für ein rechtmäßiges Verhalten des Vereins gegenüber Dritten, so daß ein gesetzwidriges Handeln im Außenverhältnis zumeist auch einen Pflichtenverstoß im Innenverhältnis darstellt[7]. Dennoch zieht ein schuldhaftes Handeln gegenüber dem Geschädigten nicht zwangsläufig eine Verletzung der vereinsrechtlichen Sorgfaltspflichten nach sich. Befolgt nämlich der Vereinsvorstand eine gesetzmäßige Weisung der Mitgliederversammlung und fügt infolgedessen einem anderen einen Schaden zu, so kann seitens des Vereins kein Vorwurf gegen ihn erhoben werden. Die aufgrund der Weisung eingetretenen Nachteile müssen deshalb vom Verein und nicht von dessen Organ getragen werden[8]. Positiv rechtlich kommt dieses allgemeine Prinzip des Korporationsrechts in § 34 IV 1 GenG und § 93 IV 1 AktG zum Ausdruck[9], wonach eine Haftung des Organs gegenüber der juristischen Person ausgeschlossen ist, wenn die Handlung auf einem gesetzmäßigen Beschluß der Haupt- bzw. Generalversammlung beruht.

Wirft man einen Blick auf die Sorgfaltsanforderungen, die an die Geschäftsführung der Organe juristischer Personen gestellt werden, erkennt man, daß diese allein vom Rechtsverhältnis zum Verein bestimmt werden. Der Maßstab, an dem der Vorstand sein Handeln messen lassen muß, verlangt die Sorgfalt eines ordentlichen Sachwalters, wobei die konkreten Anforderungen von der Struktur des Vereins, d.h. von dessen Art, Größe und Zweck, beeinflußt werden[10]. Dies belegt auch folgender, im Gesetzgebungsverfahren behandelter Antrag, der maßgeblich auf die Verpflichtungen gegenüber dem Verein abstellt: "Mitglieder des Vorstandes einer Körperschaft, welche die ihnen als solchen nach den Gesetzen oder der Verfassung der Körperschaft obliegenden Verpflichtungen nicht erfüllen, haften der Körperschaft gegenüber..."[11]. Dem

---

[7] Vgl. *Bastuck*, Enthaftung, S. 115; KölnKomm-*Mertens*, § 84 Rn. 77; *Reichert/van Look*, Rn. 1928.

[8] So auch *Reichert/van Look*, Rn. 1935; *Sauter/Schweyer*, Rn. 278. Zu weiteren Beispielen aus dem Bereich der GmbH und AG *Bastuck*, Enthaftung, S. 115 und S. 120. Näher zu diesen Weisungsfällen unten VII 1.

[9] Ebenso *Konzen*, NJW 1989, 2977 (2979) und (2983 ff.); *Reichert/van Look*, Rn. 1935; *Sauter/Schweyer*, Rn. 278.

[10] *Reichert/van Look*, Rn. 1927 und Rn. 1930; *Sauter/Schweyer*, Rn. 278.

[11] Dem Antrag wurde jedoch letztlich der Verweis auf das Auftragsrecht vorgezogen. Siehe *Jakobs/Schubert*, Bd. 2,1, §§ 21–79, S. 190 f.

Organ obliegt die Pflicht zur ordnungsgemäßen Geschäftsführung also nur dem Verein, nicht aber vereinsfremden Dritten gegenüber[12].

Ein gesetzliches Beispiel für die Relativität des Verschuldens im Geschäftsführungsrecht bietet die Norm des § 680 BGB. Handelt der Geschäftsführer zur Abwehr einer drohenden dringenden Gefahr, so hat er im Verhältnis zum Geschäftsherrn nur Vorsatz bzw. grobe Fahrlässigkeit zu vertreten. § 680 BGB entlastet ihn jedoch nicht im Außenverhältnis, wenn er einen Dritten auch nur leicht fahrlässig schädigt. Der Geschädigte kann ihn daher nach allgemeinen Haftungsgrundsätzen in Anspruch nehmen. Dem Geschäftsführer verbleibt jedoch die Möglichkeit, vom Geschäftsherrn unter Berücksichtigung des Haftungsmaßstabs des § 680 BGB Ersatz zu verlangen[13].

Desgleichen wirkt die arbeitsrechtliche Haftungserleichterung nach herrschender Meinung ebenfalls nur im Innenverhältnis zwischen Arbeitgeber und Arbeitnehmer, nicht jedoch gegenüber dem geschädigten Dritten, so daß es bei der vollen Ersatzpflicht des Arbeitnehmers nach außen bleibt[14]. Der Arbeitnehmer kann vom Arbeitgeber lediglich insofern Freistellung verlangen, als er im Innenverhältnis haftungsfrei ist[15].

Der Haftungsmaßstab im Innen- und Außenverhältnis ist letztlich auch inkongruent, wenn er zwischen dem Verein und dem Geschäftsführer vertraglich oder kraft satzungsrechtlicher Regelung modifiziert wurde, so daß der Geschäftsführer möglicherweise im Innenverhältnis nur Vorsatz, nach außen jedoch jede Fahrlässigkeit zu vertreten hat.

2. Haftungserleichterungen im Innenverhältnis

Nachdem eben gezeigt wurde, daß die für eine Haftungsübernahme durch den Verein relevanten Sorgfaltspflichten dem vereinsrechtlichen Innenverhältnis zu entnehmen sind, soll nunmehr erörtert werden, ob die Rechtsbeziehung zwischen dem Idealverein und seinem Mitglied bzw. Organ einen gegenüber

---

[12] Siehe OLG Düsseldorf MDR 1983, 488; *Soergel/Hadding*, § 27 Rn. 23. Zur GmbH *Scholz/Schneider*, § 43 Rn. 2 f. und Rn. 217. Zur AG *Hüffer*, § 93 Rn. 19 f.

[13] Vgl. hierzu BGH NJW 1972, 475 (476); BGH NJW 1975, 207 (209); MünchKomm-*Seiler*, § 680 Rn. 7; *Staudinger/Wittmann*, § 680 Rn. 7.

[14] Dazu beispielsweise *Haas*, Geschäftsführerhaftung, S. 290 ff. m.w.N. zum Streitstand.

[15] So BAGE 5, 1 (4 f.) und (8); BGHZ 108, 305 (307); BGH NJW 1994, 852 (854 f.); MünchKomm-*Söllner*, § 611 Rn. 431; *Staudinger/Richardi*, § 611 Rn. 518.

§ 276 BGB gemilderten Haftungsmaßstab verlangt. Es ist also zu fragen, ob sich der Geschäftsführer seinen Anspruch auf Freistellung gegen den Verein wegen jedes Verschuldens nach § 254 BGB kürzen lassen muß und ob der Geschäftsführer bei Vereinsschädigung für jedes Verschulden haftet. Für Freistellungs- und Regreßansprüche hätte eine beschränkte Haftung zur Folge, daß gegebenenfalls kein Schuldvorwurf gegen den Geschäftsbesorger erhoben werden könnte und ihm daher ein ungekürzter Anspruch zustehen würde. Bei direkter Schädigung des Vereins wäre ein Schadensersatzanspruch mangels Verschulden schon von vorneherein ausgeschlossen.

a) Anwendung des arbeitsrechtlichen Haftungsmaßstabs

Der Bundesgerichtshof hat in BGHZ 89, 153 ff. die Grundsätze über den innerbetrieblichen Schadensausgleich nicht nur zur Rechtfertigung der Haftungsfreistellung an sich herangezogen, sondern vor allem deshalb, um trotz schuldhaften Handelns des Vereinsmitglieds einen ungekürzten Freistellungsanspruch gewähren zu können[16].

Die arbeitsrechtliche Haftungserleichterung orientiert sich an einer Haftungstrias nach Fahrlässigkeitsstufen – sogenannte "dreigeteilte Fahrlässigkeit"[17]. Danach trägt der Arbeitgeber im Innenverhältnis den Schaden in vollem Umfang, wenn dem Arbeitnehmer lediglich culpa levissima (leichteste Fahrlässigkeit) vorzuwerfen ist. Unter leichtester Fahrlässigkeit ist dabei ein Sorgfaltsverstoß zu verstehen, wie er jedem Arbeitnehmer im Laufe der Zeit einmal unterlaufen kann. Bei mittlerer (leichter bzw. normaler) Fahrlässigkeit erfolgt eine quotale Teilung des Schadens, wobei bezüglich des Umfangs unter anderem noch die Gefahrgeneigtheit der Arbeit zu berücksichtigen ist[18]. Soweit der

---

[16] Ebenfalls für die Übertragung der arbeitsrechtlichen Haftungsgrundsätze AG Bochum NJW-RR 1989, 96 f.; OLG Saarbrücken VersR 1995, 832; *Lippert*, NJW 1984, 2266; *Märkle*, S. 87; MünchKomm-*Reuter*, § 38 Rn. 26; *Palandt/Heinrichs*, § 27 Rn. 4; *Reichert/van Look*, Rn. 1965 a; *Sauter/Schweyer*, Rn. 278; *K. Schmidt*, § 24 III 2 d, S. 696 f.; *Staudinger/Weik*, § 27 Rn. 25; *Stöber*, Rn. 163. Dagegen *Brox/Walker*, DB 1985, 1469 (1477 f.); *Erman/Westermann*, § 27 Rn. 7; *Löwisch/Arnold*, JZ 1984, 622.

[17] Siehe BAG AP Nr. 8 und Nr. 93 zu § 611 BGB Haftung des Arbeitnehmers; MünchKomm-*Söllner*, § 611 Rn. 427 ff.; *Schlachter*, Anm. zu BGH AP Nr. 103 zu § 611 BGB Haftung des Arbeitnehmers; *Staudinger/Richardi*, § 611 Rn. 502 ff. Kritisch *Hanau/Rolfs*, NJW 1994, 1439 (1441 f.).

[18] Anders zwischenzeitlich BAG AP Nr. 82, 84 zu § 611 BGB Haftung des Arbeitnehmers, wonach der Arbeitgeber außerhalb von Vorsatz und grober Fahrlässigkeit den gesamten Schaden tragen sollte. Dagegen nunmehr BAG AP Nr. 93 zu § 611 BGB Haftung des Arbeitnehmers m.w.N. Siehe auch *Schnauder*, JuS 1995, 594 (596); *Staudinger/Richardi*, § 611 Rn. 510 f. Zu den Abwä-

Arbeitnehmer hingegen grob fahrlässig gehandelt hat, ist der Regreßanspruch gegen den Arbeitgeber regelmäßig ganz ausgeschlossen[19]. Die Haftungserleichterung für den Arbeitnehmer bei leichtester Fahrlässigkeit bewirkt demnach stets eine vollständige Freistellung, während außerhalb des Arbeitsrechts im Rahmen der Anwendung des § 254 BGB je nach Abwägung statt einer vollständigen Freistellung auch nur eine teilweise oder überhaupt keine Freistellung in Betracht kommen kann. Die Besonderheiten des Arbeitsverhältnisses vermögen also die allgemeinen Grundsätze der Haftungsfreistellung zu modifizieren[20].

aa) Das Fürsorgeprinzip als Zurechnungsgrund

Früher wurde das arbeitsrechtliche Institut der gefahrgeneigten Arbeit zumeist mit dem Treue- und Fürsorgeprinzip begründet[21]. Die als Nebenpflicht[22] einzustufende Fürsorgepflicht des Arbeitgebers bildet das Gegenstück zur Treupflicht des Arbeitnehmers[23]. Sie ist im wesentlichen darauf gegründet, daß der Arbeitnehmer in den Betrieb eingegliedert ist und sich dem Arbeitgeber anvertraut[24]. Das Fürsorgeprinzip hat sich mittlerweile zu einer arbeitsrechtlichen Generalklausel entwickelt[25]. Seinem Inhalt nach verlangt es, daß der Arbeitgeber Schutz und Fürsorge gewährt, sowie alles zu unterlassen hat, was die Interessen des Arbeitnehmers beeinträchtigen kann[26]. Die Fürsorgepflicht reicht dabei nur soweit, wie der Arbeitnehmer seine Person oder sein Vermögen

---

gungskriterien BAG GS AP Nr. 4 zu §§ 898, 899 RVO. Je höher die Gefahrgeneigtheit der Tätigkeit ist, d.h. je größer das Risiko eines Schadenseintritts ist, desto eher hat der Arbeitgeber den Schaden zu tragen. Siehe dazu auch *Schnauder*, JuS 1995, 594 (598).

[19] BAG GS AP Nr. 4 zu §§ 898, 899 RVO; BGH AP Nr. 52 zu § 611 BGB Haftung des Arbeitnehmers. Ausnahmsweise kann aber trotz grob fahrlässigen Verhaltens eine Entlastung zugunsten des Arbeitnehmers eintreten: BAG AP Nr. 97 zu § 611 BGB Haftung des Arbeitnehmers.

[20] Vgl. dazu *Bastuck*, Enthaftung, S. 112 f. und S. 117; *Genius*, AcP 173, S. 481 (524).

[21] RAG ARS 41, 55 (60); BGHZ 16, 109 (116); BGHZ 22, 109 (122); BAG GS AP Nr. 4 zu §§ 898, 899 RVO; BAG AP Nr. 8 zu § 611 BGB Haftung des Arbeitnehmers; *Achterberg*, AcP 164, S. 14 (31 ff.); *Gaul*, DB 1962, 202 (204 f.); *Nikisch* I, § 27 V 4, S. 305.

[22] Dazu *Erman/Hanau*, § 611 Rn. 48; *Jauernig/Schlechtriem*, § 611 Anm. I 5; MünchKomm-*Söllner*, § 611 Rn. 375.

[23] *Dütz*, Arbeitsrecht, § 4 III 2, Rn. 174; *Hueck/Nipperdey* I, § 48 I 1, S. 390; *Nikisch* I, § 36 I 1, S. 406.

[24] *Zöllner/Loritz*, § 16 III, S. 188.

[25] So *Gamillscheg*, ArbR I, S. 275; *Hueck/Nipperdey* I, § 48 III, S. 405; MünchKomm-*Söllner*, § 611 Rn. 381.

[26] *Brox/Walker*, DB 1985, 1469 (1470); *Hueck/Nipperdey* I, § 48 I 1, S. 390.

im Interesse des Arbeitgebers einsetzt[27]. Für das Fürsorgeprinzip als Grundlage der Haftungsbeschränkung wird angeführt, dieses gebiete, daß der Arbeitgeber einen Schaden trage, den der Arbeitnehmer bei der ihm übertragenen Arbeit aufgrund eines durch menschliche Unzulänglichkeit begründeten Versehens herbeigeführt hat[28]. Würde der Arbeitnehmer nach den gesetzlichen Regeln haften, so läge insbesondere dann eine unbillige Härte vor, wenn der Schaden außer Verhältnis zum Arbeitslohn stehe. Auch müsse gerade bei schadensgeneigter Tätigkeit aufgrund der allgemeinen Lebenserfahrung mit dem Eintritt des Schadens gerechnet werden[29].

Gegen das Fürsorgeprinzip als alleinige dogmatische Begründung des innerbetrieblichen Schadensausgleichs werden allerdings Einwände erhoben. So ist der dehnbare und ausufernde Begriff der Fürsorge kaum in der Lage, die den Arbeitgeber treffenden Pflichten einzugrenzen[30]. Ferner steht nicht eine Verletzung der Fürsorgepflicht durch den Arbeitgeber im Raum, sondern die Übernahme eines Schadens. Die Verletzung einer Nebenpflicht würde nämlich ein Verschulden des Arbeitgebers erfordern, welches beim innerbetrieblichen Schadensausgleich jedoch allenfalls auf seiten des Arbeitnehmers festgestellt werden kann[31]. Daher lehnt die inzwischen herrschende Meinung das Fürsorgeprinzip als Rechtfertigung einer Haftungsbeschränkung ab[32].

---

[27] *Achterberg*, AcP 164, S. 14 (32); *Hueck/Nipperdey* I, § 48 III 1, S. 405 ff.

[28] BAG GS AP Nr. 4 zu §§ 898, 899 RVO; BAG AP Nr. 8 zu § 611 BGB Haftung des Arbeitnehmers; *Achterberg* AcP 164, S. 14 (33) und (47); *Hueck/Nipperdey* I, § 35 II, S. 233.

[29] Vgl. *Hueck/Nipperdey* I, § 35 II, S. 233; *Staudinger/Nipperdey/Mohnen* (11. Aufl.), Vor § 617 Rn. 40.

[30] So auch *Canaris*, RdA 1966, 41 (45); *Eich*, NZA 1984, 65 (69); *Gamillscheg/Hanau*, S. 44; *Isele*, NJW 1964, 1441 (1446).

[31] Vgl. BAG AP Nr. 2 zu § 611 BGB Gefährdungshaftung; *Brox/Walker* DB 1985, 1469 (1470); *Canaris*, RdA 1966, 41 (45); *Gamillscheg/Hanau*, S. 44 ff.; *Heller*, S. 59; *Marhold*, JuS 1991, 921; *Staudinger/Richardi*, § 611 Rn. 491.

[32] BAG AP Nr. 55, 58, 61, 82, 84 zu § 611 BGB Haftung des Arbeitnehmers; *Blomeyer*, MünchHdb., ArbR, Bd. 1, § 57 Rn. 29; *Canaris*, RdA 1966, 41 (45); *Dütz*, NJW 1986, 1779 (1780); *Gamillscheg/Hanau*, S. 44; MünchKomm-*Söllner*, § 611 Rn. 423; *Staudinger/Richardi*, § 611 Rn. 491. Zu weiteren diskutierten Begründungsmodellen für eine Haftungseinschränkung:
(1) *Rother*, Haftungsbeschränkung, S. 269: Verneinen der Tatbestandsmäßigkeit mangels Pflichtverletzung.
(2) *Schnorr von Carolsfeld*, S. 304 f.: Verneinen der Rechtswidrigkeit.
(3) RAG ARS 30, 3 (6); RAG ARS 37, 269 (270): Annahme eines stillschweigenden Haftungsausschlusses.
(4) *Scheuerle*, RdA 1958, 247 (251 ff.) und *Steindorff*, JZ 1959, 1 ff.: Neuorientierung des Fahrlässigkeitsbegriffs.
(5) *Staudinger/Richardi*, § 611 Rn. 496 ff. (500); *ders.*, JZ 1986, 796 (801 ff.); dem folgend *Marhold*, JuS 1991, 921 f.: Entlastung von culpa levissima, da diese kein zurechenbares Ver-

Dem ist zuzugeben, daß das Fürsorgeprinzip für sich genommen zu unbestimmt ist, um ohne weiteres eine Haftungserleichterung des Arbeitnehmers daraus ableiten zu können. Andererseits erfaßt es zutreffend die Tatsache, daß der Arbeitgeber, der im Eigeninteresse dem Arbeitnehmer eine Tätigkeit überträgt und dadurch ein Haftungsrisiko begründet, den Arbeitnehmer vor daraus entstehenden finanziellen Belastungen zu schützen hat, und somit gehalten ist, Schäden einzukalkulieren und z.B. über den Abschluß einer Versicherung aufzufangen[33]. Deshalb kann der Treu- und Fürsorgegedanke, wenn auch nicht als alleiniger Zurechnungsgrund, so doch zumindest ergänzend herangezogen werden[34]. Dafür spricht zudem, daß im Arbeitsverhältnis die Treupflichten gesteigert sind und daher dem Arbeitgeber eine besondere Rücksichtnahme auferlegen[35].

bb) Das Betriebsrisiko des Arbeitgebers als Zurechnungsgrund

Das BAG und die herrschende Lehre ziehen nunmehr das Betriebsrisiko des Arbeitgebers als entscheidenden Zurechnungsgrund für die Freistellung des Arbeitnehmers im Rahmen des innerbetrieblichen Schadensausgleichs heran[36]. Der Begriff des Betriebsrisikos ist hierbei allein als Zurechnungsgrund für die vom Arbeitnehmer schuldhaft verursachten Schäden zu verstehen und nicht mit

---

schulden darstellt, d.h. bei einer Tätigkeit in fremdem Interesse nicht als Schuldkategorie angesehen werden kann.
Ausführlich zu den genannten Modellen: *Brox/Walker*, DB 1985, 1469 f.; *Gick*, JuS 1980, 393 (396); *Isele*, NJW 1964, 1441 ff.; *Reinhardt*, S. 65 ff.; *Staudinger/Richardi*, § 611 Rn. 487 ff.

[33] Ähnlich *Hueck/Nipperdey* I, § 35 II, S. 233.

[34] So auch *Soergel/Kraft*, § 611 Rn. 69; *Zöllner/Loritz*, § 19 II 1 f, S. 228 f. Für den Freistellungsanspruch *Helm*, AcP 160, S. 134 (136). Vgl. auch *H.P. Westermann*, FS Beusch, S. 871 (872), der den Freistellungsanspruch in die Nähe der Fürsorgepflicht rückt. Im Ansatz auch *Genius* AcP 173, S. 481 (525).

[35] Zur gesteigerten Treupflicht im Arbeitsverhältnis *Brox*, ArbR, Rn. 87; *Erman/Hanau*, § 611 Rn. 482.

[36] Erstmals BAG AP Nr. 55 zu § 611 BGB Haftung des Arbeitnehmers, später dann BAG AP Nr. 58, 59, 61, 62, 82, 84 zu § 611 BGB Haftung des Arbeitnehmers. Anklänge jedoch bereits in BAG GS AP Nr. 4 zu §§ 898, 899 RVO und BGHZ 16, 111 (116). Nunmehr auch für die Begründung der Haftungsbeschränkung bei jeder betrieblich veranlaßter Tätigkeit BAG GS NJW 1995, 210 = BAG AP Nr. 103 zu § 611 BGB Haftung des Arbeitnehmers. Ebenso *Gamillscheg/Hanau*, S. 46 ff.; *Larenz*, SR II/1, § 52 d, S. 328 f.; MünchKomm-*Söllner*, § 611 Rn. 423; Kritisch *Dütz*, NJW 1986, 1779 ff.; *Zöllner*, EzA Nr. 14 zu § 611 BGB Gefahrgeneigte Arbeit.

der sonstigen Bedeutung als Lohnzahlungsrisiko des Arbeitgebers bei zufälliger Unmöglichkeit der Dienstleistung zu verwechseln[37].

Als rechtlicher Ansatzpunkt dient eine analoge Anwendung des § 254 BGB[38]. § 254 BGB soll nämlich auf dem Gedanken beruhen, daß der Geschädigte selbst einen Teil des Schadens tragen muß, wenn er ihn in zurechenbarer Weise mitverursacht hat[39]. Ein Schadensersatzanspruch des Arbeitgebers ist dabei unter Zugrundelegung der "dreigeteilten Fahrlässigkeit" zu kürzen bzw. ganz zu verneinen. Die eben dargestellten Grundsätze gelten unbestritten auch für einen etwaigen Freistellungsanspruch des Arbeitnehmers, so daß dieser immer soweit Freistellung von der Haftung gegenüber Dritten verlangen kann, wie er im Innenverhältnis gegenüber dem Arbeitgeber von der Haftung befreit wäre[40].

Für das Betriebsrisiko als Zurechnungsgrund wird eine Reihe von Argumenten angeführt. So wird gesagt, daß der Arbeitgeber, wenn er sich die Arbeitsteilung nicht zunutze machen und daher die Tätigkeit selbst ausführen würde, ebenfalls eine Schädigung seines Vermögens einkalkulieren müßte. Ohne den innerbetrieblichen Schadensausgleich läge deswegen eine unzulässige Schadensabwälzung auf den Arbeitnehmer vor[41], zumal dem Arbeitgeber der

---

[37] BAG GS NJW 1995, 210 (212); *Blomeyer*, JuS 1993, 903 (905); *Brox/Walker*, DB 1985, 1469 (1470); *Eich*, NZA 1984, 65 (67); *Gamillscheg/Hanau*, S. 48; *Schnauder*, JuS 1995, 594 (596). Kritisch zu dieser Begriffsverwendung *Zöllner*, EzA Nr. 14 zu § 611 BGB Gefahrgeneigte Arbeit.

[38] So auch BAG GS NJW 1995, 210 (211); BAG AP Nr. 82 zu § 611 BGB Haftung des Arbeitnehmers; *Blomeyer*, MünchHdb., ArbR, Bd. 1, § 57 Rn. 48; *Canaris*, RdA 1966, 41 (46); *Dersch*, RdA 1951, 78 (79); *ders.*, BB 1956, 501 (503); *Gamillscheg/Hanau*, S. 48; *Schnauder*, JuS 1995, 594 (596). Zur Kritik MünchKomm-*Grunsky*, § 254 Rn. 3 a; *Zöllner*, EzA Nr. 14 zu § 611 BGB Gefahrgeneigte Arbeit. Eine direkte Zurechnung des Betriebsrisikos über § 254 BGB scheidet aus, da den Arbeitgeber kein Verschulden an der Schädigungshandlung des Arbeitnehmers trifft und die Innehabung des Betriebes ein erlaubtes Tun darstellt. Vgl. *Weidner*, § 6 I, S. 29; *Schnauder*, JuS 1995, 594 (596).

[39] BGHZ 52, 166 (168); BGH NJW 1974, 797 (798); *Lange*, Schadensersatz, § 10 V 2, S. 549; *Larenz*, SR I, § 31 I a, S. 540; *Palandt/Heinrichs*, § 254 Rn. 3; *Soergel/Mertens*, § 254 Rn. 24.

[40] Siehe RAG ARS 41, 55 (61); RAG ARS 43, 108 (109); BAG GS AP Nr. 4 zu §§ 898, 899 RVO; BAG AP Nr. 37 zu § 611 BGB Haftung des Arbeitnehmers; *Canaris*, RdA 1966, 41 (44) und (47); MünchKomm-*Söllner*, § 611 Rn. 431; *Schaub*, ArbRHdb., § 52 VII 2, S. 367; *Staudinger/Richardi*, § 611 Rn. 519.

[41] So BAG AP Nr. 82 zu § 611 BGB Haftung des Arbeitnehmers; *Denck*, NZA 1986, 80 (84); *Dütz*, Arbeitsrecht, § 5 II 2, Rn. 198.

Unternehmenserfolg zugute komme[42]. Weiterhin könne der Arbeitgeber Schadensrisiken schaffen, die nur er als Inhaber der Organisationsgewalt beherrsche[43]. Kraft seines Direktionsrechts setze er den Arbeitnehmer besonderen Risiken aus, denen dieser nicht ausweichen könne[44]. Auch sei nur der Arbeitgeber in der Lage, die Risiken abzusehen und entsprechend zu versichern bzw. in seine Preise einzukalkulieren[45]. Für den Arbeitnehmer sei dagegen auf Dauer eine fehlerlose Arbeitsleistung kaum denkbar[46]. Des weiteren sei das Haftungsrisiko im Laufe der Zeit durch den Einsatz immer teurerer Techniken immens gesteigert worden, so daß eine Schädigung oftmals hohe Schadenssummen nach sich ziehe[47]. Zwischen diesem hohen Haftungsrisiko und der Entlohnung des Arbeitnehmers bestehe eine erhebliche Diskrepanz[48].

Inzwischen hat der Große Senat des BAG entschieden[49], daß die Haftungsbeschränkung nicht nur im Falle gefahrgeneigter Arbeit, sondern immer dann gelten soll, wenn die Tätigkeit betrieblich veranlaßt war. Um eine Belastung des Arbeitgebers mit dem allgemeinen Lebensrisiko des Arbeitnehmers zu verhindern, muß die zum Schaden führende Tätigkeit entweder arbeitsvertraglich übertragen oder zumindest im Interesse des Betriebs ausgeführt worden

---

[42] BAG AP Nr. 55, 82 zu § 611 BGB Haftung des Arbeitnehmers; *Canaris*, RdA 1966, 41 (45); *Gick*, JuS 1980, 393 (398). Gegen diese Argumentation wird jedoch vorgebracht, daß der Arbeitgeber das Gewinnrisiko zu tragen habe und die Haftungsmodifikationen auch in Unternehmen, in denen eine Gewinnerwartung nicht bestehe (z.B. gemeinnützige Unternehmen), Anwendung fänden. Schließlich würden die Arbeitnehmer vom Unternehmenserfolg ebenfalls profitieren, da dadurch ihre Arbeitsplätze gesichert würden. Dazu *Dütz*, NJW 1986, 1779 (1783); *Eich*, NZA 1984, 65 (67); *Zöllner*, EzA Nr. 14 zu § 611 BGB Gefahrgeneigte Arbeit.

[43] Vgl. *Gamillscheg*, ArbR I, S. 179; *Gamillscheg/Hanau*, S. 50. Zur Kritik *Brox/Walker*, DB 1985, 1469 (1471) und *Dütz* NJW 1986, 1779 ff.

[44] BAG AP Nr. 82 zu § 611 Haftung des Arbeitnehmers; *Canaris*, RdA 1966, 41 (45).

[45] BAG AP Nr. 82 zu § 611 Haftung des Arbeitnehmers; *Brox/Walker*, DB 1985, 1469 (1472); *Canaris*, RdA 1966, 41 (45); *Denck*, NZA 1986, 80 (82); *Gamillscheg*, ArbR I, S. 179; *Gick*, JuS 1980, 393; *Schlachter*, Anm. zu BAG GS AP Nr. 103 zu § 611 Haftung des Arbeitnehmers.

[46] *Dütz*, Arbeitsrecht, § 5 II 2, Rn. 198; *Gamillscheg/Hanau*, S. 54; *Schnauder*, JuS 1995, 594 (595); *Zöllner/Loritz*, § 19 II 1, S. 226.

[47] BAG AP Nr. 82 zu § 611 BGB Haftung des Arbeitnehmers; *Hanau/Adomeit*, G VI 2, S. 195; *Schnauder*, JuS 1995, 594 (595).

[48] *Dütz*, Arbeitsrecht, § 5 II 2, Rn. 198; *Gamillscheg/Hanau*, S. 59; *Schnauder*, JuS 1995, 594 (595).

[49] BAG GS NJW 1995, 210 ff. = BAG AP Nr. 103 zu § 611 BGB Haftung des Arbeitnehmers. Das Merkmal der Gefahrgeneigtheit behält jedoch seine Bedeutung als Abwägungskriterium bei § 254 BGB. Dazu oben V 2 a.

sein[50]. Die Argumentation stützt sich im wesentlichen auf die eben dargestellten Gründe. Gegenüber den vorangegangenen Urteilen wurden die Ausführungen um eine verfassungsrechtliche Begründung ergänzt[51]. Weil die Grundrechte nicht nur Abwehrrechte gegenüber dem Staat, sondern zugleich eine objektive Wertentscheidung darstellten, seien sie auch im bürgerlichen Recht zu berücksichtigen. Die zivilrechtliche Haftung des Arbeitnehmers soll demnach den Schutzbereich seiner Grundrechte aus Art. 2 I GG und Art. 12 I GG berühren. Zwar handle es sich nicht um einen unmittelbaren staatlichen Eingriff, da die Vertragshaftung des Arbeitnehmers auf einer privatautonomen Entscheidung beruhe[52], jedoch sei der Gesetzgeber verpflichtet, in Ungleichgewichtslagen schützend einzugreifen, um einen Ausgleich der Grundrechte beider Partner herbeizuführen. Die Ausdehnung der Haftungsbeschränkung auf jede betrieblich veranlaßte Tätigkeit soll demgegenüber die Grundrechte des Arbeitgebers aus Art. 2 I GG, Art. 12 I GG und Art. 14 I GG nicht unverhältnismäßig einschränken.

cc) Anwendbarkeit der arbeitsrechtlichen Haftungstrias auf die Geschäftsbesorgung durch Vereinsmitglieder

Im folgenden soll darauf eingegangen werden, ob – wie dies der BGH getan hat – die im Arbeitsrecht tragenden Gründe für den Bereich des Vereinsrechts fruchtbar gemacht werden können und somit die entsprechende Anwendung der Regeln des innerbetrieblichen Schadensausgleichs zufriedenstellend begründet werden kann.

---

[50] BAG GS NJW 1995, 210 (213); *Blomeyer*, JuS 1993, 903 (906); vgl. auch *Schlachter*, Anm. zu BAG GS AP Nr. 103 zu § 611 BGB Haftung des Arbeitnehmers.

[51] BAG GS NJW 1995, 210 (212) und bereits BAG GS NJW 1993, 1732 (1734). Dagegen BGH VI ZS AP Nr. 102 zu § 611 BGB Haftung des Arbeitnehmers, wo das Heranziehen der Grundrechte verneint wird. Kritisch auch *Schnauder*, JuS 1995, 594 (597), der der Meinung ist, daß das Grundgesetz nicht zur Zauberformel umfunktioniert werden darf, mit dem man jedes gewünschte Ergebnis im Zivilrecht begründen zu können glaubt. Ähnlich *Blomeyer*, JuS 1993, 903 (906): "Konkrete Kriterien lassen sich aus den Grundrechten für den Einzelfall nicht gewinnen". Er spricht daher von einem "Musterbeispiel für eine juristische Zielverfehlung". Siehe auch *Marhold*, JZ 1993, 910 (912); *Schlachter*, Anm. zu BAG GS AP Nr. 103 zu § 611 BGB Haftung des Arbeitnehmers.

[52] Die privatautonome Entscheidung ist im Abschluß des Arbeitsvertrages zu sehen.

(1) Treupflichten

Soweit der Treue- und Fürsorgegedanke ergänzend zum Betriebsrisiko herangezogen wird, um eine Haftungsbeschränkung zu begründen[53], läßt sich ein ähnliches Prinzip auch im Vereinsrecht erkennen. Den vereinsrechtlichen Beziehungen sind Treupflichten, wie sie das Arbeitsrecht in Form der Fürsorgepflicht kennt, ebenfalls nicht fremd. Dabei wird wie beim Arbeitsverhältnis davon ausgegangen, daß die Treupflicht wegen der verbandsrechtlichen Sonderverbindung gegenüber den sich aus § 242 BGB ergebenden Pflichten erhöht ist[54]. Im Hinblick auf die Treupflicht bestehen daher keine entscheidenden Unterschiede zwischen den Rechtsbeziehungen im Arbeits- und Vereinsrecht, die per se geeignet wären, eine Heranziehung der arbeitsrechtlichen Regelungen zu hindern.

(2) Weisungsgebundenheit und Eingliederung in die Betriebsorganisation

Der BGH zieht in der Pfadfinderentscheidung zur Rechtfertigung der Übertragung der arbeitsrechtlichen Grundsätze die das Betriebsrisiko tragenden Merkmale der Weisungsgebundenheit und der organisatorischen Abhängigkeit als Vergleichskriterien heran, ohne sie freilich ausdrücklich zu benennen. Der Weisungsgebundenheit und der Eingliederung in den Betrieb[55] soll der Umstand entsprechen, daß das Vereinsmitglied den Richtlinien und den Verhaltensregeln des Vereins unterworfen ist sowie den Weisungen, die die Vereinsorgane innerhalb ihrer Zuständigkeit erteilen, folgen muß[56]. Dem BGH ist sicherlich darin beizupflichten, daß das Mitglied mit dem Beitritt zum Verein nicht nur an dessen rechtliche Regelungen gebunden ist, sondern auch an die Weisungen der zuständigen Vereinsorgane. Ein solches Weisungsrecht läßt sich hinsichtlich

---

[53] Siehe *Soergel/Kraft*, § 611 Rn. 69; *Zöllner/Loritz*, § 19 II 1 f, S. 228 f. Für den Freistellungsanspruch *Helm*, AcP 160, S. 134 (136); *H.P. Westermann*, FS Beusch, S. 871 (872). Ähnl. *Genius*, AcP 173, S. 481 (525).

[54] Zur gesteigerten Treupflicht im Arbeitsverhältnis *Brox*, ArbR, Rn. 87; *Erman/Hanau*, § 611 Rn. 482. Zum Vereinsrecht vgl. bereits II 1 a cc.

[55] Zum Merkmal der Weisungsgebundenheit im Arbeitsrecht BAG AP Nr. 3, 10 zu § 611 BGB Abhängigkeit; MünchKomm-*Söllner*, § 611 Rn. 133; *Staudinger/Richardi*, Vor § 611 Rn. 158 ff.; *Zöllner/Loritz*, § 4 III 5 a, S. 44 f. Zur Eingliederung des Arbeitnehmers in die Betriebsorganisation BAG AP Nr. 37, 38 zu § 611 BGB Abhängigkeit; MünchKomm-*Söllner*, § 611 Rn. 132; *Staudinger/Richardi*, Vor § 611 Rn. 152 ff.; *Zöllner/Loritz*, § 4 III 5 b, S. 45.

[56] Siehe zum Weisungsrecht von Vereinsorganen *Staudinger/Weick*, § 35 Rn. 7. Vgl. zur Eingliederung eines Sporttreibenden in die Organisation des Vereins OLG Stuttgart AuR 1978, 125 (126) sowie *K.H. Schmidt*, RdA 1972, 84 (86).

der Geschäftsbesorgung des Mitglieds aus § 665 BGB (i.V.m. § 27 III BGB) ableiten[57].

Löwisch/Arnold[58] wenden jedoch mit Recht gegen die Argumentation des BGH ein, daß dem Vereinsmitglied im Gegensatz zum Arbeitnehmer ein größeres Ermessen zukommt. Bei einem in der Satzung als Tätigkeitspflicht geregelten Beitrag kann dem Mitglied nämlich ein weiter Spielraum verbleiben. Muß beispielsweise eine bestimmte Stundenzahl an Arbeitsdienst für den Verein geleistet werden, so kann es durchaus der Entscheidung des Mitglieds überlassen sein, zu welchem Zeitpunkt und in welcher Weise es seinen Beitrag erbringen will. Im Fall des AG Grevenbroich[59] bestand sogar die Möglichkeit, die Dienst- durch eine Geldleistung zu substituieren. Ferner ist das Vereinsmitglied in der Regel weit weniger in den organisatorischen Ablauf des Vereins eingebunden als ein Arbeitnehmer in den Betrieb, da es zumeist seiner freien Willensentscheidung obliegt, wann und wie oft es sich am Vereinsleben beteiligen möchte[60]. Gerade bei den schon erwähnten Massenverbänden (z.B. ADAC) läßt sich eine vergleichbare Eingliederung in die Vereinsorganisation schwerlich annehmen.

Daß der arbeitsrechtliche Gedanke der Weisungsgebundenheit schlecht paßt, zeigt sich daran, daß die Mitarbeit des Vereinsmitglieds nicht nur auf der Mitgliedschaft, sondern auch auf einem zusätzlichen Geschäftsbesorgungsvertrag beruhen kann, während zwischen Arbeitgeber und Arbeitnehmer lediglich das Arbeitsverhältnis besteht. Wird ein zusätzlicher schuldrechtlicher Vertrag geschlossen, so erfolgt die Übernahme der Geschäftsbesorgung nicht schon aufgrund des Beitritts zum Verein, sondern erst aufgrund eines weiteren freien Willensentschlusses des Mitglieds. Dagegen ist der Arbeitnehmer schon mit Abschluß des Arbeitsvertrages verpflichtet, dauerhaft eine mehr oder weniger konkretisierte Arbeitsleistung zu erbringen. Schon die Vielfalt der Begründungs- und Gestaltungsmöglichkeiten von Tätigkeitspflichten im Vereinsrecht (z.B. aufgrund Satzung, Vereinsordnung, Treupflicht oder Vertrag) läßt einen

---

[57] Zum Weisungsrecht des Auftraggebers MünchKomm-*Seiler*, § 665 Rn. 14; *Larenz*, SR II/1, § 56 II, S. 415.

[58] *Löwisch/Arnold*, JZ 1984, 622.

[59] AG Grevenbroich NJW 1991, 2646 f.

[60] *Reinhardt*, S. 191, hält eine Übertragung der arbeitsrechtlichen Grundsätze auf andere Rechtsverhältnisse sogar nur dann für gerechtfertigt, wenn ein ständiges Unterworfensein unter die Einflußnahme des Vertragspartners vorliegt.

Vergleich mit der durch den Arbeitsvertrag entstandenen Dienstleistungspflicht kaum zu.

Die Übernahme fremdgeplanter und fremdnütziger Arbeit als Aspekt der persönlichen Abhängigkeit ist beim Mitglied eines Vereins zweifelhaft, weil dieses die Arbeitsleistung, welche der Verein von ihm verlangt, im Wege der Mitgliedschaft selbst risikotragend mitermöglicht[61]. Zudem fehlt es an einer vergleichbaren Eingliederung, da das Mitglied kraft seiner Mitgliedschaftsrechte Einfluß auf die Geschäftsführung hat bzw. an dieser mitwirken kann[62]. Es kann daher als Teil des Vereins[63], dem gewisse Rechte zustehen[64], bezeichnet werden. Den Mitgliedern stehen namentlich sogenannte Organschaftsrechte zu, d.h. Teilhaberechte an der Verwaltung des Vereins, wie z.B. Stimmrechte, Wahlrechte oder das Teilnahmerecht an der Mitgliederversammlung. Das Betriebsverfassungs- bzw. Mitbestimmungsgesetz räumt den Arbeitnehmern zwar ebenfalls Mitwirkungs- und Mitbestimmungsrechte ein, diese führen jedoch zu einer geringeren Machtposition. Die entscheidenden Befugnisse im Verein verbleiben nämlich letztlich bei den Mitgliedern, da – wie § 27 I BGB zeigt – der Vorstand von der Mitgliederversammlung als oberstem Vereinsorgan[65] bestellt und gemäß § 27 II 1 BGB jederzeit abberufen werden kann, während den Arbeitnehmern eine solche Stellung nicht zukommt. Im Ergebnis kann daher entgegen der Ansicht des BGH nicht von einer vergleichbaren Weisungsgebundenheit und organisatorischen Abhängigkeit ausgegangen werden.

(3) Dauerhaftigkeit der Arbeit

Der BGH meint außerdem, daß es sich zwischen Verein und Vereinsmitglied, ähnlich dem Arbeitsverhältnis, um eine auf Dauer angelegte Verbunden-

---

[61] Vgl. *Beuthien*, FS BAG, S. 1 (2 f.). Er bemerkt aber auch, daß mitgliedschaftliche Befugnisse nicht immer ausreichen, um die Arbeitsbedingungen zu beeinflussen, so z.B. bei Belegschaftsaktionären.

[62] *Müller-Erzbach*, Kap. 12, S. 97, meint, daß die Mitglieder als Träger der Vereinsmacht die Möglichkeit besitzen würden, auf die Geschäftsführung einzuwirken.

[63] *Lutter*, AcP 180, S. 84 (88 f.) – "Teil einer rechtlich geordneten Gruppe von Personen"; *Müller-Erzbach*, Kap. 2, S. 24 und Kap. 4, S. 37 – "Anteil an einer Vereinsmacht"; siehe auch RGZ 98, 289 (291); *K. Schmidt*, GesR, § 19 I 3 a, S. 549.

[64] Vgl. zu den Rechten eines Vereinsmitglieds die Darstellung bei *Reichert/van Look*, Rn. 516 ff.; *Soergel/Hadding*, § 38 Rn. 16 ff.; *Staudinger/Weick*, § 35 Rn. 2 ff. Bei Massenverbänden erschöpft sich das Mitverwaltungsrecht freilich in dem Recht auf Teilnahme an der Mitgliederversammlung sowie auf Ausübung des Stimm- und Wahlrechts.

[65] Siehe *Müller-Erzbach*, Kap. 26, S. 209; *Reichert/van Look*, Rn. 741; *Staudinger/Weick*, § 32 Rn. 1.

heit handle[66]. Dem Kriterium der Dauerhaftigkeit kommt im Arbeitsrecht deshalb Bedeutung zu, weil – wie schon das RAG ausgeführt hat – eine auf Dauer fehlerlose Arbeitsleistung innerhalb eines Arbeitsverhältnisses kaum möglich ist[67].

Zunächst ist festzuhalten, daß nicht nur das Arbeitsverhältnis, sondern auch die Vereinsmitgliedschaft ein auf Dauer angelegtes Rechtsverhältnis ist[68]. Die Ausführungen des BGH sind jedoch ungenau und mißverständlich, da nicht hinreichend deutlich zwischen dem Mitgliedschaftsverhältnis als solchem und der Geschäftsbesorgung differenziert wird. Allein der Umstand, daß die Mitgliedschaft eine auf Dauer angelegte Sonderverbindung darstellt, kann eine mit dem Arbeitsverhältnis vergleichbare Situation nicht begründen. Erforderlich wäre zumindest, daß die Geschäftsbesorgung für sich genommen dauerhaft ausgeübt wird, und zwar unabhängig davon, ob sie auf einer Pflicht kraft Mitgliedschaft oder auf einem besonderen schuldrechtlichen Vertrag beruht, weil nur dann die Gefahr eines zwar in der konkreten Situation vermeidbaren, aber angesichts der Dauer der Geschäftsbesorgung vorhersehbaren Abirrens besteht[69].

Aber selbst wenn im Einzelfall die Geschäftsbesorgung des Mitglieds auf Dauer ausgerichtet ist, zeigen sich hinsichtlich der zeitlichen Intensität der Inanspruchnahme entscheidende Unterschiede. Im Gegensatz zur Vereinsmitgliedschaft ist das Arbeitsverhältnis zielgerichtet auf die Ausübung einer Tätigkeit angelegt, während bei der mitgliedschaftlichen Sonderrechtsbeziehung die gemeinsame Zweckverfolgung im Vordergrund steht, die nicht notwendigerweise eine Geschäftsbesorgung verlangt. Nur in wenigen Fällen wird die Mitgliedschaft im Idealverein vorwiegend zur Erbringung von bestimmten Tätigkeiten begründet[70], da die eigentliche Vereinsarbeit nach der gesetzgeberischen Konzeption von den Organen des Vereins geleistet wird. Während die Bezie-

---

[66] BGHZ 89, 153 (159).

[67] RAG ARS 41, 55 (58), innerhalb der Ausführungen zur gefahrgeneigten Arbeit. Siehe zur Bedeutung des Merkmals der Dauerhaftigkeit der Arbeitsleistung *Gamillscheg/Hanau*, S. 54.

[68] Zum Arbeitsvertrag als Dauerschuldverhältnis MünchKomm-*Söllner*, § 611 Rn. 17; *Staudinger/Richardi*, Vor § 611 Rn. 762 m.w.N. Zur vereinsrechtlichen Sonderverbindung als Dauerschuldverhältnis *Müller-Erzbach*, Kap. 2, S. 22 ff.; RGRK-*Steffen*, § 38 Rn. 11; *Soergel/Hadding*, § 38 Rn. 10; *Staudinger/Weick*, § 35 Rn. 25.

[69] Das AG Bochum NJW-RR 1989, 96 f., geht offenbar ebenfalls vom Erfordernis der Dauerhaftigkeit der Tätigkeit aus, da es auf die Regelmäßigkeit der einmal wöchentlich durchgeführten Fahrten abstellt.

[70] Dazu oben II 1 a aa (Rot-Kreuz-Schwestern).

hung zwischen Arbeitgeber und Arbeitnehmer also auf das Erbringen einer permanenten Arbeitsleistung gerichtet ist, sind die Grenzen im Vereinsrecht wesentlich schwerer zu ziehen[71]. Es bleibt mithin unklar, was gelten soll, wenn z.B. ein einmaliges Tätigwerden im Monat erfolgt oder die Satzung lediglich eine bestimmte Arbeitsstundenzahl pro Jahr vorsieht, das Mitglied jedoch, was die Zeiteinteilung anbelangt, im wesentlichen frei ist.

(4) Vergleich der Interessenstruktur

Des weiteren besteht ein struktureller Unterschied zwischen beiden Rechtsbeziehungen, wenn man die jeweiligen Interessenlagen betrachtet. Die Pflichten, die sich aus der Mitgliedschaft ergeben, dienen letztlich der Erreichung des gemeinschaftlich verfolgten Vereinszwecks[72]. Der Aufnahmevertrag begründet folglich kein Austauschverhältnis, ist also kein synallagmatischer Vertrag[73]. Ein zusätzlich geschlossener Geschäftsbesorgungsvertrag ist ebensowenig wie ein Auftrag ein gegenseitiger, sondern lediglich ein unvollkommen zweiseitiger Vertrag[74], der von der mitgliedschaftlichen Rechtsbeziehung und dem darin zum Ausdruck kommenden Vereinszweck beeinflußt wird. Die Vereinsform wird demnach gewählt, um die idealistische Betätigung mehrerer Personen organisatorisch zu vereinigen, wobei alle Mitglieder zusammenwirken, ohne daß dem Arbeitsverhältnis vergleichbare gegensätzlichen Interessen bestehen[75].

Demgegenüber handelt es sich beim Arbeitsvertrag um einen gegenseitigen Vertrag, der von einer diametralen Interessenlage gekennzeichnet ist[76]. Der Hauptinhalt des Arbeitsvertrages besteht in der Erbringung einer Arbeitsleistung gegen Zahlung von Lohn. Der Arbeitnehmer erstrebt im Regelfall ein hohes

---

[71] AG Bochum NJW-RR 1989, 96 f., hält ein einmal wöchentliches Tätigwerden für ausreichend, ohne sich jedoch näher mit dieser Problematik auseinanderzusetzen.

[72] *Lutter*, AcP 180, S. 84 (90), bezeichnet die Zweckorientierung als Charakteristikum aller Verbände und sieht darin die Besonderheit der Mitgliedschaft gegenüber sonstigen rechtlichen Erscheinungen. Zum gemeinsamen Zweck als Bestandteil der Definition des Vereinsbegriffs: RGZ 143, 212 (213); MünchKomm-*Reuter*, §§ 21, 22 Rn. 1; *Soergel/Hadding*, Vor § 21 Rn. 44; *K. Schmidt*, GesR, § 23 I 1 a, S. 661.

[73] *Soergel/Hadding*, § 38 Rn. 10.

[74] Zum Auftragsverhältnis BGHZ 15, 102 (105); *Erman/Ehmann*, Vor § 662 Rn. 2; *Staudinger/Wittmann*, Vorbem §§ 662 ff. Rn. 2.

[75] So auch *Loritz*, Mitarbeit Unternehmensbeteiligter, S. 358.

[76] *Achterberg*, AcP 164, S. 14 (24); *Erman/Hanau*, § 611 Rn. 69; *Staudinger/Richardi*, Vor § 611, Rn. 762; MünchKomm-*Söllner*, § 611 Rn. 7, jeweils m.w.N. zur früheren Einstufung des Arbeitsverhältnisses als personenrechtliches Gemeinschaftsverhältnis; *Fleck*, FS Hilger und Stumpf, S. 197 (198).

Entgelt und günstige Arbeitskonditionen, während der Arbeitgeber versuchen wird, den Arbeitsvertrag so zu gestalten, daß er sein Unternehmen mit einem höchsten Maß an Rentabilität betreiben kann, z.B. durch Wahrung eines geringen Lohnniveaus bzw. Sicherung von Flexibilität. Es soll nicht geleugnet werden, daß beim Arbeitsverhältnis ebenso eine Interessenidentität bestehen kann, da der Erhalt und Bestand eines Betriebs naturgemäß sowohl ein Anliegen des Arbeitgebers als auch der im Betrieb beschäftigten Arbeitnehmer darstellt[77]. Dabei handelt es sich allerdings im Gegensatz zu den primär beim Abschluß des Arbeitsvertrages verfolgten Belangen lediglich um mittelbare Interessen[78].

(5) Besondere Natur des Arbeitsverhältnisses

Die entsprechende Anwendung der arbeitsrechtlichen Haftungserleichterung im Vereinsrecht begegnet letztlich Bedenken, weil diese auf die besondere Natur des Arbeitsverhältnisses zurückzuführen ist und deshalb anderen Schuldverhältnissen nicht hinreichend Rechnung trägt[79]. So lehnt auch der BGH eine Ausdehnung der Grundsätze des innerbetrieblichen Schadensausgleichs auf Dienstverträge von selbständig Tätigen mit dem Argument ab, daß sich diese aus den Besonderheiten des Arbeitsverhältnisses rechtfertigen lassen und deshalb ihr Anwendungsbereich darauf beschränkt bleiben müsse. Die Tätigkeit aufgrund eines Dienstvertrages erfolge ferner nicht kraft Weisung des Dienstherrn, sondern aufgrund eines eigenen rechtsgeschäftlichen Willens des

---

[77] So *Dütz*, NJW 1986, 1779 (1783); *Zöllner*, EzA Nr. 14 zu § 611 BGB Gefahrgeneigte Arbeit.

[78] *Achterberg*, AcP 164, S. 14 (24); *Heller*, S. 55 f. und S. 72 f.; *Müller-Erzbach*, Kap. 3, S. 34 f. *Fitz*, Risikozurechnung, S. 51, bezeichnet es sogar als "höchst lebensfremd", eine zur unentgeltlichen und fremdnützigen Geschäftsführung analoge Interessenbeziehung anzunehmen.

[79] So auch *Erman/H.P. Westermann*, § 27 Rn. 7; *Fitz*, Risikozurechnung, S. 146; *Genius*, AcP 173, S. 481 (526); *Gick*, JuS 1980, 393 (400); *Heller*, S. 75; *Isele*, NJW 1963, 1100 f.; *Jauernig/Vollkommer*, § 662 Anm. 4 c; *Mayer-Maly*, VersR 1963, 834 (835); MünchKomm-*Seiler*, § 662 Rn. 58. *Schlegelberger/Martens*, § 110 Rn. 2, meint, daß im einzelnen und vorrangig arbeitsrechtsspezifische Überlegungen entscheidend seien. Ebenso *A. Huber*, Haftung des Geschäftsherrn, S. 92, der sich gegen eine schematische Übernahme der arbeitsrechtlichen Grundsätze wendet. A.A. *Neumann-Duesberg*, JZ 1964, 433 (437 ff.), der die Anwendung der Haftungsmodifikation im Auftragsrecht unter Berufung auf den Fürsorgegedanken befürwortet. Zwar existiere dort kein allgemeines Fürsorgeprinzip, jedoch wende der BGH § 618 BGB analog an. Hierzu ist kritisch festzustellen, daß das Fürsorgeprinzip die Haftungsfreistellung auch im Arbeitsrecht zumindest nicht allein zu begründen vermag.

Dienstverpflichteten[80]. Mithin sei keine Arbeitsteilung ersichtlich, innerhalb derer der Dienstberechtigte über die Preisgestaltung die Haftungsrisiken kalkulieren könne[81]. Nichts anderes soll für Auftragsverhältnisse gelten, weil ein allgemeines Prinzip der Haftungsbeschränkung bei gefahrgeneigter Arbeit nicht bestehe[82].

Zudem dient die Tätigkeit des Arbeitnehmers der Schaffung und Erhaltung seiner Lebensgrundlage, wobei der Arbeitnehmer insbesondere in Zeiten hoher Arbeitslosigkeit in erheblichem Maße auf die Beschäftigung im Betrieb des Arbeitgebers angewiesen ist. Dagegen ist das Vereinsmitglied normalerweise nicht vom Idealverein wirtschaftlich abhängig. Damit fehlt es aber an der sozialen Unterlegenheit, die im Arbeitsrecht Anlaß zu einer gesonderten Entwicklung gab[83]. Zieht man die verfassungsrechtliche Argumentation des BAG heran[84], so zeigt sich das Erfordernis einer Abweichung in der Beurteilung beider Sachverhalte, weil das Vereinsmitglied nämlich nicht geltend machen kann, daß der Schutzbereich seines Grundrechts aus Art. 12 I GG berührt ist, so daß es diesbezüglich nicht eines korrigierenden Eingriffs bedarf.

Im Rahmen der Abwägung von § 254 BGB werden im übrigen persönliche Umstände wie Lebensalter, Familienverhältnisse, Verhalten im Betrieb sowie Betriebszugehörigkeit berücksichtigt, die speziell für das Gebiet des Arbeitsrechts abwägungsrelevant sind[85]. In anderen Rechtsgebieten können solche Gesichtspunkte bei § 254 BGB nicht berücksichtigt werden, weil damit letztlich eine Schadensverteilung nach reinen Billigkeitserwägungen vorgenommen würde[86].

---

[80] BGH NJW 1963, 1100 (1102). Zustimmend *Mayer-Maly*, VersR 1963, 835; ebenso *Gamillscheg/Hanau*, S. 21. *A.A. Becker-Schaffner*, NJW 1969, 1235 (1236 f.); *ders.*, VersR 1971, 195 (197); *Zeuner*, RdA 1975, 84 (87). *Erman/Küchenhoff* (7. Aufl.), § 611 Rn. 164, meint, daß die Einordnung in den einen oder anderen Vertragstyp (Arbeits- oder Dienstvertrag) eine andere rechtliche Beurteilung nicht rechtfertige.

[81] So auch *Brox/Walker*, DB 1985, 1469 (1477).

[82] BGHZ 30, 40 (49 f.): Ablehnung dieser Grundsätze sowohl für die Haftung aus einem Auftragsverhältnis als auch aus unerlaubter Handlung.

[83] BGH NJW 1963, 1100 (1103). Siehe auch *Fitz*, Risikozurechnung, der die soziale Schutzbedürftigkeit des Arbeitnehmers als wahren Zurechnungsgrund sieht; ebenso *Pullen*, BB 1984, 989 (990); *Schnauder*, JuS 1995, 594, weist auf das soziale Bedürfnis einer Abweichung von den normalen Haftungsregeln hin.

[84] BAG GS NJW 1995, 210 (212).

[85] BAG GS AP Nr. 4 zu §§ 898, 899 RVO; *Staudinger/Richardi*, § 611 Rn. 510.

[86] So zutreffend MünchKomm-*Grunsky*, § 254 Rn. 66; *Soergel/Mertens*, § 254 Rn. 114; *Staudinger/Medicus*, § 254 Rn. 99.

Daß es sich beim innerbetrieblichen Schadensausgleich um ein spezifisch arbeitsrechtliches Institut handelt, das nur noch schwer mit allgemeinen Haftungsprinzipien in Einklang zu bringen ist, beweist auch der unlängst erfolgte Verzicht auf das Merkmal der Gefahrgeneigtheit[87]. Im Hinblick auf die Freistellung des Geschäftsbesorgers ist es nämlich für alle anderen Rechtsverhältnisse allgemeine Ansicht, daß eine solche nur dann in Betracht kommen kann, wenn sich ein tätigkeitsspezifisches Risiko, d.h. eine der Geschäftsführung immanente Gefahr, verwirklicht hat[88].

Aufgrund dieser Besonderheiten ist die zivilrechtliche Haftung für jede Fahrlässigkeit nur für das Arbeitsrecht gewohnheitsrechtlich derogiert[89], so daß eine Extension der Regeln des innerbetrieblichen Schadensausgleichs auf andere Schuldverhältnisse als unzulässige Rechtsfortbildung Bedenken aufwerfen würde[90].

(6) Zwischenergebnis

Mangels rechtlicher Vergleichbarkeit ist die Ausdehnung der Grundsätze des innerbetrieblichen Schadensausgleichs auf andere Rechtsverhältnisse, und damit auch auf Geschäftsbesorgungen von Vereinsmitgliedern, abzulehnen.

dd) Anwendung der arbeitsrechtlichen Haftungsgrundsätze auf die organschaftliche Geschäftsführung

Reichert/van Look[91] schlagen für ungewöhnliche Maßnahmen von Organmitgliedern vor, auf die Grundsätze des innerbetrieblichen Schadensausgleichs zurückzugreifen. Der Geschäftsleiter einer juristischen Person ist jedoch nicht als Arbeitnehmer einzustufen und zwar auch dann nicht, wenn er entgeltlich

---

[87] Siehe BAG GS NJW 1995, 210 ff. = AP Nr. 103 zu § 611 BGB Haftung des Arbeitnehmers.

[88] So auch BGHZ 89, 153 ff. Vgl. RGZ 167, 85 (89); BGH NJW 1960, 1568 (1569); *Canaris*, RdA 1966, 41 (46); *Genius*, AcP 173, S. 481 (512 ff.); *A. Huber*, Haftung des Geschäftsherrn, S. 78 ff.; *Isele*, Geschäftsbesorgung, S. 126 f.; *Jauernig/Vollkommer*, § 670 Anm. 3 b aa; RGRK-*Steffen*, § 670 Rn. 16; *Soergel/Mühl*, § 670 Rn. 21; *Staudinger/Wittmann*, § 670 Rn. 16. Zu § 110 HGB siehe *Baumbach/Hopt*, § 110 Rn. 13; GroßKommHGB-*Ulmer*, § 110 Rn. 22 ff.; *Heymann/Emmerich*, § 110 Rn. 10; *Schlegelberger/Martens*, § 110 Rn. 21.

[89] Dazu bereits IV, Fn. 56.

[90] So *Gick*, JuS 1980, 393 (400); *Isele*, NJW 1963, 1100 f.; *Mayer-Maly*, VersR 1963, 834 (835).

[91] *Reichert/van Look*, Rn. 1907 und auch Rn. 1965, wo angenommen wird, daß die Pfadfinderentscheidung Vereinsorgane betreffe. Dazu bereits I, Fn. 16.

eine Vollzeitbeschäftigung ausübt[92]. Das ergibt sich vor allem aus der durch den Bestellungsakt erlangten Organstellung, die dem Organ einen weiten Ermessensspielraum einräumt. Daran ändert auch der Umstand nichts, daß der Mitgliederversammlung als oberstem Vereinsorgan ein Weisungsrecht zusteht[93]. Dieses Weisungsrecht ist nämlich im Vergleich zur Direktionsbefugnis des Arbeitgebers von geringerer Intensität. In den meisten Vereinen findet eine Mitgliederversammlung nur periodisch als ordentliche Mitgliederversammlung statt[94], so daß der Vorstand in seiner Geschäftsführung im wesentlichen frei ist.

Ferner wurde schon im Gesetzgebungsverfahren diskutiert[95], ob der Verweis in § 27 III BGB auf § 665 BGB zu streichen sei. Im diesbezüglichen Antrag wurde die Auffassung vertreten, daß es der Stellung des Vorstands nicht entspreche, die Anweisungen eines anderen, übergeordneten Organs zu befolgen und es in seiner Aufgabe liege, aus eigener freier Entschließung zu handeln. Der Antrag wurde lediglich deshalb abgelehnt, weil "immerhin Fälle denkbar seien, in welchen der Vorstand die Anordnungen der Mitgliederversammlung oder des Aufsichtsrates beobachten müsse". Soweit dagegen der Vorstand selbständig handeln könne, würde § 665 BGB ohnehin gegenstandslos werden. Des weiteren ist nicht ausgeschlossen, daß der Vorstand innerhalb des ihm zugewiesenen Aufgabenbereichs deshalb von Weisungen unabhängig ist, weil die Zuständigkeit der Mitgliederversammlung zu seinen Gunsten durch die Satzung beschränkt wird[96]. Auch unterliegt er – abgesehen von der Mitgliederversammlung – nicht den Weisungen anderer Organe, da seine Organstellung

---

[92] Für den Idealverein BAG NJW 1996, 614 (615), hins. § 5 I 3 ArbGG m.w.N.; LG Bonn NJW-RR 1995, 1435 (1436): Zweiter Geschäftsführer eines Vereins ist als dessen Organ "kein eigentlicher Arbeitnehmer"; *Reichert/van Look*, Rn. 1245; *Soergel/Hadding*, § 27 Rn. 13. Für die Genossenschaft *Hettrich/Pöhlmann*, § 24 Rn. 9; *Müller*, § 24 Rn. 41. Für die GmbH BGHZ 49, 30 (31); *Baumbach/Hueck/Zöllner*, § 35 Rn. 97; *Baums*, Geschäftsleitervertrag, S. 5; *Fleck*, FS Hilger und Stumpf, S. 197 (208); *Lutter/Hommelhoff*, Anh. § 6 Rn. 3; *K. Schmidt*, GesR, § 36 II 4 b, S. 1079; Zur AG BGHZ 10, 187 (191 f.); BGHZ 12, 1 (8); BGHZ 30, 142 (143); *Geßler/Hefermehl/Eckhardt/Kropff*, § 84 Rn. 35; *Hüffer*, § 84 Rn. 11; KölnKomm-*Mertens*, § 84 Rn. 34. A.A. für das Kapitalgesellschaftsrecht *Groß*, DB 1984, 1447 ff.; *Miller*, ZIP 1981, 578 ff.; *Schaub*, ArbRHdb., § 14 I 2, S. 81 f. und § 14 II 1, S. 83; *Scholz/Schneider*, § 35 Rn. 160 ff. m.w.N.

[93] Zum Weisungsrecht näher VII 1.

[94] *Reichert/van Look*, Rn. 781: i.d.R. nach Ablauf von 1-2 Jahren; siehe auch *Lukes*, NJW 1972, 121 (125 f.); vgl. weiterhin die entsprechenden Regelungen in den Mustersatzungen bei *Märkle*, S. 56; *Reichert/van Look*, Rn. 3075–3078; *Sauter/Schweyer*, Rn. 440–442; *Stöber*, Rn. 432.

[95] Prot. II, S. 379.

[96] Dazu *Staudinger/Weick*, § 27 Rn. 25.

nur gegenüber dem Verein selbst besteht[97]. Der Vorstand nimmt deshalb eine selbständigere Stellung als beispielsweise ein Beauftragter oder anderer Dienstverpflichteter ein[98].

Mangels vergleichbarer Weisungsgebundenheit kommt auch eine analoge Anwendung der arbeitsrechtlichen Haftungsregeln ebensowenig wie im Genossenschafts- und Kapitalgesellschaftsrecht in Betracht[99]. Der Vorstand eines Idealvereins ist dabei in der Regel noch weniger weisungsgebunden als der Geschäftsführer einer GmbH, der gemäß § 37 I GmbHG verpflichtet ist, die ihm durch den Gesellschaftsvertrag, durch Gesellschafterbeschluß oder durch einen Aufsichtsrat (§ 52 I GmbHG i.V.m. § 111 AktG) auferlegten Weisungen zu befolgen.

Selbst für leitende Angestellte, die aufgrund eines Arbeitsvertrages tätig werden, hat der BGH die Anwendung der arbeitsrechtlichen Haftungserleichterungen verneint, weil diese ihre Tätigkeit im wesentlichen frei gestalten könnten und ihre Dienste in eigener Verantwortung leisten würden[100]. Ebenso wurde vom BGH die Anwendbarkeit der arbeitsrechtlichen Grundsätze auf einen Dienstvertrag zwischen Genossenschaft und einem Vorstandsmitglied verneint[101], ohne jedoch eine nähere Begründung zu geben. Diese Entscheidung wird im Pfadfinderfall mit der Begründung bestätigt, daß es gerade Sinn

---

[97] So BGH NJW 1993, 191 (193); *Staudinger/Weick*, § 27 Rn. 25.

[98] Vgl. RGRK-*Steffen*, § 27 Rn. 1.

[99] So auch die h.M. für das Genossenschafts- und Kapitalgesellschaftsrecht, wobei hier dem Gläubigerschutz eine besondere Rolle zukommt. Zur Genossenschaft siehe BGH WM 1975, 467 (469); *Hettrich/Pöhlmann*, § 34 Rn. 7. Zur GmbH *Baumbach/Hueck/Zöllner*, § 43 Rn. 9 und Rn. 32; *Haas*, Geschäftsführerhaftung, S. 293 ff.; *Rowedder/Koppensteiner*, § 43 Rn. 7; *K. Schmidt*, GesR, § 14 V 1, S. 432 und § 36 II 4 b, S. 1079; ablehnend nur für alle typischen Aufgaben eines Geschäftsführers *Heisse*, Beschränkung der Geschäftsführerhaftung, S. 59 (insb. Fn. 8 m.w.N.); *Kust*, WM 1980, 758 (762); *Schaub*, ArbRHdb., § 14 II 1, S. 84; *Scholz/Schneider*, § 43 Rn. 182. Zur AG OLG Düsseldorf DB 1995, 1500 (1504); *Fleck*, FS Hilger und Stumpf, S. 197 (215 f.); GroßKommAktG-*Meyer-Landrut*, § 84 Anm. 15; *Hüffer*, § 93 Rn. 14; KölnKomm-*Mertens*, § 93 Rn. 4 m.w.N.; a.A. *Schneider*, FS Werner, S. 795 (812 f.), hinsichtlich Obhutspflichten, die außerhalb der Leitungstätigkeit des Vorstandsmitglieds stehen.

[100] BGH NJW 1970, 34 f. = AP Nr. 51 zu § 611 BGB Haftung des Arbeitnehmers. Ebenso BGH VersR 1969, 474 (477). Ausführlich dazu *Bastuck*, Enthaftung, S. 85 ff. Kritisch *Baumgärtel*, VersR 1970, 127; *Bieler*, BB 1977, 1000; *Boergen*, MDR 1971, 178 (181); *Gamillscheg/Hanau*, S. 20. Das BAG hat später offengelassen, ob einem leitenden Angestellten die Haftungserleichterung stets oder nur von Fall zu Fall gewährt werden soll. Im zur Entscheidung stehenden Fall wurde sie gewährt, wobei die Besonderheit darin zu sehen war, daß die vom leitenden Angestellten ausgeübte Tätigkeit, die den Schaden herbeiführte, für dessen Stellung nicht charakteristisch war, sondern es sich um Dienste handelte, die gewöhnlich nicht von leitenden Angestellten wahrgenommen werden. Siehe BAG AP Nr. 80 zu § 611 BGB Haftung des Arbeitnehmers.

[101] BGH WM 1975, 467 (469).

der Anstellung und Bestellung eines Organs sei, die Schwierigkeiten und Risiken der Leitung des Vereins einer Person zu übertragen, die diese beherrscht. Daher bestehen Bedenken gegen eine Entscheidung des LG Bonn, das die arbeitsrechtlichen Haftungserleichterungen auf das Vorstandsmitglied eines Idealvereins dann entsprechend anwenden will, wenn dieses aufgrund eines Dienstvertrages entgeltlich in arbeitnehmerähnlicher Stellung tätig wird[102]. Im übrigen kann auf die bei der Geschäftsführung durch Mitglieder vorgebrachten Einwände verwiesen werden, insbesondere auf die spezifisch arbeitsrechtlich geprägte Rechtfertigung des innerbetrieblichen Schadensausgleichs[103]. Die arbeitsrechtliche Haftungstrias kann damit ebensowenig auf die organschaftliche Geschäftsführung Anwendung finden.

b) Haftungsmaßstab der eigenüblichen Sorgfalt (§ 277 BGB)

Möglicherweise kann im Idealverein eine Haftungsbeschränkung für Vereinsmitglieder und Vereinsorgane ähnlich wie bei den Personengesellschaften in § 708 BGB bzw. §§ 105 II, 161 II HGB i.V.m. § 708 BGB über die Rechtsfigur der diligentia quam in suis erfolgen. Bei der diligentia quam in suis – auch culpa in concreto genannt – hat der Schuldner nur für diejenige Sorgfalt einzustehen, welche er in eigenen Angelegenheiten anzuwenden pflegt (§ 277 BGB). Hier ist nochmals daran zu erinnern, daß ein gemilderter Sorgfaltsmaßstab nicht nur bei einer Schädigung des Vereins eine Haftungsbeschränkung bewirkt, sondern auch zu einem ungekürzten Freistellungs- bzw. Regreßanspruch führen kann.

Konstruktiv könnte eine solche Haftungsbeschränkung im Vereinsrecht über eine Rechts- oder Gesetzesanalogie zu den vorhandenen gesetzlichen Vorschriften begründet werden[104]. Eine Rechtsanalogie würde voraussetzen, daß

---

[102] LG Bonn NJW-RR 1995, 1435 (1436 f.). Die Besonderheit dieses Falles lag freilich darin, daß zuvor ein echtes Arbeitsverhältnis bestand und die nachfolgende Bestellung zum Organmitglied keine Änderung der übertragenen Aufgaben mit sich brachte. Auch beurteilten beide Parteien das Dienstverhältnis unter arbeitsrechtlichen Gesichtspunkten, weil sie über die Auflösung des Mitarbeitsverhältnisses vor dem Arbeitsgericht stritten. Abgelehnt wird die Heranziehung des arbeitsrechtlichen Prinzips für den Vorstand von *Erman/H.P. Westermann*, § 27 Rn. 7 – Haftung für jedes Verschulden; MünchKomm-*Reuter*, § 27 Rn. 21 und § 31 Rn. 27; *Reichert/van Look*, Rn. 1931 und Rn. 1965 (vgl. aber Rn. 1907); *Sauter/Schweyer*, Rn. 278. Abw. *Staudinger/Weick*, § 26 Rn. 25 – ggf. Freistellung; *Soergel/Hadding*, § 27 Rn. 23, aufgrund des Fehlverständnisses von BGHZ 89, 153 ff. (siehe oben I, Fn. 16).

[103] Vgl. für den ehrenamtlichen Vorstand einer Genossenschaft *Großfeld/Noelle*, AG 1986, 275 (281).

[104] Zu den Voraussetzungen der Analogie vgl. *Larenz*, Methodenlehre, S. 365 ff.

sich der gemilderte Sorgfaltsmaßstab der Einzelvorschriften auf einen gemeinsamen Gedanken zurückführen läßt, der auch für das Vereinsrecht zutrifft.

aa) Rechtsanalogie

Der Gesetzgeber hat sich in §§ 690, 708 (ggf. i.V.m. §§ 105 II, § 161 II HGB), 1359, 1664, 2131 BGB sowie in § 3 II HTWG, § 7 IV VerbrKrG für den subjektiven Sorgfaltsmaßstab der culpa in concreto entschieden[105]. Verschiedentlich wird erwogen, die Haftungsabschwächung mit der sozialen Verbundenheit der Beteiligten zu erklären[106]. Zur Verifikation dieser These ist ein Blick auf die Gründe zu werfen, die den Gesetzgeber bewogen haben, den Sorgfaltsmaßstab der diligentia quam in suis zu normieren.

(1) Haftungsbeschränkung wegen sozialer Verbundenheit

Bei §§ 1359, 1664 BGB war die enge familiäre Beziehung ausschlaggebend[107]. Die Haftungsbeschränkung innerhalb des Familienverbands muß deshalb als zutreffend angesehen werden, weil die Wahrnehmung der fremden Angelegenheiten durch den Handelnden eng mit der Ausführung von eigenen Belangen verbunden ist, so daß eine Trennung der Sorgfaltsanforderungen kaum möglich erscheint[108]. Für die Regelung des § 1359 BGB läßt sich überdies anführen, daß man den selbst erwählten Ehepartner so hinzunehmen hat, wie er ist, d.h. mit all seinen Vorzügen, aber auch Nachteilen[109]. Mit Rücksicht auf das enge persönliche Verhältnis sollte eine mögliche Inanspruchnahme des Partners bei jedem objektiven Sorgfaltsverstoß vermieden werden, um die Beziehung vor unnötigen Belastungen zu schützen[110].

---

[105] Zur Entstehungsgeschichte dieser Bestimmungen vgl. zunächst *Rother*, Haftungsbeschränkung, S. 185 ff. Ausführlich zu dieser Rechtsfigur *Heller*, S. 1 ff.

[106] So insb. *Clauß*, NJW 1959, 1408 ff.; *Deutsch*, Haftungsrecht, Rn. 429; *Esser/Schmidt*, SR I/2, § 26 II 3 b, S. 86; *Leonhard*, SR I, S. 442; ähnl. *Isay*, Geschäftsführung, S. 111.

[107] Vgl. zu § 1359 BGB: Mot. IV, S. 121 f.; *Staudinger/Hübner*, § 1359 Rn. 1. Zu § 1664 BGB: Prot. IV, S. 561; *Soergel/Strätz*, § 1664 Rn. 2; BGH NJW 1996, 53 f. mit Anm. *Hohloch*, JuS 1996, 360 f. Für beide Normen *Böhmer*, NJW 1959, 1713 (1714); *Deutsch*, Fahrlässigkeit, S. 374; *Rother*, Haftungsbeschränkung, S. 185 ff. Kritisch *Pallmann*, S. 115.

[108] Ebenso *Staudinger/Löwisch*, § 277 Rn. 1.

[109] *Gernhuber/Coester-Waltjen*, § 22 I 2, S. 259; MünchKomm-*Wacke*, § 1359 Rn. 2.

[110] Ähnlich MünchKomm-*Wacke*, § 1359 Rn. 2.

Eine derartige Sozialverbundenheit kann ebenfalls zwischen den Gesellschaftern einer Personengesellschaft festgestellt werden. So ist in den Protokollen zu § 708 BGB zu lesen[111], daß die Rechtsfigur der diligentia quam in suis in der Gesellschaft bürgerlichen Rechts aufgrund des persönlichen Charakters der rechtlichen Verbundenheit zur Anwendung gelangen soll. Die Gesellschafter würden die Verbindung selbst wählen und wollten sich daher gegenseitig so nehmen, "wie sie nun einmal seien".

Hingegen läßt sich der Haftungsmaßstab der eigenüblichen Sorgfalt bei § 2131 BGB nicht auf die persönliche Verbindung zwischen Vorerben und Nacherben zurückführen, die sich möglicherweise ja gar nicht kennen[112]. Ausschlaggebend ist vielmehr die Erwägung, daß eigene und fremde Angelegenheiten im Wege der gemeinsamen Verwaltung eigener und fremder Gegenstände vermischt werden und daher verschiedene Sorgfaltsanforderungen fehl am Platze wären[113]. Der Sorgfaltsmaßstab der culpa in concreto liegt also nicht nur im mutmaßlichen Willen des Erblassers, sondern wird auch dem Umstand gerecht, daß die Erbschaft in das Eigentum des Vorerben gelangt und von ihm keine andere Sorgfalt verlangt werden kann als diejenige, die er im Hinblick auf sein übriges Vermögen walten läßt[114].

Für § 690 BGB wurde lediglich ausgeführt, daß es der Billigkeit und Lebensauffassung entspreche, bei unentgeltlicher Verwahrung nur eine Haftung für diligentia quam in suis vorzusehen[115], da im Gegensatz zum Auftrag lediglich Obhut, nicht aber ein aktives Tätigwerden geschuldet sei[116]. § 690 BGB erfordert hingegen nicht zwingend eine persönliche Beziehung zwischen den Beteiligten[117].

---

[111] Prot. II, S. 420; dazu RGZ 143, 212 (215); BGHZ 62, 243 (245); vgl. auch *Deutsch*, Fahrlässigkeit, S. 315; *Wilburg*, Elemente, S. 121.

[112] Vgl. *Pallmann*, S. 117.

[113] Siehe *Pallmann*, S. 117; *Staudinger/Löwisch*, § 277 Rn. 2.

[114] So die Begründung in Prot. V, S. 96.

[115] So auch zur Rechtfertigung des § 690 BGB *Soergel/Mühl*, § 690 Rn. 1; *Staudinger/Reuter*, § 690 Rn. 1.

[116] Prot. II, S. 393. Anders noch Mot. II, S. 571 ff., wo eine Beschränkung auf diligentia quam in suis abgelehnt wurde. Vgl. auch *Rother*, Haftungsbeschränkung, S. 187 (Fn. 4), der zu Recht rügt, daß die Differenzierung zwischen der passiven Obhutspflicht und dem aktiven Tätigwerden keinen Anhaltspunkt für eine unterschiedliche rechtliche Behandlung bietet.

[117] So auch *Pallmann*, S. 117.

§§ 3 II HTWG und 7 IV VerbrKrG sind Ausprägungen eines verstärkten Verbraucherschutzes. Ein gutgläubiger Verbraucher, der sein Widerrufsrecht nicht kennt, muß nicht mit der Rückabwicklung des Geschäftes rechnen und kann daher davon ausgehen, daß er endgültig Eigentümer ist, so daß er nur eigenübliche Sorgfalt in bezug auf diese Gegenstände anzuwenden braucht[118].

Der Gedanke, daß die Figur der diligentia quam in suis für Rechtsverhältnisse mit besonderer persönlicher Verbundenheit gilt, liegt demnach nur den §§ 708, 1359, 1664 BGB zugrunde, nicht aber den §§ 690, 2131 BGB sowie §§ 3 II HTWG, 7 IV VerbrKrG. Gegen eine so zu begründende Gesamtanalogie spricht zudem, daß in anderen Fällen der sozialen Verbundenheit, wie z.B. innerhalb von Miterbengemeinschaften oder beim Miteigentum, keine Haftungserleichterung besteht[119]. Aufgrund der unterschiedlichen Begründungsansätze für die einzelnen Vorschriften kann kein allgemeiner Grundsatz angenommen werden, wonach in Fällen der sozialen Verbundenheit der Sorgfaltsmaßstab der eigenüblichen Sorgfalt anzuwenden ist[120].

(2) Haftungsbeschränkung aufgrund Verknüpfung von Eigen- und Fremdinteressen

In eine andere Richtung geht der Vorschlag, die Haftungsbeschränkung mit einer Verknüpfung von Fremd- und Eigeninteressen in der Zwecksetzung der Geschäftsführung zu begründen[121]. Die Verbindung von Eigen- und Fremdbelangen kann dabei sowohl eher gegenstandsbezogen sein, z.B. bei gemeinsamer Verwahrung oder Verwaltung eigener und fremder Sachen, als auch mehr tätigkeitsbezogen sein, z.B. wenn der Geschäftsführer zugleich im Eigen- und Fremdinteresse handelt. Für eine solche Lösung läßt sich immerhin anführen, daß eine Trennung von Eigen- und Fremdsphäre kaum möglich ist und der Geschäftsführer nur schwerlich erkennen kann, wann er den fremden Interessen-

---

[118] Dazu *Staudinger/Löwisch*, § 277 Rn. 2; *Fischer/Machunsky*, § 3 HTWG Rn. 36. Zur Gesetzgebung des VerbrKrG BT-Drucks. 10/2876, S. 13. Vgl. auch die vorige Regelung in § 1d II AbzG und dazu MünchKomm-*Ulmer* (2. Aufl.), § 1d AbzG Rn. 13.

[119] So *Achterberg*, AcP 164, S. 14 (24).

[120] So wie hier *Achterberg*, AcP 164, S. 14 (24); *Böhmer*, NJW 1959, 1713 f.; *Staudinger/ Löwisch*, § 277 Rn. 4.

[121] So insbesondere *Isele*, Geschäftsbesorgung, S. 33; *Hedemann*, S. 98, wonach die Figur der diligentia quam in suis dann eingreifen soll, wenn die fremde Angelegenheit "dicht neben der eigenen" erledigt wird; *Pallmann*, S. 119. Vgl. auch *Heller*, S. 71 ff., der jedoch weitere Zurechnungskriterien verlangt.

kreis betritt[122]. Er wird sich deshalb regelmäßig mit derjenigen Sorgfalt begnügen, die er bei der Verfolgung seiner eigenen Interessen walten läßt[123]. Dem folgt auch Medicus, wenn er die Norm des § 277 BGB auf Auftragsverhältnisse ausdehnen möchte, soweit der Beauftragte nicht nur in fremdem, sondern gleichzeitig auch in eigenem Interesse tätig wird[124].

Eigene und fremde Belange können dabei derart miteinander verbunden sein, daß eine vollständige Trennung der Interessen nicht immer möglich ist. Die Förderung der eigenen Interessen führt daher zur Förderung der fremden Interessen und umgekehrt eine Gefährdung der Interessen des anderen zur Gefährdung eigener Interessen[125]. Voraussetzung einer Gesamtanalogie ist allerdings auch hier, daß den Bestimmungen die gemeinsame Regel zu entnehmen ist, daß dem Schuldner bei gleichzeitiger Wahrnehmung von eigenen und fremden Interessen nur eigenübliche Sorgfalt obliegt.

§§ 1359, 1664 BGB können durchaus als Ausprägung eines solchen Gedankens verstanden werden, weil dort die Wahrnehmung fremder und eigener Angelegenheiten aufgrund der familiären Beziehung miteinander verbunden ist, so daß eine gewisse Interessengleichrichtung erkennbar ist[126]. Ähnlich liegt der Fall bei § 2131 BGB[127] und §§ 3 II HTWG, 7 IV VerbrKrG, wo jeweils fremde Interessen an den Gegenständen bestehen, die der Schuldner in sein Vermögen einordnet. Eine Trennung der Belange kann ihm nicht zugemutet werden und ist im Rahmen von §§ 3 II HTWG, 7 IV VerbrKrG mangels Kenntnis des Widerrufsgrundes und damit der Rückabwicklung auch nicht möglich. Die Rechtfertigung für § 690 BGB sah der Gesetzgeber in der passiven Obhutspflicht, die im Gegensatz zu einer Tätigkeitspflicht des Beauftragten

---

[122] Ähnlich *Holtzendorff/Kohler*, S. 83.

[123] *Isele*, Geschäftsbesorgung, S. 57.

[124] *Medicus*, BR, Rn. 369, mit dem Beispiel der gleichzeitigen Beaufsichtigung von eigenen (vgl. § 1664 BGB) und fremden Kindern. Hier soll für die Beaufsichtigung der fremden Kinder ebenfalls der Sorgfaltsmaßstab der diligentia quam in suis gelten.

[125] So *Heller*, S. 71 f.

[126] So *Deutsch*, Fahrlässigkeit, S. 374; *Heller*, S. 38 und S. 41 f.; *Staudinger/Löwisch*, § 277 Rn. 2. Zur Verwaltung des Kindesvermögen *Isele*, Geschäftsbesorgung, S. 42.

[127] Prot. V, S. 96; *Heller*, S. 46; *Isele*, Geschäftsbesorgung, S. 55 f.; *Pallmann*, S. 117, der auf die gemeinsame Verwahrung eigener und fremder Gegenstände abstellt. Vgl. auch *Isele*, Geschäftsbesorgung, S. 46, der weniger an die gegenständliche Verwahrung als an die Vermischung von Fremd- und Eigeninteressen anknüpft. Das Eigeninteresse des Vorerben besteht demnach in der Nutzung des Nachlasses, die Wahrung des Fremdinteresses hingegen in der Erhaltung der Substanz der Erbmasse für den Nacherben.

stehen soll[128]. Dennoch liegt es geradezu auf der Hand, daß der Verwahrer ebenfalls fremde Rechtsgüter in seine eigene Sphäre nimmt, in der er gewöhnlicherweise nur eigenübliche Sorgfalt walten läßt[129]. Auch wird der Verwahrer häufig zugleich eigene Interessen verfolgen, so daß diese mit den Fremdinteressen verknüpft werden[130].

Die Haftungserleichterung des § 708 BGB wurde mit der persönlichen Bindung unter den Gesellschaftern begründet[131]. Darüber hinaus wird in der Literatur zutreffend festgestellt, daß Gesellschaftsangelegenheiten zugleich eigene Angelegenheiten der Gesellschafter sind und somit eine Verbindung fremder und eigener Interessenverfolgung vorliegt[132]. Wegen § 709 BGB ist in der Regel nämlich jeder der Gesellschafter an der Führung der Geschäfte beteiligt und damit Prinzipal des Geschäfts.

Ein gewichtiger Einwand gegen eine Gesamtanalogie ist aber darin zu sehen, daß diejenigen Vorschriften, die eine Haftung für diligentia quam in suis vorsehen, nach dem Willen des Gesetzgebers explizit geregelte Ausnahmefälle darstellen und aufgrund ihrer Singularität einer Analogie im Grunde nicht zugänglich sind[133]. Andere Konstellationen der Verknüpfung von fremden und eigenen Angelegenheiten zeigen, daß der Gesetzgeber den Haftungsmaßstab der eigenüblichen Sorgfalt nicht benutzt hat. So gilt gerade bei gegenständlichen Interessengemeinschaften (§§ 741 ff.; 1008 ff.; 2032 ff. BGB) der allgemeine Sorgfaltsmaßstab des § 276 BGB[134]. Für diese Vorschriften wurde sogar im Gesetzgebungsverfahren unter Hinweis auf die Verbindung von Eigen- und Fremdinteresse in Anlehnung an das gemeine Recht der Sorgfaltsmaßstab des § 277 BGB beantragt. Der Antrag wurde jedoch abgelehnt, weil der "mißliche Maßstab" der diligentia quam in suis nur dort angewendet werden dürfe, wo

---

[128] Prot. II, S. 393.

[129] Ähnlich *J. Kohler*, SR, S. 34; *Pallmann*, S. 117 f.

[130] Siehe *Heller*, S. 21; *Medicus*, BR, Rn. 369.

[131] Dazu Prot. II, S. 420; RGZ 143, 212 (215); BGHZ 62, 243 (245); *Deutsch*, Fahrlässigkeit, S. 315; *Wilburg*, Elemente, S. 121.

[132] Siehe auch Prot. II, S. 419; *Dnistrjanski*, Jehrings Jb. 77, S. 48 (70); *Habersack*, Mitgliedschaft, S. 351; *Herzfeld*, AcP 137, S. 270 (292); MünchKomm-*Ulmer*, § 708 Rn. 1; *K. Schmidt*, GesR, § 59 III 2 a, S. 1747.

[133] So *Achterberg*, AcP 164, S. 14 (24); *Böhmer*, NJW 1959, 1713; *Hohloch*, JuS 1996, 360; *Staudinger/Löwisch*, § 277 Rn. 4. Speziell zum Ausnahmecharakter des § 1664 BGB siehe BGH NJW 1996, 53 f.

[134] Dazu *Isele*, Geschäftsbesorgung, S. 56.

dies unumgänglich sei[135]. Weiterhin kennt das BGB keine dem § 3 II HTWG entsprechende Regelung für das gesetzliche Rücktrittsrecht, obwohl dort ein vergleichbarer Sachverhalt zugrundeliegt. Auch bei §§ 3 II HTWG, 7 IV VerbrKrG handelt es sich also um singuläre Vorschriften, die sich vornehmlich aus verbraucherschützenden Erwägungen erklären lassen. Dem Vorerben steht im Hinblick auf den Nacherbfall auflösend bedingtes Eigentum zu. In anderen Fällen auflösend bedingter Eigentumsübertragung können – abgesehen von der Sicherungsübereignung – die Gegenstände ebenfalls in den fremden Besitz gelangen, ohne daß damit irgendeine Haftungsmilderung verbunden wäre[136].

Aus der Verbindung von Eigen- und Fremdinteresse innerhalb der Geschäftsführung läßt sich somit keine Gesamtanalogie begründen. Eine solche ist vielmehr überhaupt zu verneinen[137].

bb) Gesetzesanalogie zu § 708 BGB

Trotz Ablehnung der Rechtsanalogie muß die Frage einer Gesetzesanalogie zu § 708 BGB aufgeworfen werden[138]. Sowohl die Personengesellschaften als auch die juristischen Personen zeichnen sich durch eine Interessengleichrichtung aus, so daß eine gewisse strukturelle Vergleichbarkeit vorhanden zu sein scheint. Die Interessengleichrichtung beruht dabei auf dem Zusammenschluß der Mitglieder zur Verfolgung eines gemeinsamen Zweckes. Der gemeinsame Zweck als tatbestandliche Voraussetzung für juristische Personen kommt in §§ 21, 22 BGB, § 1 GmbHG sowie in § 1 GenG, für Personengesellschaften in § 705 BGB und § 105 I (ggf. i.V.m. § 161 II) HGB zum Ausdruck.

Allerdings beruht die Haftungsmilderung des § 708 BGB nicht nur auf der Verbindung von eigenen und fremden Interessen, sondern auch auf der selbst gewählten Verbundenheit der Gesellschafter, so daß diese gegenseitig in ge-

---

[135] Siehe Mot. II, S. 878 f.; Prot. II, S. 768 f.

[136] Ähnlich *Heller*, S. 45; *Hofmann*, NJW 1967, 1207 (1210). Vgl. auch *Rother*, Haftungsbeschränkung, S. 195 f.

[137] Siehe *Achterberg*, AcP 164, S. 14 (24); *Böhmer*, NJW 1959, 1713; *Hohloch*, JuS 1996, 360; *Staudinger/Löwisch*, § 277 Rn. 4.

[138] So *K. Schmidt*, JZ 1991, 157 (161), für das Handeln des Vorstands eines Idealvereins. Allgemein zur Gesetzesanalogie *Larenz*, Methodenlehre, S. 365 ff. (369 ff.). Das Verneinen einer Gesamtanalogie hindert eine Einzelanalogie grundsätzlich nicht, weil trotz Ablehnung einer gemeinsamen ratio mehrerer Vorschriften der spezifische Gedanke einer einzelnen Norm auf einen rechtsähnlichen Sachverhalt zutreffen kann. Siehe auch *Hohloch*, JuS 1996, 360.

meinschaftlichen Angelegenheiten nur dieselbe Sorgfalt erwarten können, wie sie in eigenen Angelegenheiten walten lassen[139].

Konsequenterweise wurde bislang die entsprechende Anwendung des § 708 BGB durch die Rechtsprechung abgelehnt, wenn es am Merkmal der persönlichen Verbundenheit fehlte. So wurde ein Analogieschluß im Verhältnis zwischen Mitbesitzern verneint, weil die lose, oft zufällige Verbindung von Mitbesitzern nicht mit derjenigen, die unter Gesellschaftern besteht, vergleichbar sei[140]. Gleichfalls – mit ähnlich gelagerter Argumentation – wurde die entsprechende Anwendung im partiarischen Rechtsverhältnis verneint[141]. Keine Anwendung soll § 708 BGB ferner zugunsten von Organen in Publikumsgesellschaften finden, da die Mitgliederzahl unbestimmt sei und die Gesellschafter lediglich kapitalistisch beteiligt seien, so daß bei Massengesellschaften ein persönliches Vertrauensverhältnis nicht gegeben sei[142].

Ausgeschlossen wurde eine Analogie mit Recht für den nichtrechtsfähigen Verein, da dieser anders als die Personengesellschaft auf wechselnden Mitgliederbestand angelegt ist[143]. In der Regel erfolgt kein einstimmiger Beschluß über die Aufnahme neuer Mitglieder, so daß die bisherigen Mitglieder darauf keinen entscheidenden Einfluß haben[144]. Deshalb kann nicht der Schluß gezogen werden, daß sich die Mitglieder gegenseitig so nehmen wollen, wie sie sind. Es fehlt damit an einer engen persönlichen Verbundenheit sowie an einem besonderen Vertrauensverhältnis[145].

---

[139] Siehe Prot. II, S. 420; RGZ 143, 212 (215); BGHZ 62, 243 (245); *Deutsch*, Fahrlässigkeit, S. 315; *Wilburg*, Elemente, S. 121.

[140] BGHZ 62, 243 (245).

[141] BGH NJW-RR 1988, 417 (418 f.). Kritisch *H.P. Westermann/Klingberg*, Hdb. der Personengesellschaften, I. Teil, § 20 Rn. 406.

[142] Siehe BGHZ 69, 207 (209) – Aufsichtsrat einer PublikumsKG; BGHZ 75, 321 (327 f.) – Komplementär-GmbH und deren Geschäftsführer; MünchKomm-*Ulmer*, § 708 Rn. 3. Ausf. zum Anwendungsbereich *Erman/H.P. Westermann*, § 708 Rn. 3; *H.P. Westermann/Klingberg*, Hdb. der Personengesellschaften, I. Teil, § 20 Rn. 403 ff.

[143] RGZ 143, 212 (215), geht davon aus, daß § 708 BGB i.V.m. § 54 S. 1 BGB konkludent abbedungen sei. Inzwischen besteht jedoch Einigkeit darüber, daß § 708 BGB auf den nichtrechtsfähigen Verein überhaupt nicht anzuwenden ist. So *Palandt/Heinrichs*, § 54 Rn. 6, hinsichtlich Vorstand und Mitglieder. Siehe auch *Erman/H.P. Westermann*, § 708 Rn. 3; *Flume*, ZHR 148, S. 503 (516); MünchKomm-*Ulmer*, § 708 Rn. 5; RGRK-*v. Gramm*, § 708 Rn. 3. Allgemein zur Nichtanwendung der gesellschaftsrechtlichen Normen im nichtrechtsfähigen Verein vgl. schon I 3.

[144] RGZ 143, 212 (215); BGHZ 69, 207 (209); MünchKomm-*Ulmer*, § 708 Rn. 5.

[145] *Heller*, S. 126 f.

Der BGH hat in einer weiteren Entscheidung eine Haftungsbeschränkung über § 708 BGB zugunsten der Mitglieder eines rechtsfähigen Vereins zurückgewiesen, ohne jedoch eine Begründung anzuführen[146]. Richtigerweise treffen die Erwägungen, die für den nichtrechtsfähigen Verein angestellt wurden, auch hier zu. Dasselbe gilt für die Geschäftsführung des Vorstands[147]. Diesbezüglich wurde bereits im Gesetzgebungsverfahren ein Antrag, die Haftung der Vorstandsmitglieder gegenüber der Körperschaft auf eigenübliche Sorgfalt zu begrenzen, zurückgezogen[148]. § 708 BGB ist von dem Gedanken einer höchstpersönlichen Kooperation geprägt, an der es bei der Geschäftsführung im Idealverein fehlt[149]. Für ein Fremdorgan, das nicht Mitglied im Verein ist, mangelt es darüber hinaus an der notwendigen Verbindung von eigenen und fremden Interessen.

Gegen eine Gesetzesanalogie ist ferner einzuwenden, daß § 708 BGB auf eng begrenzte Tatbestände des römischen Rechts zurückgeht[150] und daher einer Analogie nur bedingt zugänglich ist. Mithin war die Regelung des § 708 BGB seit jeher umstritten. Der Streichungsantrag im Gesetzgebungsverfahren[151] wurde mit der wenig überzeugenden Argumentation abgelehnt, daß die diligentia quam in suis tief in das Volksbewußtsein eingedrungen sei[152]. Die Kritik an der Regelung des § 708 BGB ist bislang keineswegs verstummt, so daß verschiedentlich immer noch deren Abschaffung empfohlen wird[153].

---

[146] Vgl. BGH VersR 1959, 386. Siehe auch OLG Braunschweig NJW-RR 1990, 987 (988); *v. Tuhr*, Bd. 1, § 38, S. 549. Eine Analogie ablehnend für jede fremde Geschäftsbesorgung *Dnistrjanski*, Jherings Jb. 77, S. 48 (68 ff.).

[147] So auch BGH NJW-RR 1986, 572 (574), wonach der Vorstand für jedes Verschulden haftet; *Erman/H.P. Westermann*, § 27 Rn. 7. Zur Nichtanwendung von § 708 BGB für den GmbH-Geschäftsführer *Baums*, Geschäftsleitervertrag, S. 213; *Heisse*, Beschränkung der Geschäftsführerhaftung, S. 38 ff.; *H. Sudhoff/M. Sudhoff*, Gesellschaftsvertrag, S. 245.

[148] Vgl. Prot. I, S. 509 f.

[149] *K. Schmidt*, GesR, § 14 V 1, S. 431 f.; RGRK-*v. Gramm*, § 708 Rn. 4, weist zu Recht darauf hin, daß wegen des persönlichen Vertrauensverhältnisses hinsichtlich einer Analogie zu § 708 BGB überhaupt Zurückhaltung geboten ist.

[150] So *Steindorff*, JZ 1959, 1 (4) m.w.N. in Fn. 50.

[151] Siehe Prot. II, S. 418 ff.

[152] Dazu Prot. II, S. 420.

[153] So *K. Schmidt*, GesR, § 59 III 2 a, S. 1747 m.w.N.; *Esser/Schmidt*, SR I/2, § 26 II 3 b, S. 86, hält die Rechtsfigur der diligentia quam in suis für antiqiert; ähnl. *Rother*, Haftungsbeschränkung, S. 196, wonach diese keine aktuelle Bedeutung mehr im System des Schadensrechts besitzen soll. Vgl. auch *Deutsch*, Haftungsrecht, Rn. 429; *Hofmann*, AcP 167, S. 394 (396); *ders.* NJW 1967, 1207 (1209). Nachdem der Gesetzgeber die diligentia quam in suis im HTWG und VerbrKrG wieder eingesetzt hat, dürfte in näherer Zukunft ein Abschied von dieser Rechtsfigur nicht zu erwarten sein.

Zu bemerken bleibt, daß die Rechtsprechung eine entsprechende Anwendung nicht nur auf andere Rechtsverhältnisse restriktiv handhabt, sondern sogar innerhalb der Gesellschaft bürgerlichen Rechts den Anwendungsbereich empfindlich eingeschränkt hat. So versagt sie ein Berufen auf § 708 BGB für die Haftung im Straßenverkehr, weil das Verhalten dort normiert sei und daher kein Spielraum für eine individuelle Sorglosigkeit bleibe[154].

Neben den allgemeinen Bedenken, die bezüglich der diligentia quam in suis bestehen, ist eine Analogie zu § 708 BGB jedenfalls deshalb abzulehnen, weil es im Idealverein an der dafür notwendigen persönlichen Verbundenheit mangelt.

c) Haftungsbeschränkung kraft Auslegung des Geschäftsbesorgungsvertrages

Brox/Walker[155] wollen im Pfadfinderfall eine Haftungsmilderung bis zur Grenze der groben Fahrlässigkeit im Wege einer Auslegung des Rechtsverhältnisses zwischen Mitglied und Verein annehmen. Die Bejahung einer solchen stillschweigenden Haftungsvereinbarung stelle im Gegensatz zu Arbeitsverträgen keine Fiktion dar, weil der Verein gehalten sei, für seine Mitglieder Versicherungen abzuschließen und er dies im Pfadfinderfall auch getan habe, um das Mitglied vor Haftungsrisiken zu schützen. Bei realistischer Betrachtungsweise müsse der Verein erkennen, daß ohne Haftungsbeschränkung kaum ein Mitglied solche risikobehafteten Tätigkeiten übernehmen würde.

Dagegen ist folgendes zu sagen: Im Arbeitsverhältnis ist der Arbeitgeber aufgrund der Möglichkeit, das Haftungsrisiko über die Preisbildung zu kalkulieren, erst recht verpflichtet, Versicherungen abzuschließen[156]. Selbst wenn der Verein tatsächlich eine Versicherung abgeschlossen hat, kann daraus nicht der Wille zu einer generellen Haftungsübernahme gefolgert werden. Der Verein zahlt die Versicherungsprämien letztlich auch im eigenen Interesse, um nämlich im Schadensfall die Verluste von der Versicherung begleichen zu lassen und nicht selbst dafür einstehen zu müssen. Tritt im Einzelfall die Versicherung

---

[154] Die Argumentation in BGHZ 46, 313 (317 f.), daß § 708 BGB nur für vermögensrechtliche Beziehungen gelte, wird in BGH JZ 1972, 88, verworfen; vgl. auch BGHZ 53, 352 (354); MünchKomm-*Hanau*, § 277 Rn. 24.

[155] *Brox/Walker*, DB 1985, 1469 (1478); *Erman/H.P. Westermann*, § 38 Rn. 9, will im Einzelfall eine schlüssige Haftungsbeschränkung auf Vorsatz und grobe Fahrlässigkeit prüfen.

[156] Vgl. V 2 a bb.

nicht für den Schaden ein, so kann deshalb nicht ohne weiteres davon ausgegangen werden, daß eine stillschweigende Schadensübernahme stattgefunden hat.

Es gelten hier letztlich dieselben Bedenken, die schon im Rahmen von § 670 BGB hinsichtlich des Ersatzes von Zufallsschäden gegen eine solche Auslegung erhoben wurden[157]. Eine Auslegung würde vor allem dann Schwierigkeiten bereiten, wenn die Geschäftsbesorgung nicht auf einer besonderen vertraglichen Abrede beruht, sondern auf einer ungeschriebenen mitgliedschaftlichen Pflicht, weil es dann möglicherweise an jeglicher Willensäußerung der Parteien bezüglich der konkreten Geschäftsbesorgung fehlt. Hier könnte lediglich auf das mitgliedschaftliche Verhältnis zurückgegriffen werden, das jedoch nicht unbedingt Aussagen über die Geschäftsbesorgung enthalten muß, so daß eine Auslegung häufig zu bloßen Fiktionen führen würde[158].

d) Haftungsbeschränkung auf grobe Fahrlässigkeit bei Geschäftsführung durch Vereinsmitglieder

aa) Allgemeines Prinzip einer Haftungsbeschränkung bei fremdnütziger Tätigkeit

Im Schrifttum wird vorgeschlagen, den unentgeltlich handelnden Geschäftsbesorger in einer Gesamtanalogie zu §§ 300 I, 521, 599, 680, 968 BGB nur für grobe Fahrlässigkeit einstehen zu lassen, weil diesen Vorschriften der gemeinsame Rechtsgedanke zu entnehmen sei, daß derjenige, der mit dem Geschäft keinen Vorteil erlange, nur gemildert hafte[159]. Als gemeinsames Merkmal der genannten Tatbestände bietet sich demnach die Fremdnützigkeit der Tätigkeit an. Dem Faktor der Unentgeltlichkeit bzw. Entgeltlichkeit kommt dabei entscheidende Bedeutung zu, da dieser die Interessenlage wesentlich beeinflußt. So wird der Fremdnützigkeit durch die unentgeltliche Aufgabenwahrnehmung

---

[157] Siehe IV 3 a.

[158] Ebenso BGHZ 21, 102 (110 f.), für auftragsähnliches Rechtsverhältnis – "mehr oder minder fiktive Haftungsbeschränkungsabrede". Vgl. auch *Müller-Erzbach*, AcP 106, S. 309 (458).

[159] Vgl. *Esser*, SR (2. Aufl.), § 139, 1 b, S. 615 f.; *Fitz*, Risikozurechnung, S. 150 f.; *Isele*, Geschäftsbesorgung, S. 34; *Jung*, AcP 117, S. 46 (62 f.), der ebenfalls von einem allgemeinen Grundsatz ausgeht, die Auftragshaftung jedoch als (nicht gerechtfertigte) Ausnahme behandelt; *Leonhard*, SR I, S. 446; *Liebisch*, Unentgeltliche Zuwendungen, S. 69 f.; *Löhlein*, ZHR 102, S. 297 (310 ff.); *Medicus*, BR, Rn. 369; MünchKomm-*Kramer*, Einl vor § 241 Rn. 36; *Siber*, SR, § 66, S. 365. Offengelassen von RGZ 65, 17 (20) und BGHZ 21, 102 (110) – Beurteilung nach Umständen und Gestaltung des Einzelfalls. Vgl. zur Analogie bei fremdnütziger Tätigkeit auch *Honsell*, JZ 1985, 952 (953).

Ausdruck verliehen, während das Tätigwerden gegen Entgelt das Eigeninteresse des Geschäftsführers betont[160].

Wie sogleich zu belegen sein wird, kann von der Prämisse ausgegangen werden, daß die Haftung gegenüber dem Vertragspartner desto strenger zu beurteilen ist, je größer das Eigeninteresse einer Partei ist. Hingegen wird die Haftung regelmäßig abgeschwächt, wenn eine Partei vorwiegend im Interesse der anderen handelt und daher selbst keine Vorteile aus dem Rechtsgeschäft zieht[161]. Der Kaufvertrag zeichnet sich beispielsweise dadurch aus, daß die daran beteiligten Parteien – abgesehen von außerhalb des Rechtsgeschäfts liegenden Motiven – jeweils im Eigeninteresse tätig werden. Der Verkäufer schließt den Vertrag, um die Ware abzusetzen und einen bestimmten Kaufpreis zu erzielen, während der Käufer ein Interesse am Erwerb der Ware hat. Der im Eigeninteresse handelnde Verkäufer ist für die Nicht- bzw. Schlechterfüllung verantwortlich und muß für Sachmängel nach §§ 459 ff. BGB einstehen. Ähnlich weitgehend ist die Haftung des Vermieters oder Werkunternehmers, weil er das Rechtsgeschäft im eigenen Interesse (Erzielen eines Mietzinses bzw. Werklohnes) abschließt.

Dagegen finden sich in den unentgeltlichen Gegenstücken zu Kauf und Miete, nämlich bei Schenkung und Leihe Haftungserleichterungen. Gemäß § 521 BGB haftet der Schenker, gemäß § 599 BGB der Verleiher nur für grobe Fahrlässigkeit[162]. Das Gesetz knüpft damit die gemilderte Haftung an das fremdnützige Motiv des Schenkers und Verleihers, das in der Unentgeltlichkeit zum Ausdruck kommt[163]. Ganz deutlich tritt das fremdnützige Motiv bei § 680 BGB zu Tage. Der Geschäftsführer ohne Auftrag handelt nämlich nicht nur unentgeltlich, sondern greift zugleich helfend im Fremdinteresse ein. Würde man den Nothelfer mit Verlusten und Haftungsrisiken belasten, so wäre dies

---

[160] Ähnlich *Löhlein*, ZHR 102, S. 297 (312); *Pallmann*, S. 101; RGRK-*Denecke* (11. Aufl.), Anm. 4 vor § 662; *Wilburg*, Elemente, S. 122 f.

[161] Dazu insbesondere *Löhlein*, ZHR 102, S. 297 (310 ff.); *Wilburg*, Elemente, S. 119 ff. Eine Ausnahme bildet aufgrund seiner Besonderheiten das Arbeitsverhältnis. So ist die Haftung des Arbeitnehmers eingeschränkt, obwohl er innerhalb eines synallagmatischen Vertrages tätig wird, d.h. den Vertrag im eigenen Interesse schließt.

[162] Vgl. auch die weniger strenge Haftung bei der Schenkung für Sach- und Rechtsmängel in §§ 523, 524 BGB.

[163] *Heller*, S. 49; Mot. II, S. 296, verweisen für die beschränkte Haftung des Schenkers auf das damals geltende Recht. Bzgl. der Haftung des Verleihers begründen Mot. II, S. 446, die gemilderte Haftung mit dem damals geltenden Recht, dem Wesen der Gebrauchsleihe sowie der entsprechenden Regelung bei der Schenkung.

zweifelsohne unbillig und würde letztlich dazu führen, daß dieser von der Hilfeleistung abgehalten wird. Im Ergebnis bezweckt die Haftungsbeschränkung des § 680 BGB somit die im Allgemeininteresse liegende Begünstigung von Rettungshandlungen zugunsten anderer Personen[164]. Die Haftungsmilderung des § 968 BGB ist auf die Wesensverwandtschaft mit der Notgeschäftsführung zurückzuführen[165]. Der Finder soll letztlich dazu motiviert werden, ein Geschäft in fremdem Interesse zu führen, d.h. den verlorenen Gegenstand an sich zu nehmen und für einen anderen zu verwahren, ohne besonderen Haftungsrisiken ausgesetzt zu sein. Selbst der entgeltliche Charakter des Finderlohns vermag nichts daran zu ändern, daß die Verwahrungspflicht des § 966 I BGB vorwiegend im Interesse des Verlierers besteht[166].

Anders ist der Tatbestand des § 300 I BGB strukturiert, weil dieser auch den Schuldner eines entgeltlichen Vertrages in die Haftungserleichterung miteinbezieht. Hoffmann[167] hat allerdings zutreffend ausgeführt, daß der Schuldner beim Gläubigerverzug unfreiwillig in die Rolle eines unentgeltlichen Verwahrers gedrängt wird, obwohl er das seinerseits Erforderliche zur ordnungsgemäßen Leistung getan hat. Er wird also auch hier fremdnützig tätig. Dementsprechend führen die Motive[168] die Billigkeit als Grund der abgeschwächten Haftung an, weil dem Schuldner die Sorge für den Leistungsgegenstand obliege.

Das Gesetz knüpft damit in §§ 300 I, 521, 599, 680, 968 BGB die Haftungsmilderung an die Fremdnützigkeit der Tätigkeit an.

bb) Einwände gegen ein solches Prinzip

In den Motiven zur Verwahrung[169] wird behauptet, daß die Frage der Entgeltlichkeit bzw. Unentgeltlichkeit der Leistung für die Bestimmung der Haftung in den Erläuterungen zu § 224 des 1. Entwurfs als "prinzipiell nicht

---

[164] So schon Mot. II, S. 858; BGHZ 43, 188 (194); BGH MDR 1972, 487; *Erman/Ehmann*, § 680 Rn. 1; *Isay*, Geschäftsbesorgung, S. 112 f.; MünchKomm-*Seiler*, § 680 Rn. 1; *Staudinger/Wittmann*, § 680 Rn. 1. Kritisch *Wollschläger*, S. 282.

[165] Prot. III, S. 258 f.; *Soergel/Mühl*, § 968 Rn. 1; *Staudinger/Gursky*, § 968 Rn. 1.

[166] Siehe Mot. III, S. 380 f., wonach der Finderlohn lediglich die Fürsorge für fremdes verlorenes Gut fördern soll. Vgl. weiterhin Prot. III, S. 263; *Pallmann*, S. 102; *Staudinger/Gursky*, § 968 Rn. 2.

[167] Siehe *Hoffmann*, AcP 167, S. 394 (403); vgl. auch *Pallmann*, S. 102.

[168] Mot. II, S. 74.

[169] Mot. II, S. 573.

maßgebend" verworfen worden sei. Gegen ein allgemeines Prinzip wird ferner vorgebracht, daß das Gesetz selbst Gefälligkeitsverhältnisse unterschiedlich behandle[170]. Im Gegensatz zu den §§ 300 I, 521, 599, 680, 968 BGB gelte beispielsweise beim Verwahrer der Maßstab der diligentia quam in suis (§ 690 BGB), während der Beauftragte nach der gesetzlichen Regelung für jede Fahrlässigkeit einzustehen habe.

(1) Ansicht der Gesetzesverfasser

§ 198 des Teilentwurfs Obligationenrecht lautete zunächst folgendermaßen[171]: "Bezweckt ein auf Vertrag beruhendes Schuldverhältniß nach seiner Natur oder seinem Inhalt lediglich den Vortheil des einen Betheiligten, so haftet diesem der andere Betheiligte nur für absichtliches Verschulden und grobe Fahrlässigkeit". Die Verfasser des BGB lehnten diesen an die gemeinrechtliche Wissenschaft angelehnten Entwurf nicht etwa deshalb ab, weil sie die zugrundeliegende Motivation der Fremdnützigkeit für verfehlt hielten, sondern weil sie aus Praktikabilitätsgründen eine Regelung für einzelne Schuldverhältnisse bevorzugten. Sie waren nämlich der Meinung, daß sich eine allgemeingültige Regel nicht ohne Durchbrechung mit Hilfe speziell zu normierender Ausnahmen aufstellen lasse[172]. Damit wendeten sich die Gesetzesverfasser aber nicht gegen das Kriterium der Unentgeltlichkeit bzw. Fremdnützigkeit. Sie betonten vielmehr ausdrücklich, daß, soweit die Haftung in einzelnen Rechtsverhältnissen nicht geregelt sei, gegebenenfalls mit einer Analogie auszuhelfen sei oder eine besondere Parteivereinbarung die Haftung modifizieren könne[173]. Die in den Motiven zur Verwahrung getroffene Feststellung[174] wird von den diesbezüglichen Erläuterungen zu § 224 des 1. Entwurfs also nicht gedeckt[175].

---

[170] So z.B. *Larenz*, Methodenlehre, S. 386, der eine Haftungsbeschränkung jedoch nicht generell ablehnt, sondern auf die Art der Rechtsbeziehung abstellen will. Die Uneigennützigkeit der Tätigkeit soll lediglich nicht alleiniger und zureichender Grund für eine gemilderte Haftung sein. Vgl. auch *Müller-Erzbach*, AcP 106, S. 306 (458).

[171] Siehe *Jakobs/Schubert*, Bd. 3,1, §§ 276–278, S. 240.

[172] Mot. II, S. 27; *Jakobs/Schubert*, Bd. 3,1, §§ 276–278, S. 241.

[173] Mot. II, S. 27.

[174] Siehe Mot. II, S. 573, wonach die Unentgeltlichkeit prinzipiell nicht maßgebend sein soll.

[175] So auch *Pallmann*, S. 112. Die Gesetzesverfasser haben sich letztlich dazu entschlossen, auch bei der Verwahrung hinsichtlich der Haftung zwischen Entgeltlichkeit und Unentgeltlichkeit zu differenzieren (vgl. § 690 BGB).

(2) Haftung beim Verwahrungsvertrag

Auch § 690 BGB spricht nicht gegen ein solches Prinzip, sondern belegt in erster Linie, daß das Gesetz auch bei der unentgeltlichen Verwahrung eine Haftungsabschwächung für zweckmäßig hält[176]. Für den Verwahrungsvertrag ist nämlich nicht nur die Fremdnützigkeit in Form der unentgeltlichen Aufgabenübernahme kennzeichnend, sondern auch die bereits angesprochene gleichzeitige Wahrnehmung fremder und eigener Angelegenheiten (gleichzeitige Verwahrung eigener und fremder Gegenstände), bei der die Haftungsbeschränkung aber ebensogut über die Figur der diligentia quam in suis erfolgen kann[177]. Im übrigen ist auch die Geschäftsführung in der Gesellschaft bürgerlichen Rechts sowie die Aufgabenwahrnehmung der Eltern für ihr Kind unentgeltlich[178], ohne daß ernstlich erwogen würde, ob die Vorschriften der §§ 708, 1664 BGB einer analogen Anwendung der §§ 300 I, 521, 599, 680, 968 BGB auf andere Rechtsverhältnisse entgegenstehen könnten[179]. Diese Auffassung entspricht letztlich auch der Sichtweise der Gesetzesverfasser, die eine Analogie prinzipiell für möglich hielten[180].

(3) Haftung beim Auftrag

Größeres Gewicht kommt dem Einwand zu, daß für den Auftrag bewußt der allgemeine Verschuldensmaßstab gewählt wurde[181], zumal § 27 III BGB für die Geschäftsbesorgung im Verein auf das Auftragsrecht verweist. Daher sind

---

[176] So stützen *Medicus*, BR, Rn. 369 und MünchKomm-*Kramer*, Einl § 241 Rn. 36, die Analogie neben §§ 521, 599 BGB sogar direkt auf § 690 BGB.

[177] Dazu bereits *Heller*, S. 74; *Hoffmann*, AcP 167, S. 394 (405 f.), ist sogar der Auffassung, daß § 690 BGB deshalb nicht einem allgemeinen Prinzip entgegenstehe, weil diese Bestimmung lediglich ein Zufallsprodukt sei.

[178] Zur Unentgeltlichkeit der Geschäftsführung in der GbR MünchKomm-*Ulmer*, § 713 Rn. 16; *Soergel/Hadding*, § 713 Rn. 12; *Staudinger/Keßler*, § 712 Rn. 18.

[179] Bei §§ 708, 1664 BGB dominiert letztlich die enge persönliche Beziehung und die Untrennbarkeit der eigenen und fremden Aufgaben gegenüber dem Merkmal der Fremdnützigkeit. Vgl. V 2 b aa.

[180] Siehe Mot. II, S. 27.

[181] Dazu Mot. II, S. 530 f. Siehe auch MünchKomm-*Seiler*, § 662 Rn. 57, der die Haftung für unangemessen, eine Milderung aber schwer zu begründen hält. Daher gegen das Bestehen eines allgemeinen Prinzips BGHZ 30, 40 (47); *Brox/Walker*, DB 1985, 1469 (1477); *Emmerich*, SR BT, § 12 Rn. 8; *Lange*, Schadensersatz, § 10 XVII, S. 653; RGRK-*Steffen*, § 662 Rn. 15; *Staudinger/Wittmann*, Vorbem §§ 662 ff. Rn. 5, meint, daß gerade wegen der unentgeltlichen Übernahme der Geschäftsbesorgung, eine Haftungserleichterung in Widerspruch zur Fremdnützigkeit stehen würde. BGHZ 21, 102 (110), läßt die Frage der Haftungsmilderung zwar grundsätzlich offen, verneint sie im zu entscheidenden Fall jedoch aufgrund der konkreten Umstände.

durchaus Zweifel erlaubt, ob überhaupt eine durch Gesamtanalogie auszufüllende Regelungslücke besteht. Die strenge Haftung im Auftragsrecht wurde in den Motiven damit begründet, daß der Auftraggeber dem Auftragnehmer Vertrauen entgegenbringe und letzterer fremde Angelegenheiten wahrnehme[182]. Somit wurde nicht die Unentgeltlichkeit, sondern das *Vertrauensmoment* und die *Fremdinteressenwahrnehmung* zum Anknüpfungspunkt der Haftung gemacht[183]. Besonders deutlich tritt dieses Verständnis innerhalb der Erläuterungen zur Verwahrung[184] zu Tage: "Auch für das Mandat mußte die Rücksicht auf jene Umstände [Kriterium der Entgeltlichkeit bzw. Unentgeltlichkeit] zurücktreten gegenüber der Erwägung, daß fremdes Gut anvertraut worden ist".

Das die strenge Haftung tragende Vertrauenselement kann jedoch je nach Struktur des einzelnen Geschäftsbesorgungsverhältnisses mehr oder weniger ausgeprägt sein und gegebenenfalls sogar ganz fehlen. Die Ursache hierfür liegt in dem von der herrschenden Meinung weitgefaßten Auftragsbegriff. Geschäftsbesorgung i.S.d. § 662 BGB ist demnach jede fremdnützige Tätigkeit im Interessenbereich eines anderen, die auch faktische und völlig untergeordnete Tätigkeiten erfaßt, bei denen das Vertrauen eine nur geringe Rolle spielt[185]. Diese weite Auslegung des Auftragsbegriffs läßt sich historisch darauf zurückführen, daß die zweite Kommission die Unentgeltlichkeit zum entscheidenden Merkmal des Auftrags erhob und ihn nicht etwa auf höhere Dienste bzw. auf Geschäftsbesorgungen mit Vermögensbezug beschränkte. Damit ist das Auftragsrecht zwangsläufig auf alle unentgeltlichen Tätigkeiten für einen anderen anwendbar geworden[186].

Hält man diesen weiten Auftragsbegriff für zutreffend, so darf allerdings im Hinblick auf die Haftung das Vertrauenselement nicht außer acht gelassen werden, da nur dieses die strenge Haftung rechtfertigen kann. Die uneingeschränkte Haftung dürfte deshalb jedenfalls dann sachgerecht sein, wenn dem Auftragnehmer die selbständige Wahrnehmung von Vermögensinteressen anvertraut wurde, d.h. wenn die Tätigkeit bei entgeltlicher Aufgabenwahrnehmung

---

[182] Mot. II, S. 530 f.

[183] So auch MünchKomm-*Seiler*, § 662 Rn. 57.

[184] Siehe Mot. II, S. 573.

[185] Dazu die Nachweise oben II, Fn. 50.

[186] Vgl. Prot. II, S. 352. Anders noch Mot. II, S. 527 f., wonach auch entgeltliche Geschäftsbesorgungen vom Auftragsrecht erfaßt werden sollten. Vgl. zur Gesetzgebungsgeschichte die Darstellung bei *Staudinger/Martinek*, § 675 Rn. A 8 ff.

als Geschäftsbesorgung i.S.d. § 675 BGB einzustufen wäre[187]. Dort ist der Geschäftsbesorgungsbegriff nämlich wesentlich enger zu fassen, da er verlangt, daß sich der Geschäftsführer dem Geschäftsherrn gegenüber verpflichtet, eine selbständige Tätigkeit wirtschaftlicher Art zur Wahrnehmung fremder Vermögensinteressen auszuführen[188]. Der unmittelbare Vermögensbezug wird bei § 675 BGB zum Tatbestandsmerkmal, so daß der Vertrag die Wahrnehmung fremder Vermögensinteressen, also ein treuhänderisches Element, beinhaltet[189]. Während für entgeltliche Tätigkeiten ohne Betreuung fremden Vermögens Dienst- bzw. Werkvertragsrecht gilt, unterwirft das Gesetz entgeltliche Dienst- und Werkleistungen mit einem solchen Vermögensbezug über die Verweisnorm des § 675 BGB dem Auftragsrecht[190].

Im Auftragsrecht selbst bringt das Gesetz dagegen aufgrund des weiten Geschäftsbesorgungsbegriffs die Differenzierung zwischen unentgeltlicher Geschäftsbesorgung mit und ohne Vermögensbetreuung nicht zum Ausdruck, weil der Gesetzgeber den Auftrag nicht von einer Wahrnehmung fremder Vermögensinteressen, sondern allein vom Kriterium der Unentgeltlichkeit abhängig gemacht hat. In der Literatur wird dennoch zu Recht auf die Bedeutung der Wahrnehmung fremder Vermögensinteressen im Auftragsrecht hingewiesen[191]. Soweit eine solche festgestellt werden kann, kommt das gesetzgeberische Motiv der unbeschränkten Haftung – das Vertrauenselement – voll zum Tragen. Für Konstellationen ohne Betreuung fremden Vermögens bleibt jedoch Platz für eine abgeschwächte Haftung.

Bereits Esser[192] hat dargelegt, daß gerade dieser Treuhandcharakter eine besondere Sorgfaltspflicht verlange, dieser jedoch nicht bei jeder Auftragsart gleich stark hervortrete. Bei einem "Auftrag ohne Auftragselemente", d.h. einer Aufgabenwahrnehmung ohne treuhandähnliche Bindung, müsse nur für grobe

---

[187] Vgl. die Ausführungen bei *Medicus*, BR, Rn. 368; ferner die Übersicht bei *Esser*, SR (2. Aufl.), § 139, 3, S. 617.

[188] So BGHZ 45, 223 (228 f.); BGH NJW 1989, 1217; kritisch MünchKomm-*Seiler*, § 662 Rn. 13 f.

[189] Vgl. *Esser*, SR (2. Aufl.), § 139, 3, S. 617; *Larenz*, SR II/1, § 56 V, S. 422, wertet ein Treuhandverhältnis als Indiz für einen Vertrag nach § 675 BGB.

[190] Vgl. die Übersicht bei *Esser*, SR (2. Aufl.), § 139, 3, S. 617.

[191] *Esser*, SR (2. Aufl.), § 139, 1 b, S. 615; *Esser/Weyers*, SR II, § 35 I 1, S. 308 ff.; *Larenz*, BT II/1, § 56 II, S. 414; *Medicus*, BR, Rn. 369; *Soergel/Mühl*, Vor § 662 Rn. 1 und § 662 Rn. 17. *Pallmann*, S. 24 f. und S. 106, geht von einem engen Auftragsbegriff aus und verlangt daher stets eine Treubindung im Interesse des Geschäftsherrn.

[192] *Esser*, SR (2. Aufl.), § 140, 3, S. 620.

Fahrlässigkeit gehaftet werden[193]. Dieser Position schließt sich Kramer[194] an, wenn er die strenge Haftung nur bei "selbständiger Tätigkeit wirtschaftlicher Art für einen anderen" für angebracht hält. Bei unentgeltlicher rechtsgeschäftlicher Geschäftsbesorgung ohne Wahrnehmung fremder Vermögensinteressen will er eine Haftungserleichterung analog §§ 521, 599 BGB (ggf. § 690 BGB) anerkennen. Auch Medicus[195] meint, daß die unbegrenzte Haftung des Auftragsrechts nicht für unentgeltliche Tätigkeiten ohne Treuhandcharakter, insbesondere nicht für Gefälligkeiten des täglichen Lebens passe. Die bestehende Gesetzeslücke sei daher in einer Analogie zu §§ 521, 599, 690 BGB zu füllen, so daß der unentgeltlich Tätige nur für grobe Fahrlässigkeit hafte. In ähnlicher Weise bejaht Siber[196] die Haftung für jede Fahrlässigkeit nur bei Handlungen der Vermögensverwaltung wegen der Erheblichkeit ihrer Verantwortung. Bei kleineren Gefälligkeitsverträgen des täglichen Lebens soll hingegen der Haftungsmaßstab nach § 157 BGB auf Vorsatz und grobe Fahrlässigkeit zu mildern sein. Eine uneingeschränkte Schadensersatzpflicht trotz Unentgeltlichkeit will Fitz[197] nur annehmen, wenn im Einzelfall eine besondere Vertrauensstellung des Beauftragten vorliegt, also vor allem bei treuhänderischen Verfügungen über fremdes Vermögen oder besonders verantwortungsvoller Tätigkeit. Wilburg[198] befürwortet eine Haftung für jedes Verschulden trotz Unentgeltlichkeit dann, wenn es sich um eine verantwortungsvolle Tätigkeit handelt. Ebenso differenziert Löhlein[199], der prinzipiell eine Haftungsbeschränkung bei Tätigkeit in fremdem Interesse bejaht. Er zieht – wenn auch unausgesprochen – fremde Vermögensinteressen in seine Überlegungen mit ein, wenn er bezweifelt, daß die Haftungserleichterung des Vaters gegenüber seinem Kind gerechtfertigt ist, weil es sich um einen Verwalter fremden Vermögens handle[200]. Pallmann[201] gelangt zu einer Haftung für jede Fahr-

---

[193] *Esser*, SR (2. Aufl.), § 139, 1 b, S. 615 f. Die Position *Essers* zusammenfassend *Medicus*, BR, Rn. 368.

[194] MünchKomm-*Kramer*, Einl § 241 Rn. 36.

[195] *Medicus*, BR, Rn. 369.

[196] *Siber*, SR, § 66, S. 365.

[197] *Fitz*, Risikozurechnung, S. 150 f.

[198] *Wilburg*, Elemente, S. 120.

[199] *Löhlein*, ZHR 102, S. 297 (310 ff.) und insb. (313).

[200] Die Haftungserleichterung des § 1664 BGB läßt sich jedoch wegen der engen persönlichen Verbundenheit und der Tatsache, daß eigene und fremde Aufgaben faktisch kaum getrennt werden können, rechtfertigen. Vgl. ausführlich V 2 b aa.

[201] *Pallmann*, S. 24 ff., S. 106, S. 119.

lässigkeit im Auftragsrecht lediglich deshalb, weil er ein Auftragsverhältnis i.S.v. § 662 BGB nur dann annimmt, wenn es sich um eine treuhänderische Tätigkeit handelt. Andere Geschäftsbesorgungen fallen demnach aus dem Auftragsbegriff und sind somit einer gemilderten Haftung zugänglich. Auch der BGH stellt in einer Entscheidung[202] auf diese Kriterien ab. Er lehnt eine Haftungsmilderung jedenfalls dann ab, wenn die Geschäftsbesorgung einem Vertrauensverhältnis entspringt und einen Gegenstand von wirtschaftlicher und geschäftlicher Bedeutung betrifft.

Die Relevanz der Betreuung fremden Vermögens zeigt sich weiterhin bei der Geschäftsführung eines Vormunds bzw. Testamentsvollstreckers, die ebenfalls unentgeltlich tätig werden[203], aber dennoch unbeschränkt haften[204]. Für die Haftung des Vormunds wurde von den Gesetzesverfassern bewußt ein milderer Haftungsmaßstab in Form der diligentia quam in suis oder der Beschränkung auf grobe Fahrlässigkeit verworfen[205]. Hierbei wurde zunächst ausdrücklich erwähnt, daß für eine Haftungsbeschränkung zugunsten des Vormunds die Tatsache spreche, daß dieser selbst keinen Vorteil aus der Geschäftsführung erlange und somit fremdnützig handle. Für die strenge Haftung wurde dagegen angeführt, daß dem Vormund im Vergleich zum gemeinen Recht eine größere Verfügungsfreiheit und erweiterte Machtbefugnisse zustünden. Die Begründung zielt daher ebenfalls in Richtung der Wahrnehmung fremder Vermögensinteressen, die innerhalb der Geschäftsbesorgung Bedeutung gewinnen kann. Dem Vormund obliegt nämlich gerade die Aufgabe, das Vermögen zu verwalten, wobei er weitgehend selbständig handeln kann[206]. Dieses treuhänderische Element in der Geschäftsbesorgung ist deshalb geeignet, eine abgeschwächte Haftung des Vormunds zu hindern. Für den Testamentsvollstrecker gilt nichts anderes, da auch er als Treuhänder auftritt[207].

---

[202] BGHZ 21, 102 (110).

[203] Zur Unentgeltlichkeit vgl. § 1836 I 1 BGB (Vormund); § 1908 i I BGB i.V.m. § 1836 I 1 BGB (Betreuer); § 1915 I BGB i.v.m. § 1836 I 1 BGB (Pfleger). Zur Testamentsvollstreckung siehe MünchKomm-*Seiler*, § 662 Rn. 57.

[204] Dazu MünchKomm-*Seiler*, § 662 Rn. 57. Vgl. zur Haftung für jedes Verschulden § 1833 I 1 BGB (Vormund). Ebenso für Betreuer und Pfleger § 1908 i I BGB i.V.m. § 1833 I 1 BGB (Betreuer); § 1915 I i.v.m. § 1833 I 1 BGB (Pfleger).

[205] Mot. IV, S. 1175 f.

[206] Vgl. § 1793 f. BGB.

[207] *Esser*, SR (2. Aufl.), § 139, 6, S. 618; *Larenz*, SR II/1, § 56 I, S. 408; MünchKomm-*Brandner*, § 2205 Rn. 2.

(4) Vergleich der Interessenstruktur

Gegen einen Analogieschluß zugunsten des ehrenamtlich Tätigen in einer Genossenschaft wird vorgebracht, daß dieser seine eigenen Förderungswünsche zur Grundlage seiner Mitarbeit mache, während der Schenker, Verleiher und Verwahrer keine eigenen Vorteile verfolge[208]. Die Argumentation ließe sich auf den Geschäftsführer im Idealverein übertragen, weil dieser stets auch eigene Interessen mitverfolgt. Dem ist jedoch – abgesehen von den rechtlichen Unterschieden zwischen Idealverein und Genossenschaft – entgegenzuhalten, daß die Haftungserleichterung des § 680 BGB bei der Geschäftsführung ohne Auftrag nicht dadurch ausgeschlossen wird, daß der Geschäftsführer zugleich eigene Interessen – sogenanntes "auch–fremdes Geschäft" – verfolgt[209].

Des weiteren ist es durchaus möglich, daß z.B. der Verwahrer eigene Interessen verfolgt[210]. Die Verbindung eigener und fremder Interessen ist darüber hinaus – wie bei der diligentia quam in suis dargelegt[211] – sogar gerade geeignet, eine Haftungsbeschränkung zu begründen.

cc) Konsequenzen für die Geschäftsführung durch Vereinsmitglieder

Es besteht ein allgemeines Prinzip, wonach derjenige, der fremdnützig tätig wird, nur für Vorsatz und grobe Fahrlässigkeit haftet. Dieses Prinzip wurde von den Gesetzesverfassern zwar nicht ausdrücklich im BGB verankert, es ergibt sich jedoch aus den Einzelvorschriften der §§ 300 I, 521, 599, 680, 968 BGB. Für das Auftragsrecht fehlt es an einer Haftungsabschwächung im Gesetz, jedoch trifft die Begründung für eine strenge Haftung nur auf Geschäftsbesorgungen, die die Betreuung fremden Vermögens zum Gegenstand haben, zu. Außerhalb einer solchen treuhänderischen Aufgabenwahrnehmung haftet der Geschäftsführer erst von der Grenze der groben Fahrlässigkeit an.

Im Regelfall fehlt es bei der Geschäftsbesorgung durch Vereinsmitglieder, insbesondere bei satzungsrechtlichen Pflichten in Form von Beiträgen, an einem Rechtsverhältnis, das die Wahrnehmung fremder Vermögensinteressen beinhaltet. Die Verwaltung des Vereinsvermögens obliegt nämlich regelmäßig den

[208] *Großfeld/Noelle*, AG 1986, 275 (281); *Noelle*, S. 81 f.

[209] Zum "auch–fremden Geschäft" siehe BGHZ 40, 28 (31); BGHZ 63, 167 (169); *Soergel/Mühl*, § 677 Rn. 4; *Staudinger/Wittmann*, Vorbem §§ 677 ff. Rn. 23 und Rn. 36 ff.

[210] Siehe *Heller*, S. 21; *Medicus*, BR, Rn. 369.

[211] Siehe oben V 2 b aa (2).

Leitungsorganen, namentlich dem Vorstand, so daß treuhänderische Beziehungen zumeist auf das Verhältnis zwischen Vorstand und Verein beschränkt bleiben. Soweit ausnahmsweise, z.B. durch den Abschluß eines besonderen schuldrechtlichen Vertrages, Rechtsbeziehungen zur Betreuung fremden Vermögens begründet werden, haftet das Mitglied für jede Fahrlässigkeit, weil dann das gesetzgeberische Motiv für die unbeschränkte Haftung an Bedeutung gewinnt. So beispielsweise wenn ein Mitglied sämtliche Steuerangelegenheiten des Vereins im Rahmen eines vereinsrechtlichen Geschäftsbesorgungsvertrages selbständig und unentgeltlich übernimmt. Der Verein überträgt dann eine Aufgabe aus dem Bereich der Vermögenssorge bewußt an das Mitglied und vertraut auf die gewissenhafte Wahrnehmung.

Das Auftragsrecht gilt für die vereinsrechtliche Geschäftsbesorgung ohnehin nur entsprechend, d.h. soweit es keiner durch die Besonderheiten des Vereinsrechts begründeten Modifikationen bedarf. Wie aber bereits aufgezeigt wurde, erfordert die Funktionsfähigkeit der Idealvereine häufig die ehrenamtliche Mitarbeit der Vereinsmitglieder. Diese werden zur unentgeltlichen Aufgabenwahrnehmung freilich nur bereit sein, wenn ihnen die Haftungsrisiken abgenommen werden[212]. Eine Haftungsbeschränkung ist daher geeignet, die Mitglieder zur Geschäftsübernahme zu motivieren[213]. Dieser Aspekt führt übrigens auch bei § 680 BGB und § 968 BGB zu einer abgeschwächten Haftung, durch die ebenfalls die Geschäftsübernahme begünstigt werden soll[214]. Eine Haftung wegen jeder Fahrlässigkeit kann nicht nur die Entscheidung über die Aufgabenübernahme im Vorfeld beeinträchtigen, sondern darüber hinaus die Tätigkeit selbst lähmen, weil das drohende Haftungsrisiko zu allzu großer Vorsicht verleiten und damit einer effektiven Geschäftsführung entgegenstehen kann.

Im übrigen verlangt auch die gesteigerte vereinsrechtliche Treupflicht, daß das Haftungsrisiko und die Gegenleistung in einem gewissen Gleichgewicht

---

[212] Siehe schon IV 3 f aa (4).

[213] Ähnl. *Brox/Walker*, DB 1985, 1469 (1478), die jedoch eine Haftungsbeschränkung kraft Auslegung des Geschäftsbesorgungsvertrages annehmen wollen. Dazu schon oben V 2 c.

[214] Vgl. Mot. II, S. 858; BGHZ 43, 188 (194); BGH MDR 1972, 487; *Erman/Ehmann*, § 680 Rn. 1; *Isay*, Geschäftsbesorgung, S. 112 f.; MünchKomm-*Seiler*, § 680 Rn. 1; *Staudinger/Wittmann*, § 680 Rn. 1. Zur Kritik *Wollschläger*, S. 282. Für § 968 BGB verweisen Prot. III, S. 258 f., auf die Notgeschäftsführung des § 680 BGB. *Wollschläger*, S. 282 f., betrachtet § 680 BGB darüber hinaus sogar als gesetzliches Vorbild für die arbeitsrechtlichen Haftungserleichterungen.

bleiben[215], so daß bei unentgeltlicher Geschäftsbesorgung eine Haftungsbeschränkung durchaus sachgerecht ist[216].

Außerdem hat der Gesetzgeber selbst eine Analogie zu denjenigen Vorschriften, die eine Haftungsmilderung enthalten, nicht ausgeschlossen.

Sollte im Einzelfall eine mit der Notgeschäftsführung des § 680 BGB vergleichbare Situation vorliegen, so kann die Haftungsmilderung im Verein schon auf eine Einzelanalogie zurückzuführen sein[217]. Eine solche wird insbesondere dann in Betracht zu ziehen sein, wenn das Mitglied aufgrund einer ungeschriebenen aktiven Förderpflicht zugunsten des Vereins Nothilfe leistet, weil es sich dann um ein mitgliedschaftliches Tätigwerden und nicht etwa um eine Geschäftsführung ohne Auftrag handelt[218]. § 680 BGB wird nämlich als Ausdruck eines allgemeinen Rechtsgedankens verstanden, wonach der Geschäftsführer nur Vorsatz oder grobe Fahrlässigkeit zu vertreten hat, wenn er zur Abwehr einer drohenden dringenden Gefahr tätig wurde[219]. Das Handeln in Notlagen erfordert zumeist einen schnellen Entschluß, so daß ein überlegtes und sorgfältiges Abwägen der damit verbundenen Gefahren kaum möglich ist.

Eine Haftungsbeschränkung bei der Geschäftsbesorgung durch Vereinsmitglieder kommt im übrigen nicht nur bei Schadensersatzansprüchen des Vereins gegen das geschäftsbesorgende Mitglied auf schuldrechtlicher Ebene zum Tragen, sondern modifiziert auch die deliktsrechtlichen Ansprüche aus §§ 823 ff. BGB[220].

Ein Schadensersatzanspruch scheitert im Falle einer Haftungsbeschränkung auf grobe Fahrlässigkeit – wie auch sonst bei gesetzlichen Haftungsmilde-

---

[215] Siehe zur Genossenschaft *Großfeld/Noelle*, AG 1986, 275 (279 f.).

[216] Ähnlich zur Genossenschaft *Noelle*, S. 83.

[217] So auch *Staudinger/Weick*, § 26 Rn. 25, der die entsprechende Anwendung des § 680 BGB für den Vorstand bejaht. Für die Geschäftsbesorgung durch Vereinsmitglieder kann dann nichts anderes gelten. Im übrigen ist die Analogie zu § 680 BGB für Auftragsverhältnisse i.S.d. § 662 BGB anerkannt. Siehe *Erman/Ehmann*, Vor § 662 Rn. 12; *Jauernig/Vollkommer*, § 662 Anm. 4 c; MünchKomm-*Seiler*, § 662 Rn. 58; *Palandt/Thomas*, § 662 Rn. 11; *Staudinger/Wittmann*, Vorbem zu §§ 662 ff. Rn. 5 und § 680 Rn. 11.

[218] Dazu II 1 e.

[219] Siehe BGHZ 43, 188 (194); BGH MDR 1972, 487; *Isay*, Geschäftsbesorgung, S. 112 f.

[220] Zur Erstreckung von Haftungsbeschränkungen auf deliktische Ansprüche siehe BGHZ 43, 313 (316); BGHZ 93, 23 (29); *Erman/Schiemann*, Vor § 823 Rn. 26; MünchKomm-*Mertens*, Vor §§ 823–853 Rn. 30; *Staudinger/Schäfer*, Vorbem §§ 823 ff. Rn. 34 und Rn. 56. Vgl. auch OLG Saarbrücken VersR 1995, 832, das die Grundsätze der arbeitsrechtlichen Haftungserleichterung auf den Anspruch des Vereins aus § 823 I BGB gegen das Mitglied anwendet.

rungen in Schuldverhältnissen – bereits am mangelnden Verschulden. Es bedarf daher nicht des Umwegs über einen Gegenanspruch des Mitglieds aus § 670 BGB auf Freistellung, der dem Schadensersatzanspruch des Vereins entgegengehalten werden könnte[221].

Darüber hinaus gewinnt der gemilderte Sorgfaltsmaßstab bei Freistellungs- bzw. Ersatzansprüchen des Mitglieds gegen den Verein Bedeutung, weil er bei der Frage zu beachten ist, ob das Handeln in der konkreten Gestalt erforderlich war[222] oder ob dem Mitglied ein den Anspruch aus § 670 BGB kürzendes oder ausschließendes Verschulden zur Last fällt. Ebenso ist nämlich anerkannt, daß § 680 BGB[223] und § 708 BGB[224] im Rahmen des Anspruchs aus § 670 BGB zu beachten sind. Bei Verschulden unterhalb der Grenze der groben Fahrlässigkeit ist dem Geschäftsbesorger jedenfalls ein ungekürzter Aufwendungsersatzanspruch zu gewähren, § 254 BGB folglich nicht anzuwenden.

e) Haftungsbeschränkung auf grobe Fahrlässigkeit bei Geschäftsführung durch Vereinsorgane

aa) Gläubigerinteressen als Ansatzpunkt einer strengen Haftung

Zu der Frage, ob die arbeitsrechtlichen Haftungsgrundsätze auch für das ehrenamtlich tätige Vereinsorgan gelten, schließt sich K. Schmidt[225] der Pfadfinderentscheidung an[226] und befürwortet demnach deren Anwendung, weil es sich um einen Sonderfall handle, der aus der nichtwirtschaftlichen Zielsetzung zu erklären sei und bei ehrenamtlicher Tätigkeit eine Haftung im Innenverhältnis in hohem Maße unbillig wäre. Er will das Haftungsprivileg nicht davon abhängig machen, ob der ehrenamtlich Tätige dem Vorstand angehört oder

---

[221] Unklar OLG Saarbrücken VersR 1995, 832, das aber wohl die Freistellung von einem Anspruch aus § 823 I BGB über § 670 BGB konstruieren will. Da dort die Versicherung aus übergegangenem Recht (§ 823 I BGB i.V.m. § 67 I 1 VVG) klagte, hätte es dann jedoch einer Anwendung der §§ 412, 404 BGB bedurft.

[222] Siehe auch unten VI 2.

[223] Vgl. dazu BGHZ 43, 188 (194 ff.); *Soergel/Mühl*, § 680 Rn. 5; *Staudinger/Wittmann*, § 680 Rn. 2; *Wittmann*, S. 135; *Wollschläger*, S. 277 f.

[224] Vgl. *Baumbach/Hopt*, § 110 Rn. 9; *Düringer/Hachenburg/Flechtheim*, § 110 Anm. 6; GroßKommHGB-*Ulmer*, § 110 Rn. 14; HK-HGB-*Stuhlfelner*, § 110 Rn. 4; *Schlegelberger/Martens*, § 110 Rn. 19 und Rn. 24.

[225] *K. Schmidt*, GesR, § 14 V 1, S. 432 und § 24 III 2 d, S. 696 f.; ähnl. *Reichert/van Look*, Rn. 1965; *Soergel/Hadding*, § 27 Rn. 23.

[226] Die Pfadfinderentscheidung bezieht sich richtigerweise nur auf die Geschäftsbesorgung eines Vereinsmitglieds. Vgl. oben I, Fn. 16.

nicht. Die Übertragung der Regeln des innerbetrieblichen Schadensausgleichs auf vereinsrechtliche Geschäftsbesorgungsverhältnisse ist jedoch aus den bereits dargelegten Gründen zu verneinen[227].

Im übrigen schlägt K. Schmidt im Hinblick auf die *Organverantwortlichkeit* vor, zwischen der unmittelbaren Erfüllung von Organaufgaben, wie z.B. Leitungs- bzw. Aufsichtstätigkeiten und sonstigen Tätigkeiten zu trennen. Auch soll zwischen gläubigerschützenden Organpflichten (beispielsweise im Bereich der Kapitalüberwachung, Liquiditätssicherung und Prüfung der Unternehmenssolvenz) und allgemeiner Interessenwahrung unterschieden werden. Die strenge Haftung für jede Fahrlässigkeit soll nur im Kernbereich der Leitungs- und Aufsichtsaufgaben des Organs, insbesondere bei Tätigkeiten, die die Gläubigerinteressen berühren, zum Zuge kommen. Daher ist zunächst zu untersuchen, inwieweit bei der Geschäftsbesorgung im Idealverein schutzwürdige Gläubigerinteressen bestehen[228].

(1) Gläubigerschutz im Idealverein

Freistellungs- und Regreßansprüche führen zu einer direkten Minderung des Vereinsvermögens. Eine Haftungsmilderung betrifft Gläubigerinteressen auch insoweit, als den Vereinsgläubigern die Möglichkeit genommen wird, etwaige Ersatzansprüche des Vereins gegen den Geschäftsbesorger pfänden und sich zur Einziehung überweisen zu lassen[229]. Aus Gründen des Gläubigerschutzes ist daher beispielsweise im GmbH-Recht heftig umstritten, inwieweit eine Haftungsbeschränkung zugunsten des GmbH-Geschäftsführers möglich ist[230].

Daß die Gläubiger im Idealverein nicht völlig schutzlos gestellt sind, zeigen vornehmlich die Konkursantragspflicht des Vorstands nach § 42 II BGB sowie

---

[227] Siehe schon V 2 a.

[228] Zwar können Gläubigerinteressen möglicherweise auch bei der Geschäftsbesorgung durch Vereinsmitglieder betroffen sein, jedoch kommt dem Gläubigerschutz im Rahmen der Geschäftsführung durch Organe aufgrund deren umfassender Rechtsmacht mehr Bedeutung zu, so daß diese Fragen hier behandelt werden sollen.

[229] Dazu *Reichert/Dannecker* (5. Aufl.), Rn. 1964.

[230] Dazu nur *Haas*, Geschäftsführerhaftung, S. 295 ff.; *Heisse*, Beschränkung der Geschäftsführerhaftung, S. 60 f. und S. 107 ff.; *Lutter/Hommelhoff*, § 43 Rn. 2; *Schneider*, FS Werner, S. 794 ff., jeweils m.w.N.

die Liquidationsvorschriften der §§ 47 ff. BGB, die den Vorstand bei Pflichtverletzung zum Schadensersatz gegenüber den Gläubigern verpflichten[231].

Darüber hinaus dienen beim rechtsfähigen Verein zahlreiche Vorschriften dem Schutz des Rechtsverkehrs, ohne unmittelbar bestimmte Vermögensinteressen der Gläubiger zu schützen. In diesem Zusammenhang sind die Publizitätsvorschriften des Vereinsrechts, wie z.B. die Öffentliche Bekanntmachung der Eintragung i.S.d. § 66 BGB, zu nennen. In gleichem Maße dient § 79 BGB der Publizität, da er jedermann die Einsicht in das Vereinsregister gestattet, ohne daß eine besondere Geltendmachung von Interessen erforderlich ist[232]. § 68 BGB, der eine negative Publizität im Hinblick auf die Eintragungspflicht bei Änderung des Vorstandes statuiert, schützt ebenfalls das Vertrauen Dritter[233]. Obwohl § 64 BGB eine Eintragungspflicht für besondere Vertreter des Vereins i.S.v. § 30 BGB nicht ausdrücklich vorsieht, sind diese ebenfalls in das Vereinsregister einzutragen, damit Dritte, die mit dem Verein rechtsgeschäftlich in Berührung kommen, prüfen können, ob der Verein durch abgegebene Erklärungen gebunden wird[234].

Außerdem sind die Vorschriften über die Gründung des Idealvereins zu beachten. Genügt die Anmeldung nicht den Anforderungen der §§ 56 ff. BGB, so ist sie vom Amtsgericht mit der Folge zurückzuweisen, daß dem Verein die Erlangung der Rechtsfähigkeit versagt bleibt.

Ebenso ist zu überprüfen, ob der Verein nicht auf einen wirtschaftlichen Geschäftsbetrieb angelegt ist. Stellt das Amtsgericht fest, daß der Verein nicht ideelle, sondern wirtschaftliche Zwecke verfolgt, so muß der Antrag abgelehnt werden[235]. Ein Verein, der auf einen wirtschaftlichen Geschäftsbetrieb gerichtet ist, kann die Rechtsfähigkeit nur nach § 22 BGB erlangen, d.h. er muß die Normativbedingungen des Handelsvereinsrechts erfüllen oder die Rechtsfähig-

---

[231] Vgl. §§ 42 II 2, 53 BGB.

[232] So auch *Soergel/Hadding*, § 79 Rn. 1; *Staudinger/Habermann*, § 79 Rn. 2. Ausnahmsweise ist bei einer Aufbewahrung von Schriftstücken nach § 55 a V BGB ein berechtigtes Interesse an der Einsicht des Originals geltend zu machen. *Kertess*, S. 15, bezweifelt dagegen, ob mit der Möglichkeit der Einsicht in das Vereinsregister ein Gläubigerschutz verbunden ist.

[233] Siehe MünchKomm-*Reuter*, § 68 Rn. 2; *Staudinger/Habermann*, § 68 Rn. 1; *Staudinger/Weick*, § 27 Rn. 21.

[234] *Reichert/van Look*, Rn. 1573 f. m.w.N.; *Sauter/Schweyer*, Rn. 313. A.A. RGRK-*Steffen*, § 67 Rn. 1.

[235] So MünchKomm-*Reuter*, § 60 Rn. 2; *Staudinger/Weick*, § 60 Rn. 3.

keit im Wege der staatlichen Verleihung erwerben[236]. Ein wirtschaftlicher Geschäftsbetrieb i.S.v. § 22 BGB liegt nach Ansicht der Rechtsprechung vor, wenn es sich um eine planmäßige, auf Dauer angelegte und nach außen gerichtete, also über den vereinsinternen Bereich hinausgehende, eigenunternehmerische Tätigkeit handelt, die auf die Verschaffung vermögenswerter Vorteile zugunsten des Vereins oder seiner Mitglieder abzielt[237].

(2) Reichweite des primären Gläubigerschutzes

Der Zweck der §§ 21, 22 BGB besteht darin, die Gläubigerinteressen im Rechtsverkehr zu schützen, weil eine wirtschaftliche Betätigung des Vereins die Gläubigerinteressen in besonderem Maße berührt. Aus diesem Grund haben sich die wirtschaftlichen Vereine der handelsrechtlichen Formen zu bedienen. Soweit ein eingetragener Verein im wesentlichen einen wirtschaftlichen Geschäftsbetrieb verfolgt, können die nach § 44 BGB zuständigen Behörden gemäß § 43 II BGB die Rechtsfähigkeit entziehen, wobei nach Entziehung der Rechtsfähigkeit die Gläubiger über §§ 46, 47 BGB befriedigt werden[238].

Die Vorschriften über juristische Personen des Handelsrechts schützen die Gläubiger nämlich weitaus stärker[239]. Beim Idealverein fehlen Bestimmungen über Bilanzierungs-[240] und Prüfungspflichten[241] sowie Rückzahlungsverbote hinsichtlich geleisteter Einlagen[242]. Auch fallen Idealvereine unabhängig von ihrer Größe nicht in den Anwendungsbereich des Publizitätsgesetzes, das gerade den Rechtsverkehr schützen soll[243]. Wegen § 27 III BGB i.V.m. § 666

---

[236] Zum Normativ- und Konzessionssystem siehe MünchKomm-*Reuter*, §§ 21, 22 Rn. 43 ff.

[237] BGHZ 85, 84 (92 f.) m.w.N.; LG Frankfurt a.M. NJW 1996, 2039 (2040); kritisch zu dieser Definition *K. Schmidt*, NJW 1983, 543 (544 f.). Zur Abgrenzung ausf. *Hemmerich*, S. 38. Die h.M. nimmt in Anschluß an *K. Schmidt*, AcP 182, S. 1 ff. die Ermittlung einer wirtschaftlichen Haupttätigkeit aufgrund einer Typenbildung vor. Vgl. auch *Reichert/van Look*, Rn. 105.

[238] Zum Gläubigerschutzcharakter des § 43 II BGB *Staudinger/Weick*, § 43 Rn. 6; *Hemmerich*, S. 112.

[239] Siehe *K. Schmidt*, AcP 182, S. 1 (13); *ders.* NJW 1983, 543 (544).

[240] Vgl. §§ 264 ff. HGB; § 42 f. GmbHG; §§ 150 ff. AktG. Teilweise publizieren Vereine ihre Daten freiwillig in Jahresabschlußberichten, die für jedermann zugänglich sind. Vgl. dazu die Nachweise bei *Lutter*, BB 1988, 489 (490).

[241] Vgl. §§ 53 ff. GenG; §§ 42 a, 52 I GmbHG i.V.m. §§ 170, 171 AktG; §§ 170, 171 AktG. Vgl. *Dütz*, FS Herschel, S. 55 (64); *Reichert/van Look*, Rn. 1517.

[242] Vgl. § 22 IV GenG; §§ 30–31 GmbHG; § 57 AktG.

[243] Vgl. § 3 I PublG. Dazu *Hemmerich*, S. 46; *K. Schmidt*, AcP 182, S. 1 (13). Zu Vorschlägen zur Rechnungslegung und Publizität bei gemeinnützigen Spenden-Vereinen siehe *Lutter*, BB 1988, 489 (490).

BGB hat der Vorstand zwar die Pflicht, Rechenschaft über seine Tätigkeit in Form einer periodischen Rechnungslegung abzugeben, diese besteht jedoch nur den Vereinsmitgliedern, nicht aber Dritten gegenüber[244].

Für den nichtwirtschaftlichen Verein enthält das Gesetz keinerlei Normierungen hinsichtlich einer Mindestkapitalausstattung, Kapitalaufbringung oder Kapitalerhaltung[245]. Es gibt also keine Bestimmungen, die etwaigen Geldleistungen an Mitglieder oder Organe entgegenstehen könnten. Aus § 58 Nr. 2 BGB läßt sich außerdem schließen, daß die Satzung eine Beitragspflicht regeln kann, dies jedoch nicht muß[246]. Auch können Beiträge ohne weiteres erlassen werden, solange kein Verstoß gegen das Gleichbehandlungsgebot vorliegt[247]. Somit ist das Vorhandensein von Vermögen überhaupt kein zwingendes Erfordernis für die Entstehung und das Bestehen des Vereins. Daraus wird gefolgert, daß bei Idealvereinen die Sicherheit des Rechtsverkehrs keines besonderen Schutzes bedarf[248].

Im übrigen haften die Mitglieder den Gläubigern grundsätzlich nicht für die Schulden des Vereins und zwar auch dann nicht, wenn die Vereinssatzung ihnen eine Nachschußpflicht auferlegt[249]. Weitgehende Einigkeit besteht darin, daß die Haftung auch im nichtrechtsfähigen Verein auf das Vereinsvermögen beschränkt ist und daher die einzelnen Mitglieder nicht persönlich als Gesamtschuldner haften[250]. Die wohl herrschende Meinung folgert dies aus einer Beschränkung der Vertretungsmacht des Vorstands auf die Befugnis, nur das Vereinsvermögen zu verpflichten. Eine derart beschränkte Vertretungsmacht soll jedenfalls vorliegen, wenn die Satzung festlegt, daß die Vereinsmitglieder nicht persönlich haften sollen. Darüber hinaus wird eine solche ohne ausdrückliche Regelung aus Zweck und Eigenart des Vereins gefolgert[251]. Teilweise

---

[244] Vgl. *Lutter*, BB 1988, 489 (490 f.); MünchKomm-*Reuter*, § 27 Rn. 1.

[245] So aber §§ 5, 7 II, 8 II, 9 a-c GmbHG; §§ 7, 36 II, 37 ff. AktG. Siehe auch *Ballerstedt*, FS Knur, S. 1 (14); *K. Schmidt*, AcP 182, S. 1 (13); *Soergel/Hadding*, §§ 21, 22 Rn. 5.

[246] Siehe OLG Hamm DB 1976, 93; *Schwierkus*, S. 104.

[247] Dazu *v. Tuhr*, Bd. 1, § 38, S. 549.

[248] So BGHZ 45, 395 (397); BGHZ 85, 84 (89); BGHZ 96, 253 (256).

[249] Mot. I, S. 88; *H. Hübner*, AT, Rn. 245; *Sauter/Schweyer*, Rn. 349; *K. Schmidt*, GesR, § 24 VI 2 a, S. 725.

[250] Vgl. *Staudinger/Weick*, § 54 Rn. 51 und Rn. 53.

[251] Siehe RGZ 63, 62 (65); RGZ 90, 173 (176 f.); BGH NJW 1979, 2304 (2306); *Palandt/Heinrichs*, § 54 Rn. 12; RGRK-*Steffen*, § 54 Rn. 15; *Soergel/Hadding*, § 54 Rn. 24. Zur Kritik *Staudinger/Weick*, § 54 Rn. 52.

wird versucht, die Haftungsbeschränkung auf das gesamthänderische Sondervermögen mit der Absicht der Vereinsgründer, einen Verband mit Sondervermögen zu schaffen, zu rechtfertigen[252].

Des weiteren ist festzustellen, daß die Entlastung des Vorstands durch Beschluß der Mitgliederversammlung Bereicherungs- und Schadensersatzansprüche des Vereins zum Erlöschen bringt[253] und somit die Vermögensmasse in zulässiger Weise zuungunsten der Gläubiger verringert. Die grundsätzliche Zulässigkeit einer Entlastung bzw. Befreiung von einer Verbindlichkeit bringt auch ein im Gesetzgebungsverfahren gestellter Antrag zum Ausdruck: "Handelt es sich bei der Beschlußfassung um Entlastung einzelner Mitglieder oder Befreiung derselben von einer Verbindlichkeit der Körperschaft gegenüber oder um ein zwischen der Körperschaft und einzelnen Mitgliedern abzuschließendes Rechtsgeschäft, so sind diese Mitglieder nicht stimmberechtigt, selbst wenn sie im Verhältnisse zu den anderen die Mehrheit ausmachen."[254]

Die Haftung des Vorstands soll ohnehin nur den Vereins-, nicht aber den Gläubigerinteressen dienen[255]. Neben der Entlastung werden auch Verzicht und Vergleich im Verhältnis zwischen Verein und Organ für rechtlich zulässig gehalten[256], da eine den §§ 34 V 2 GenG, 9 b I 1 GmbHG, 93 V 3 AktG entsprechende Gläubigerschutzregelung nicht vorhanden ist[257].

Selbst die Konkursantragspflicht des § 42 II BGB ist gegenüber den Regelungen im Kapitalgesellschaftsrecht schwächer ausgestaltet. Im Gegensatz zu den §§ 148 GenG, 84 GmbHG, 401 AktG ist das Unterlassen der Antragsstellung durch den Vorstand nicht mit strafrechtlichen Sanktionen bewehrt. K. Schmidt[258] glaubt deshalb, daß der präventive Schutz nicht besser sein kann als seine Sanktionen. Zu erwähnen ist noch, daß nach § 207 I KO i.V.m.

---

[252] *Staudinger/Weick*, § 54 Rn. 52.

[253] BGHZ 24, 47 (54); MünchKomm-*Reuter*, § 27 Rn. 23; RGRK-*Steffen*, § 27 Rn. 8; *Soergel/Hadding*, § 27 Rn. 24 f.

[254] Siehe *Jakobs/Schubert*, Bd. 2,1, §§ 21–79, S. 170.

[255] So *Ballerstedt*, FS Knur, S. 1 (14); RGRK-*Steffen*, § 27 Rn. 7.

[256] Dazu *Reichert/van Look*, Rn. 1937. Gegen einen Vergleich zwischen dem Verein und seinen Mitgliedern bestehen dann konsequenterweise ebenfalls keine Bedenken.

[257] Abgesehen von den Grenzen der §§ 43 III 2 und 57 IV GmbHG jeweils i.V.m. § 9 b GmbHG sind zugunsten des GmbH-Geschäftsführers Verzicht und Vergleich hinsichtlich der Ersatzansprüche der Gesellschaft möglich. Vgl. *Bastuck*, Enthaftung, S. 94; *Heisse*, Beschränkung der Geschäftsführerhaftung, S. 90 ff.; *Scholz/Schneider*, § 43 Rn. 187.

[258] *K. Schmidt*, AcP 182, S. 1 (14).

§ 213 KO[259] die Zahlungsunfähigkeit zwar Konkursgrund ist, jedoch der Vorstand gegenüber den Gläubigern nur im Fall der Überschuldung gemäß § 42 II 1 BGB verpflichtet ist, den Konkursantrag zu stellen[260]. Dagegen ist nach §§ 99 GenG, 64 GmbHG, 92 II AktG aus Anlaß beider Konkursgründe die Pflicht statuiert, die Eröffnung des Verfahrens zu beantragen.

(3) Nebenzweckprivileg

Bedenken im Hinblick auf einen mangelnden Gläubigerschutz könnten allenfalls aufkommen, weil die herrschende Meinung dem Idealverein eine wirtschaftliche Betätigung zugesteht, sofern diese den idealen Charakter unberührt läßt, weil sie sich in einer Nebentätigkeit erschöpft (sog. Nebenzweckprivileg)[261]. Für die Bestimmung des Nebenzweckprivilegs kommt es auf das Verhältnis der geschäftlichen zur ideellen Betätigung an. Das Nebenzweckprivileg ist gewahrt, wenn der wirtschaftliche Betrieb dem ideellen Hauptzweck untergeordnet ist und dabei diesem dient[262]. Allerdings gilt es zu beachten, daß das Nebenzweckprivileg gegebenenfalls eine erhebliche Betätigung wirtschaftlicher Art zuläßt und durchaus Gläubigerinteressen von bedeutendem Umfang berührt sein können[263]. Für den Gläubiger macht es nämlich keinen Unterschied, ob die wirtschaftliche Tätigkeit als Haupt- oder Nebenzweck verfolgt wird. Eine wirtschaftliche Betätigung eines großen Vereins im Rahmen des Nebenzweckprivilegs kann je nach Umständen des Einzelfalls umfangreicher sein als diejenige innerhalb des Hauptzwecks eines kleinen wirtschaftlichen Vereins[264].

---

[259] Vgl. auch § 17 der am 1. 1. 1999 in Kraft tretenden Insolvenzordnung (InsO).

[260] Lediglich im Verhältnis zum Verein kann sich auch bei Zahlungsunfähigkeit eine Pflicht zur Antragsstellung aus dem Geschäftsführungsverhältnis ergeben. Vgl. *Erman/H.P. Westermann*, § 42 Rn. 4; MünchKomm-*Reuter*, § 42 Rn. 12; *Staudinger/Weick*, § 42 Rn. 9.

[261] Zur Zulässigkeit einer solchen wirtschaftlichen Betätigung schon Prot. I, S. 499; RGZ 83, 231 (237); RGZ 133, 170 (176 f.); RGZ 154, 343 (354); BGHZ 15, 315 (319); BGHZ 85, 84 (88 f.) und (93); *Hemmerich*, S. 78 ff.; MünchKomm-*Reuter*, §§ 21, 22 Rn. 8; *Staudinger/Weick*, § 21 Rn. 12 ff.

[262] Vgl. BGHZ 85, 84 (88 f.) und (93); *Flume* AT I/2, § 4 II 2, S. 112; *K. Schmidt*, Verbandszweck, S. 183 ff.; *ders.* NJW 1983, 543 (546). Zu Einzelfällen MünchKomm-*Reuter*, §§ 21, 22 Rn. 36 ff.; *Staudinger/Weick*, § 21 Rn. 16.

[263] So auch *Schwierkus*, S. 105 f.; *Staudinger/Weick*, § 21 Rn. 14.

[264] So z.B. die Betätigung von Fußballbundesligavereinen, die als Idealvereine behandelt werden. Dazu *Aldermann*, S. 1 ff.; *Schwierkus*, S. 198 ff.; *Staudinger/Weick*, § 21 Rn. 14 f. *Nitschke*, Personengesellschaft, S. 123 ff. und *Sack*, ZGR 1974, 179 (194 f.), lehnen daher das Nebentätigkeitsprivileg gänzlich ab.

Das Problem liegt hier jedoch nicht in der mangelnden Berücksichtigung des Gläubigerschutzes bei den Bestimmungen des Idealvereins, sondern allenfalls in der extensiven Handhabung des Nebenzweckprivilegs. Es wäre daher im Ergebnis verkehrt, die vereinsrechtlichen Bestimmungen wegen eventuell zu Tage tretender Gläubigerinteressen zu modifizieren. Vielmehr ist der vom Gesetzgeber vorgesehenen Differenzierung in wirtschaftliche und ideale Vereine zu folgen und gemäß § 21 BGB nur solchen Vereinen die Erlangung der Rechtsfähigkeit nach § 21 BGB zu ermöglichen, für die der Gläubigerschutz des Vereinsrechts noch hinreichend ist. So will Flume völlig zu Recht die Gefährdung von Gläubigern und Mitgliedern für die Abgrenzung zwischen wirtschaftlichem und ideellem Verein berücksichtigen. Sobald eine solche Gefährdung im Raume steht, soll die Tätigkeit nicht mehr vom Nebenzweckprivileg umfaßt sein[265]. Die vereinsrechtlichen Vorschriften sind nämlich nur auf Vereine mit ideellem Haupttätigkeitsfeld zugeschnitten[266].

(4) Ergebnis

Beim Idealverein wurde ganz bewußt auf vermögensrechtliche Sicherungen verzichtet. Der Gläubigerschutz erschöpft sich deshalb weitgehend in den Konkurs- und Liquidationsvorschriften, die der Erhaltung der Vermögensmasse dienen[267], während die übrigen Vorschriften zum Schutz des Rechtsverkehrs allenfalls eine mittelbare Sicherung der Gläubigerinteressen bewirken können. Soweit eine ausdrückliche Haftungsübernahme des Vereins zugunsten des Geschäftsführers vereinbart wird, kann diese freilich nach allgemeinen Kriterien an §§ 134, 138 BGB gemessen werden[268].

Rechtshistorisch läßt sich der geringe Gläubigerschutz im Idealverein zunächst damit erklären, daß die Gesetzesverfasser das Augenmerk vorwiegend auf das Wesen der juristischen Person und das Verhältnis zwischen Staat und Vereinen richteten[269]. Zum damaligen Zeitpunkt war es wohl auch nicht vorstellbar, daß Idealvereine ein höheres Vermögen besitzen und sich derart wirt-

---

[265] Vgl. *Flume*, AT I/2, § 4 II 2, S. 212 f.

[266] Dazu *Soergel/Hadding*, §§ 21, 22 Rn. 5; *Schwierkus*, S. 55, der sich ebenfalls für eine restriktive Interpretation des Nebenzweckprivilegs ausspricht.

[267] So z.B. auch *Hemmerich*, S. 45; *Schwierkus*, S. 103 f.

[268] MünchKomm-*Reuter*, § 27 Rn. 20.

[269] Vgl. oben I, S. 1 f.

schaftlich betätigen würden, wie dies heute gerade bei größeren Sportvereinen der Fall ist[270].

Der Gläubigerschutz als Schranke und Ausgangspunkt der Bewertung einer Haftungserleichterung vermag daher bei Vereinen mit idealer Tendenz nicht zu überzeugen. Das Gesetz sieht zum Schutze der Gläubiger sowohl hinsichtlich der Konkursantragspflicht als auch der Pflichten im Liquidationsverfahren eine Direkthaftung des Vorstands gegenüber den Gläubigern vor. Nach § 42 II 2 BGB haftet er bei schuldhafter Verzögerung der Konkursantragsstellung für die Schäden der Gläubiger. In gleicher Weise hat er in der Liquidationsphase gemäß § 53 BGB für die dort genannten Pflichtverletzungen einzustehen. Eine Freistellung des Vorstands gegenüber dem Verein führt zwar dazu, daß den Gläubigern ein pfändbarer Anspruch "entzogen" wird, diesen verbleibt aber noch der direkte Schadensersatzanspruch gegen den Vorstand. Für andere als in § 53 BGB angesprochene Pflichtverletzungen während des Liquidationsverfahrens hat der Gesetzgeber einen Gläubigerschutz gerade nicht für notwendig erachtet, zumal der Vorstand im Idealverein grundsätzlich nur der juristischen Person, nicht aber den Gläubigern aus der Geschäftsführung verantwortlich ist[271]. Auf Gläubigerinteressen kann es auch deshalb nicht ankommen, weil die Gesetzesverfasser sogar in dem von Gläubigerinteressen geprägten Bereich der Liquidation eine Entlastung des Vorstands für zulässig gehalten haben[272].

Während der Gläubigerschutz in wirtschaftlichen Vereinen einen geeigneten Ansatzpunkt für die Lösung von Haftungsfragen bilden mag, ist er in idealen Vereinen nicht in der Lage, eine brauchbare Grenze für die Haftungsbeschränkung zu ziehen. Die von K. Schmidt vorgeschlagene Lösung ist daher vor allem auf wirtschaftliche Vereine zugeschnitten.

bb) Strenge Haftung wegen der Betreuung fremden Vermögens

Im Rahmen der Bestellung wird dem Vorstand die Betreuung des Vereinsvermögens übertragen. Die Geschäftsleitertätigkeit hat damit Treuhandcharak-

---

[270] So *Ballerstedt*, FS Knur, S. 1 (14).

[271] Siehe Mot. I, S. 117.

[272] Mot. I, S. 117.

ter[273], weil der Vorstand zur ordnungsgemäßen Vermögensverwaltung, insbesondere zur Erhaltung und Vermehrung des Vereinsvermögens, verpflichtet ist[274]. Die Geschäftsbesorgung könnte bei Entgeltlichkeit auch unter den engeren Geschäftsbesorgungsbegriff des § 675 BGB subsumiert werden[275], der eine selbständige Wahrnehmung fremder Vermögensinteressen verlangt. Kennzeichnend für diesen Geschäftsbesorgungsbegriff soll beispielsweise sein[276]: Einsetzen beruflicher oder fachlicher Kenntnisse und Erfahrungen; Vermögensverwaltung; enges Vertrauensverhältnis; Befugnis, Vermögensdispositionen für den Auftraggeber zu treffen. Diese Merkmale finden sich im Rechtsverhältnis vom Vorstand zum Verein wieder, da er neben der Vermögensverwaltung insbesondere zur Geschäftsführung und Vertretung[277] berufen ist und die Organstellung gerade deshalb erlangt, weil das Bestellungsorgan auf seine Qualifikation vertraut[278]. Auch obliegt ihm die Buch- und Kassenführung sowie die Bilanzerstellung. Er ist zum Abschluß von Verträgen, zur Geltendmachung und Begleichung von Forderungen und zur Einziehung von Mitgliedsbeiträgen berechtigt[279]. Außerdem trifft ihn im Hinblick auf den Straftatbestand der Untreue (§ 266 StGB) die Vermögensbetreuungspflicht für den Verein als Hauptpflicht, so daß er die Vermögensinteressen des Vereins zu wahren hat, sobald diese bei seiner Tätigkeit berührt werden[280]. Gerade der strafrechtliche Schutz vor einer Verletzung der Vermögensbetreuungspflicht zeigt, daß in diesem Bereich strenge Anforderungen an das Organ zu stellen sind.

In der Rechtsbeziehung des Vorstands zum Verein, der das Vereinsvermögen in Eigenverantwortung verwaltet, ist somit ein treuhänderisches Element festzustellen, das einer Haftungsbeschränkung auf grobe Fahrlässigkeit ent-

---

[273] *Esser*, SR (2. Aufl.), § 139, 6, S. 618; *Medicus*, BR, Rn. 368, zu § 27 III BGB; *Pallmann*, S. 26; *Reichert/van Look*, Rn. 1508. Zu den Organmitgliedern einer GmbH als Treuhänder und Fremdverwalter des Gesellschaftsvermögens *Bastuck*, Enthaftung, S. 85; *Schneider*, FS Werner, S. 795 (807).

[274] So *Larenz*, SR II/1, § 56 I, S. 408; *Reichert/van Look*, Rn. 1508; *Stöber*, Rn. 126. Allgemein zu Geschäftsleitern *Kust*, WM 1980, 758 (759).

[275] Vgl. oben V 2 d bb (3).

[276] *Larenz*, SR II/1, § 56 V, S. 422.

[277] Vgl. §§ 26 II, 27 III BGB.

[278] Dazu sogleich unter V 2 e cc.

[279] Siehe *Märkle*, S. 74; *Sauter/Schweyer*, Rn. 277; *Soergel/Hadding*, § 26 Rn. 10.

[280] So *Esser*, SR (2. Aufl.), § 140, 3, S. 620. Zur Vermögensbetreuungspflicht des Vorstands BGH NJW 1966, 1234; *Arzt/Weber*, LH 4, Rn. 169; *Schönke/Schröder/Lenckner*, § 266 Rn. 25; LK-*Hübner*, § 266 Rn. 58.

gegensteht, weil es die strenge Haftung des Auftragsrechts zu rechtfertigen vermag[281]. Auch für die ehrenamtliche Tätigkeit von Vorstandsmitgliedern bei der Genossenschaft wird eine Analogie zu §§ 521, 599 BGB aufgrund der großen Vermögensakkumulation in Einklang mit dem hier vertretenen Ergebnis verneint[282].

cc) Risikoübertragung aufgrund der Qualifikation des Vorstands

Einer Haftungsbeschränkung zugunsten von Vereinsvorständen könnte zudem eine bewußte Risikoübertragung des Vereins auf das Organ entgegenstehen. So ist Heisse[283] für den GmbH-Geschäftsführer der Ansicht, daß ihm die Sorge für das Vermögen bewußt übertragen worden sei, weil er die schwierige Tätigkeit der Geschäftsführung besser beherrschen soll. Damit treffe ihn das Haftungsrisiko nicht unbeabsichtigt.

Ebenso geht der BGH[284] davon aus, daß der Sinn der Anstellung und Bestellung eines Vorstandsmitglieds darin liege, die Schwierigkeiten und Risiken der Leitung eines Vereins einer Person zu übertragen, die diese beherrscht. Der BGH beruft sich hierbei auf Canaris[285], wobei er freilich übersieht, daß sich dessen Ausführungen nur auf entgeltlich Tätige wie Ärzte, Rechtsanwälte, Architekten und Bauunternehmer beziehen, während unentgeltlich handelnde Geschäftsbesorger zumindest im Rahmen von Auftrag oder Geschäftsführung ohne Auftrag gerade freigestellt werden sollen. Die von Canaris aufgestellten Kriterien lassen sich im übrigen nicht ohne weiteres auf den Idealverein übertragen, da er entscheidend darauf abstellt, wer nach dem Sinn des Vertrages den Risikobereich beherrscht und absichert. Als Indiz für die Absicherung soll der Umstand heranzuziehen sein, wer von den Parteien üblicherweise eine Versicherung abschließt und deren Kosten bei der Kalkulation berücksichtigt. Der Abschluß einer Versicherung wird in der Praxis zwar häufig seitens des Vereins erfolgen, jedoch kann es beim Idealverein mangels wirtschaftlicher Zielsetzung an der Möglichkeit zu einer Kalkulation und Berücksichtigung über die Preis-

---

[281] Dazu schon V 2 d bb (3).

[282] Siehe *Großfeld/Noelle*, AG 1986, 275 (281).

[283] *Heisse*, Beschränkung der Geschäftsführerhaftung, S. 59.

[284] BGHZ 89, 153 (159); dem folgend *Löwisch/Arnold*, JZ 1984, 622. Vgl. auch *Reichert/van Look*, Rn. 1965.

[285] *Canaris*, RdA 1966, 41 (48).

bildung fehlen. In solchen Fällen können also weder der Verein noch das ehrenamtlich handelnde Organ die Kosten dafür auffangen[286].

Für die Prüfung, ob eine bewußte Risikoübertragung vorliegt, besteht jedoch die Möglichkeit, anstelle des Aspekts der Kalkulierbarkeit des Risikos mehr die Aufgabenübertragung aufgrund der Qualifikation des Organs in den Vordergrund zu stellen. Deutlich zum Ausdruck bringt dies Heisse[287], der beim GmbH-Geschäftsführer prüft, ob eine bewußte Übertragung des Risikos auf eine qualifizierte Person vorliegt[288]. Die Bestellung des Organs – in der Regel durch die Mitgliederversammlung – erfolgt deshalb, weil der Bewerber für das Amt als geeignet erachtet wird, den gestellten Anforderungen gerecht zu werden und die bei der Vereinstätigkeit entstehenden Schwierigkeiten zu meistern. Das Bestellungsorgan vertraut mithin auf dessen Kenntnisse und Qualifikation. Der entscheidende Gesichtspunkt für die Erlangung der Organstellung liegt daher in der Befähigung der betreffenden Person. Daß die persönliche Qualifikation für die Einräumung der Organstellung maßgebliche Bedeutung besitzt, bringt das Gesetz in § 27 II 2 BGB zum Ausdruck, indem es die Unfähigkeit zur ordnungsgemäßen Geschäftsführung als wichtigen Grund für den Widerruf der Organstellung nennt. Ferner kann der wichtige Grund an dem enttäuschten Vertrauen des Bestellungsorgans anknüpfen. Ein wichtiger Grund ist nämlich anzunehmen, wenn das Vertrauen der Vereinsmitglieder auf eine ordnungsmäßige Geschäftsleitung berechtigterweise nicht mehr gegeben ist[289].

Ähnlich wird die jederzeitige Widerrufsmöglichkeit nach § 27 II 1 BGB begründet. Demnach soll die umfassende Rechtsmacht dann nicht mehr zu rechtfertigen sein, wenn das Organ das Vertrauen der Mitgliederversammlung verloren hat[290]. Die Geschäftsleitermacht des Vorstands findet also letztlich nur in dem ihm entgegengebrachten Vertrauen ihre Berechtigung[291]. Wegen dieses der Bestellung zugrundeliegenden spezifischen Vertrauensverhältnisses

---

[286] Kritisch auch *Heisse*, Beschränkung der Geschäftsführerhaftung, S. 61, der feststellt, daß es bei unentgeltlicher Geschäftsführung möglicherweise an einer bewußten Risikoübertragung fehlt.

[287] *Heisse*, Beschränkung der Geschäftsführerhaftung, S. 61.

[288] Ebenso auf die Qualifikation und Erfahrung des Geschäftsführers hinweisend *Kust*, WM 1980, 758 (762).

[289] So *Flume*, AT I/2, § 10 I 1, S. 344.

[290] Vgl. MünchKomm-*Reuter*, § 27 Rn. 19.

[291] Vgl. BGHZ 13, 188 (192 f.); BGH NJW-RR 1986, 572 (574); *Erman/H.P. Westermann*, § 27 Rn. 5.

können ihn sogar bei besonderer Sachkunde Aufklärungs- und Warnpflichten vor drohenden Gefahren für den Verein treffen[292].

Im übrigen ist anerkannt, daß sich ein Organ für die Verletzung seiner Pflichten nicht schon durch einen Mangel an Befähigung, Kenntnissen oder Erfahrung exkulpieren kann[293]. Vielmehr garantiert es mit dem Auftreten in dem entsprechenden Verkehrskreis, den dort geltenden Pflichtenstandard einhalten zu können[294]. Es muß daher diejenige Sorgfalt walten lassen, die eine gewissenhafte und ihrer Aufgabe gewachsene Person anzuwenden pflegt[295]. Faktisch besteht damit eine Einstandspflicht für Schäden, die aufgrund nicht ausreichender Qualifikation in sachlicher oder persönlicher Hinsicht verursacht werden.

Auch hier zeigt sich also der Unterschied zu einer Geschäftsbesorgung durch Vereinsmitglieder. Dem einzelnen Mitglied wird die Aufgabe namentlich bei mitgliedschaftlicher Tätigkeitspflicht nicht aufgrund seiner besonderen Qualifikation übertragen, sondern – schon allein des Gleichbehandlungsgebots wegen – wie allen anderen Mitgliedern abstrakt durch satzungsrechtliche Regelung auferlegt.

Der Vorstand eines Idealvereins hat demnach grundsätzlich für Vorsatz und jede Fahrlässigkeit einzustehen. Eine Haftungsbeschränkung muß abgelehnt werden, weil ihm die Organmacht aufgrund seiner Qualifikation eingeräumt wird und die Rechtsbeziehung zum Verein die Betreuung fremden Vermögens beinhaltet.

dd) Ausnahmsweise Haftungsbeschränkung außerhalb typischer Vorstandspflichten

Soweit der Vorstand Aufgaben wahrnimmt, die keine fremden Vermögensinteressen zum Gegenstand haben und die nicht der besonderen Qualifikation eines Vereinsvorstands bedürfen, können gegen eine Haftungsfreistellung möglicherweise keine Bedenken erhoben werden. Außerhalb von "normalen"

---

[292] Siehe BGH NJW-RR 1986, 572 (574).

[293] BGH WM 1971, 1548 (1549); BGH NJW 1983, 1856 (1857); OLG Koblenz ZIP 1991, 870 (871); *Kust*, WM 1980, 758 (760); *Lindacher*, JuS 1984, 672 (675); *Reichert/van Look*, Rn. 1930; *Sauter/Schweyer*, Rn. 278.

[294] Siehe *Lindacher*, JuS 1984, 672 (675).

[295] Vgl. *Sauter/Schweyer*, Rn. 278.

Vorstandspflichten würde der Vorstand dann regelmäßig nur für Vorsatz und grobe Fahrlässigkeit haften, weil es an denjenigen Kriterien fehlt, die eine strenge Haftung rechtfertigen.

Auch die Rechtsprechung schließt eine Haftungsbeschränkung bei Vertretungsorganen juristischer Personen nur wegen Verletzung der normalen Organpflichten aus[296]. Im Umkehrschluß muß dann aber noch ein Bereich verbleiben, der einer Milderung zugänglich ist[297]. In die gleiche Richtung weist ein Urteil des BAG[298], das die Grundsätze des innerbetrieblichen Schadensausgleichs jedenfalls dann auf leitende Angestellte anwenden will, wenn sie Aufgaben wahrnehmen, die für leitende Angestellte nicht charakteristisch sind. Für das typische Aufgabengebiet hat die Rechtsprechung hingegen eine Haftungsmilderung verwehrt[299]. Im Anschluß daran folgert ein Teil der Literatur für das Kapitalgesellschaftsrecht, daß die arbeitsrechtlichen Haftungserleichterungen dann zur Anwendung gelangen, wenn das Organmitglied außerhalb seines typischen Aufgabenbereichs tätig wird[300].

Für eine Haftungserleichterung außerhalb normaler Vorstandspflichten läßt sich zunächst anführen, daß dem Vorstand die mit solchen Aufgaben verbundenen Risiken nicht aufgrund seiner Qualifikation als Geschäftsleiter anvertraut werden[301]. Die Risiken sollen folglich nicht dadurch verringert werden, daß der Vorstand eine höhere Qualifikation besitzt[302]. Letztlich wäre es wenig überzeugend, wenn der ehrenamtliche Vorstand, der möglicherweise sogar Mitglied im Verein ist, für eine Geschäftsbesorgung, die nicht in seinen typischen Pflichtenkreis fällt, strenger haften würde als andere Mitglieder, die bei Wahrnehmung derselben Aufgabe bis zur Grenze der groben Fahrlässigkeit freigestellt sind. Außerhalb der typischen Vorstandspflichten liegt beispielsweise

---

[296] Siehe BGH WM 1975, 467 (469), zur Genossenschaft.

[297] So auch *Großfeld/Noelle*, AG 1986, 275 (281).

[298] BAG AP Nr. 80 zu § 611 BGB Haftung des Arbeitnehmers.

[299] BGH VersR 1969, 474 (477); BGH NJW 1970, 34 f.

[300] So *Bastuck*, Enthaftung, S. 85; *Kust*, WM 1980, 758 (762); *Pullen*, BB 1984, 989 (991); *Schneider*, FS Werner, S. 795 (812 f.); *Scholz/Schneider*, § 43 Rn. 183. A.A. *Baumbach/Hueck/Zöllner*, § 43 Rn. 9; *Hueck*, ZfA 1985, 25 (33). Vgl. auch *K. Schmidt*, GesR, § 14 V 1, S. 432 f., der die strenge Haftung nur für den Kernbereich der Organaufgaben bejaht.

[301] Vgl. *Heisse*, Beschränkung der Geschäftsführerhaftung, S. 61; *Kust*, WM 1980, 758 (762).

[302] Ähnlich *Pullen*, BB 1984, 989 (991).

das Führen eines KFZ, weil dazu nicht die Qualifikation als Vereinsvorstand erforderlich ist und das treuhänderische Element nicht zum Tragen kommt[303].

Welche Aufgaben noch dem typischen Geschäftskreis entsprechen, kann nicht abstrakt beantwortet werden, sondern muß im jeweiligen Einzelfall gesondert untersucht werden. Als Kriterien sind dabei die satzungsrechtlichen Bestimmungen bezüglich des Aufgabenfeldes, die Regelungen im Anstellungsvertrag sowie Struktur und Zwecksetzung des Vereins heranzuziehen. Gegen eine normale Vorstandspflicht spricht unter anderem, daß es sich um eine Geschäftsbesorgung handelt, die den übrigen Mitgliedern kraft Satzung als allgemeine Mitgliedschaftspflicht obliegt. Hier nimmt der Vorstand – insbesondere bei Selbstorganschaft – lediglich eine mitgliedschafts-, nicht aber organspezifische Aufgabe wahr. Ebenso wird bei gefälligkeitsähnlichen Tätigkeiten häufig eine Haftungsbeschränkung zu rechtfertigen sein. So wenn der bei der Vorbereitung einer Ausstellung mithelfende Vorstand eines Kunstvereins einen Lieferwagen eines anderen Mitglieds beim Beladen leicht fahrlässig beschädigt oder wenn er während eines vom Verein veranstalteten Gartenfestes aufgrund leichter Unachtsamkeit beim Ausschank die Kleidung eines Besuchers befleckt. Dagegen handelt es sich im Kernbereich der Vermögensverwaltung durchweg um vorstandstypische Geschäftspflichten, weil diese eine entsprechende Befähigung voraussetzen und zugleich die Wahrnehmung fremder Vermögensinteressen beinhalten.

ee) Die Bedeutung des Merkmals der Ehrenamtlichkeit

Keine Haftungsbeschränkung ist unzweifelhaft für alle Tätigkeiten – auch außerhalb des typischen Aufgabenkreises – zu gewähren, für die der Vorstand eine besondere Risikoprämie erhält, da ihm dann das mit der Geschäftsführung verbundene Risiko bewußt übertragen wurde[304].

Bei einem dienstvertragsähnlichen, d.h. entgeltlichen Geschäftsleitervertrag ist ebenfalls außerhalb der gewöhnlichen Vorstandspflichten eine Haftungsmilderung abzulehnen. Für eine analoge Anwendung der §§ 300 I, 521, 599, 680, 968 BGB fehlt es schon am erforderlichen Merkmal der Fremdnützig-

---

[303] Siehe die Nachweise in Fn. 300. Allerdings ist für den Freistellungsanspruch zu beachten, daß sich nicht lediglich das allgemeine Lebensrisiko realisieren darf. Zur Frage, inwieweit KFZ-Unfälle dem allgemeinen Lebensrisiko zuzuordnen sind, vgl. VI 1.

[304] Vgl. *Erman/Ehmann*, § 670 Rn. 11; MünchKomm-*Seiler*, § 670 Rn. 17; *Staudinger/Martinek*, § 675 Rn. A 77; *Staudinger/Wittmann*, § 670 Rn. 18.

keit. Aufgrund des entgeltlichen Charakters wird der Vertrag nämlich durch das Eigeninteresse geprägt. Weiterhin bedarf es nicht unbedingt der Motivation zur Übernahme der Geschäftsleitertätigkeit mittels einer Haftungsbeschränkung, weil das gezahlte Entgelt schon an sich geeignet ist, ein Interesse an der Aufgabenwahrnehmung zu begründen. Letztlich besteht bei einer entgeltlichen Tätigkeit über das vereinbarte Honorar für das Organ die Möglichkeit zur Risikokalkulation[305].

Im Bereich seiner gewöhnlichen Geschäftsleiterpflichten haftet der Vorstand unabhängig von einer gegebenenfalls ehrenamtlich ausgeübten Tätigkeit für jede Fahrlässigkeit. Die Unentgeltlichkeit kann aber bei der Beurteilung, ob im Einzelfall eine typische Vorstandspflicht anzunehmen ist, ausschlaggebend sein. Die unentgeltliche Amtsführung deutet eher auf einen beschränkten Pflichtenkreis hin, während ein Entgelt auf umfassendere Pflichten schließen läßt[306].

In Ausnahmefällen kann das Merkmal der Ehrenamtlichkeit für die Beurteilung der Sorgfaltsanforderungen, die an das Organ gestellt werden, Bedeutung gewinnen. So kann möglicherweise dieselbe Handlung, die bei einem hauptamtlich tätigen Vorstand grob fahrlässig wäre, bei einem neben- und ehrenamtlich handelnden Vorstand lediglich eine normale Fahrlässigkeit begründen, weil ihm naturgemäß weniger Zeit zur Amtsführung zur Verfügung steht und das Bestellungsorgan in Kenntnis dieses Umstands das Amt übertragen hat[307]. Für die wirtschaftlichen Vereine ist insoweit anerkannt, daß die Ehrenamtlichkeit die anzuwendende Sorgfalt beeinflussen kann. Das soll zum Beispiel der Fall sein, wenn die Tätigkeit normalerweise von hauptamtlichen Mitarbeitern ausgeübt wird und dem unentgeltlich handelnden Organ hauptsächlich Repräsentationsaufgaben verbleiben[308].

---

[305] Vgl. BGH NJW 1963, 1100 (1103), zur Ablehnung der Grundsätze der gefahrgeneigten Arbeit auf Dienstverträge eines selbständig Tätigen; *Brox/Walker*, DB 1985, 1469 (1477); *Canaris*, RdA 1966, 41 (48); *Esser/Weyers*, SR II, § 28 III 2, S. 243 f.

[306] So auch *Heisse*, Beschränkung der Geschäftsführerhaftung, S. 41.

[307] Ähnlich für die Genossenschaft *Großfeld/Noelle*, AG 1986, 275 (282); *Großfeld/Schulte*, ZfG 1985, S. 187 (195); *Seki/Noelle*, ZfG 1984, S. 128 (140). Gegen eine Differenzierung von haupt- und ehrenamtlichen Vorstandsmitgliedern *Blomeyer/Meyer*, ZfG 1985, S. 250 (255).

[308] Siehe zur Genossenschaft *Hettrich/Pöhlmann*, § 34 Rn. 4; *Meyer/Meulenbergh/Beuthien*, § 34 Rn. 12; dagegen aus spezifisch genossenschaftlichen Erwägungen *Bottermann*, S. 33 ff. Zur GmbH *Baumbach/Hueck/Zöllner*, § 43 Rn. 9; *Marsch-Barner/Diekmann*, MünchHdb., GesR, Bd. 3, § 46 Rn. 12.

ff) Ergebnis

Der Bereich der normalen Vorstandspflichten ist weder für Eigen- noch für Fremdorgane einer Haftungsbeschränkung zugänglich[309]. Hinsichtlich des Regreß- bzw. Freistellungsanspruchs aus § 670 BGB kann jede Art von Fahrlässigkeit nach allgemeinen Grundsätzen über § 254 BGB anspruchsmindernd oder -ausschließend berücksichtigt werden[310]. Ausschlaggebend dafür ist die Wahrnehmung fremder Vermögensinteressen bei der Vorstandstätigkeit sowie der Umstand, daß das Amt dem Organ aufgrund seiner Qualifikation anvertraut wurde, so daß auch die *nichtwirtschaftliche Zielsetzung* des Idealvereins eine andere Beurteilung nicht rechtfertigen kann[311]. Die Gläubigerinteressen sind hingegen nicht geeignet, die strenge Haftung zu begründen.

Soweit die entscheidenden Gesichtspunkte der Organhaftung nicht greifen, es sich also nicht um typische Pflichten handelt, bestehen keine Bedenken, den Vorstand bis zur Grenze der groben Fahrlässigkeit freizustellen[312]. Im Einzelfall kann § 680 BGB analoge Anwendung finden, falls eine mit der Notgeschäftsführung vergleichbare Situation vorliegt.

---

[309] Auch BGH NJW-RR 1986, 572 (574) nimmt eine Haftung für jede Fahrlässigkeit an. Ebenso *Erman/H.P. Westermann*, § 27 Rn. 7; RGRK-*Steffen*, § 27 Rn. 7.

[310] *Fikentscher*, SR, Rn. 921, will die Ansprüche gemäß § 254 BGB nach den Grundsätzen über das Handeln auf eigene Gefahr mindern. Die Schadensverteilung soll damit eine Frage der Umstände des Einzelfalls sein. Im Kapitalgesellschaftsrecht wird aus Gründen des Gläubigerschutzes und besonderer Pflichtenbindungen der Organmitglieder der Rückgriff gegenüber der Gesellschaft bei Verschulden z.T. ganz ausgeschlossen. Vgl. dazu *Bastuck*, Enthaftung, S. 116 f.

[311] Zur GmbH *Baumbach/Hueck/Zöllner*, § 43 Rn. 9; *Marsch-Barner/Diekmann*, MünchHdb., GesR, Bd. 3, § 46 Rn. 12 m.w.N. A.A. *K. Schmidt*, GesR, § 14 V 1, S. 432 und § 24 III 2 d, S. 696 f.

[312] *Deutsch*, Haftungsrecht, Rn. 434 f., bejaht eine Haftungsmodifikation in auf Dauer ausgerichteten Begegnungsverhältnissen wie z.B. dem Verein. Er stellt die Regel auf, daß die Haftung von "gleitender Fahrlässigkeit" abhängt. Es soll je nach Konstellation der zugrundeliegenden Risikoverteilung und Sorgfaltserwartung gehaftet werden, d.h. bei grober Fahrlässigkeit volle Haftung eintreten, bei übriger Fahrlässigkeit die Haftung entfallen oder herabgesetzt sein. Diese Ansicht kommt der hier vertretenen sehr nahe, weil der Sorgfaltserwartung insbesondere beim Vereinsvorstand (Aufgabenübertragung aufgrund der Qualifikation) entscheidende Bedeutung zukommt. Auch wird jenseits der Grenze zur groben Fahrlässigkeit stets gehaftet. Allein im Bereich der übrigen Fahrlässigkeit erwägt *Deutsch* lediglich eine herabgesetzte Haftung und damit keine volle Freistellung, wobei er an der unteren Grenze der Fahrlässigkeit wiederum eine Haftung nur in Ausnahmefällen bejaht, so daß letztlich auch im Hinblick auf Geschäftsbesorgungen durch Vereinsmitglieder keine wesentlichen Unterschiede im Vergleich zu der hier vertretenen Lösung bestehen dürften.

VI. Weitere Voraussetzungen einer Haftungsfreistellung

1. Abgrenzung von tätigkeitsspezifischen Risiken und allgemeinem Lebensrisiko

Der Aufwendungsersatzanspruch des Geschäftsführers setzt zunächst voraus, daß die eingetretenen Verluste adäquat kausal auf der Geschäftsbesorgung beruhen[1]. Adäquater Kausalzusammenhang reicht jedoch nicht aus. Vielmehr muß sich ein tätigkeitsspezifisches Risiko realisieren, wobei es nicht darauf ankommt, ob den beteiligten Parteien die Gefahr bewußt war oder sie sich erst ex post herausgestellt hat[2]. Davon abzugrenzen ist das allgemeine Lebensrisiko des Geschäftsbesorgers, das sich nur während der Geschäftsführung verwirklicht[3]. Im Rahmen einer angemessenen Risikoverteilung ist es sachgerecht, daß das Vereinsmitglied bzw. Organ sein allgemeines Lebensrisiko nicht auf den Verein und damit die Gesamtheit der Mitglieder abwälzen kann, wenn der Eintritt des Schadens nicht auf den Gefahren der übertragenen Aufgabe beruht, sondern sich nur "zufällig" anläßlich von deren Wahrnehmung ereignet. Daher handelt es sich bei solchen Schäden nicht um Geschäftskosten. Umgekehrt braucht der Geschäftsbesorger nicht diejenigen Vorteile nach § 667 BGB herauszugeben, die er lediglich bei Gelegenheit der Tätigkeit, also ohne inneren Zusammenhang mit der Geschäftsführung erlangt[4].

Ob sich ein tätigkeitsspezifisches oder lediglich das allgemeine Lebensrisiko realisiert, kann nur unter Berücksichtigung des konkreten Geschäftsbesorgungsverhältnisses festgestellt werden[5]. Für die Ermittlung und Bewertung des Risi-

---

[1] Vgl. nur GroßKommHGB-*Ulmer*, § 110 Rn. 22; *Staudinger/Wittmann*, § 670 Rn. 16.

[2] *Schlegelberger/Martens*, § 110 Rn. 21 f.; *Staudinger/Wittmann*, § 670 Rn. 16.

[3] Vgl. RGZ 167, 85 (89); BGHZ 33, 251 (257); BGHZ 38, 270 (277); BGH NJW 1993, 2234 (2235); *Canaris*, RdA 1966, 41 (43); *Erman/Ehmann*, § 670 Rn. 9 f.; *Fitz*, Risikozurechnung, S. 82 ff.; *Genius*, AcP 173, S. 481 (513 f.); *Heymann/ Emmerich*, § 110 Rn. 10; *A. Huber*, Haftung des Geschäftsherrn, S. 79 ff.; *Larenz*, SR II/1, § 56 III, S. 419; MünchKomm-*Seiler*, § 670 Rn. 14; *Palandt/Thomas*, § 670 Rn. 12; RGRK-*Steffen*, § 670 Rn. 19; *Soergel/Mühl*, § 670 Rn. 21; *Staudinger/Wittmann*, § 670 Rn. 16.

[4] Dazu *Soergel/Mühl*, § 667 Rn. 11; *Staudinger/Wittmann*, § 667 Rn. 9.

[5] So insb. GroßKommHGB-*Ulmer*, § 110 Rn. 24.

kos ist daher der Vertragsinhalt heranzuziehen[6]. Kein spezifisches Geschäftsbesorgungsrisiko soll dann vorliegen, wenn solche Gefahren vom Durchschnittsbürger als verkehrsüblich in Kauf genommen werden[7]. Für die Annahme einer tätigkeitsspezifischen Gefahr spricht dagegen deren objektive Erkennbarkeit[8] sowie der Umstand, daß sie mit dem Auftrag verbunden ist und von beiden Teilen in Rechnung gestellt wird[9]. Wäre mutmaßlich derselbe Schaden dem Geschäftsherrn bei Eigenausführung entstanden, so ist dies als Indiz für ein geschäftstypisches Risiko zu werten[10].

Im übrigen kann bezüglich weiterer Einzelfragen auf die einschlägigen Entscheidungen zum Auftragsrecht bzw. § 110 I 2. Alt. HGB verwiesen werden. Als typische Gefahren sind beispielhaft ein besonderes Prozeßrisiko[11], Risiken aus Gefährdungshaftung[12] sowie besondere Aufsichts- und Überwachungspflichten[13] zu nennen. Eine tätigkeitsspezifische Gefahr kann nicht nur bei Eigenschäden, sondern auch dann eintreten, wenn der Geschäftsführer einem Dritten schadensersatzpflichtig wird[14].

Nach diesen Grundsätzen ist auch zu entscheiden, ob der Geschäftsführer Verlustersatz für an seinem PKW entstandene Schäden verlangen kann. Reichert/van Look wollen dem Verein eine Pflicht zum Verlustersatz auferlegen, wenn der Vorstand einen eigenen PKW bei notwendigen Fahrten für den Verein einsetzt, das Bestellungsorgan dies weiß und billigt und den Vorstand kein Verschulden am eingetretenen Schaden trifft[15]. Prinzipiell wäre für den Vorstand hier eine vollständige Freistellung sogar bei leichter Fahrlässigkeit möglich, da er nicht fremde Vermögensinteressen wahrnimmt und keine besondere

---

6 So *Erman/Ehmann*, § 670 Rn. 10; MünchKomm-*Seiler*, § 670 Rn. 16.

7 *A. Huber*, Haftung des Geschäftsherrn, S. 82.

8 Siehe *Erman/Ehmann*, § 670 Rn. 10; *A. Huber*, Haftung des Geschäftsherrn, S. 83; *Wilburg*, Elemente, S. 10.

9 Vgl. *Erman/Ehmann*, § 670 Rn. 10; MünchKomm-*Seiler*, § 670 Rn. 16.

10 RG Warn 1929, Nr. 160, 296 (297); *Erman/Ehmann*, § 670 Rn. 10; MünchKomm-*Seiler*, § 670 Rn. 16.

11 BGH NJW 1960, 1568 (1569) - im Ergebnis jedoch verneint; *Rehbinder*, ZHR 148, S. 555 (557, Fn. 6).

12 BGH NJW 1963, 251 (252).

13 BGHZ 89, 153 (157 f.); GroßKommHGB-*Ulmer*, § 110 Rn. 24.

14 Vgl. BGHZ 89, 153 (158); *Larenz*, SR II/1, § 56 III, S. 419; *Schlegelberger/Martens*, § 110 Rn. 23.

15 *Reichert/van Look*, Rn. 1502.

Qualifikation erforderlich ist[16]. Unfälle im Straßenverkehr sind jedoch grundsätzlich dem allgemeinen Lebensrisiko zuzuordnen, es sei denn, daß ausnahmsweise ein besonderes Schadensrisiko, also eine Gefahrerhöhung aufgrund der konkreten Tätigkeit (z.B. Eil- und Notfälle), gegeben ist[17]. Deshalb bestehen auch an der Richtigkeit der Entscheidung des AG Bochum Zweifel[18]. Dort wird das Bestehen einer geschäftsspezifischen Gefahr wie folgt begründet: "Die regelmäßige Benutzung eines PKW's für derartige Fahrten ist nicht ungefährlich und begründet zumindest eine gewisse Wahrscheinlichkeit für den Eintritt von Schäden." Auch unter der zweifelhaften Anwendung arbeitsrechtlicher Gesichtspunkte wäre es für das – nunmehr aufgegebene – Merkmal der Gefahrgeneigtheit der Tätigkeit darauf angekommen, ob die konkret zum Schaden führende Tätigkeit schadensträchtig war. Verneint wurde dies in der Rechtsprechung beispielsweise für das Lenken eines KFZ bei gutem Wetter auf einer verkehrsarmen Straße mit guter Fahrbahn[19].

Im übrigen sollte hier ebenfalls nicht auf die arbeitsrechtliche Rechtsprechung zurückgegriffen werden[20]. Im Arbeitsrecht bekam der Arbeitnehmer in entsprechender Anwendung des § 670 BGB den erlittenen Sachschaden zunächst nur dann ersetzt, wenn dieser in Vollzug einer gefährlichen Arbeit entstanden und zudem außergewöhnlich war[21]. Später wurde eine Arbeitgeberhaftung dann angenommen, wenn der Arbeitgeber das Benutzen des privaten KFZ verlangt hat oder der Unfall bei einer gefährlichen Arbeit eintrat und ein außergewöhnlich hoher Schaden vorlag[22]. Nunmehr soll genügen, daß der Arbeitnehmer das Fahrzeug mit Billigung des Arbeitgebers ohne eine besondere

[16] Dazu bereits V 2 e dd.

[17] So auch für die Geschäftsbesorgung in der *Genossenschaft* Noelle, S. 90. Vgl. weiterhin *Baumbach/Hopt*, § 110 Rn. 13; *Fitz*, Risikozurechnung, S. 84; *Genius*, AcP 173, S. 481 (514); GroßKommHGB-*Ulmer*, § 110 Rn. 22; *A. Huber*, Haftung des Geschäftsherrn, S. 82 f.; *Lange*, JZ 1963, 550; *Soergel/Mühl*, § 670 Rn. 21; *Staudinger/Wittmann*, § 670 Rn. 16.

[18] AG Bochum NJW-RR 1989, 96 f. Dazu II 1 b bb.

[19] Vgl. BAG AP Nr. 22, 53, 56, 78, 80 zu § 611 BGB Haftung des Arbeitnehmers; *Löwisch/Arnold*, JZ 1984, 622; MünchKomm-*Söllner*, § 611 Rn. 426; *Zöllner/Loritz*, § 19 II 1 d, S. 227. A.A. *Staudinger/Richardi*, § 611 Rn. 482, der meint, es komme auf eine abstrakte Betrachtung der Tätigkeit an.

[20] So wohl aber *Reichert/van Look*, Rn. 1502. Zur Arbeitgeberhaftung für Schäden bei Dienstfahrten mit dem PKW siehe *Schiefer*, NJW 1993, 966 ff.

[21] BAG GS AP Nr. 2 zu § 611 BGB Gefährdungshaftung des Arbeitgebers. Zur Kritik an diesen engen Voraussetzungen *Canaris*, RdA 1966, 41 (47 f.); *Steindorff*, FS Dölle, Bd. 1, S. 273 ff.

[22] Siehe BAG AP Nr. 5 zu § 611 BGB Gefährdungshaftung des Arbeitgebers.

Vergütung in dessen Betätigungsbereich eingesetzt hat[23]. Der Verzicht auf das Merkmal des tätigkeitsspezifischen Risikos bei KFZ-Unfällen im Rahmen der entsprechenden Anwendung von § 670 BGB zeigt einmal mehr die Sonderstellung der arbeitsrechtlichen Haftungsregeln, die sich nur noch schwer in das allgemeine Haftungssystem einordnen lassen und daher einer Übertragung auf andere Rechtsgebiete nicht zugänglich sind[24].

Fügt der Geschäftsbesorger dem Verein schuldhaft einen Schaden zu, dann kommt eine Haftungsbeschränkung ebenfalls nur dann in Betracht, wenn sich ein mit der Geschäftsbesorgung gefahrspezifisch verbundenes Risiko realisiert hat. Insoweit kann es für die Beurteilung der Frage, wer im Innenverhältnis den Verlust tragen soll, keinen Unterschied machen, ob das Mitglied einen Dritten schädigt bzw. selbst einen Schaden erleidet oder ob es dem Verein gegenüber direkt schadensersatzpflichtig wird[25]. Das Merkmal der Gefahrgeneigtheit der Arbeit als Voraussetzung einer Haftungsbeschränkung im Arbeitsrecht fand bis zu dessen Aufgabe ebenfalls bei einer direkten Schädigung des Arbeitgebers durch den Arbeitnehmer Anwendung. Ist die im Wege der Geschäftsführung gegenüber dem Verein entstandene Schadensersatzpflicht dem allgemeinen Lebensrisiko des Geschäftsbesorgers zuzuordnen, so haftet er dem Verein folglich unbeschränkt, weil es auch diesbezüglich nicht gerechtfertigt erscheint, das allgemeine Lebensrisiko auf den Verein abzuwälzen.

2. Tätigkeitsspezifisches Risiko und Vermeidbarkeit der Risikolage

Im Falle des Eingehens einer vermeidbaren Gefahr durch den Geschäftsführer soll nach einer gewichtigen Ansicht in der Literatur der Anspruch gegen den Geschäftsherrn vollständig entfallen, weil sich nicht das der Gestio anhaftende Gefahrenpotential verwirklicht hat[26]. In der Pfadfinderentscheidung drängt sich beispielsweise die Frage auf, ob nicht der Jugendleiter das Risiko

---

[23] Vgl. BAG AP Nr. 6 zu § 611 BGB Gefährdungshaftung des Arbeitgebers. Dazu auch *Schiefer*, NJW 1993, 966 (967).

[24] Daher zu Recht kritisch im Hinblick auf die Anwendung des § 670 BGB auf arbeitsrechtliche Sachverhalte MünchKomm-*Söllner*, § 611 Rn. 344. Siehe zur Sonderstellung des Arbeitsrechts schon V 2 a cc (5).

[25] Vgl. bereits I 2 d.

[26] So *Düringer/Hachenburg/Flechtheim*, § 110 Anm. 8; *Fitz*, Risikozurechnung, S. 88; *Genius*, AcP 173, S. 481 (513); *A. Huber*, Haftung des Geschäftsherrn, S. 78 f.; *Löwisch/Arnold*, JZ 1984, 622; *Schlegelberger/Martens*, § 110 Rn. 22 und Rn. 24. Abweichend *Staudinger/Martinek* § 675 Rn. A 76, der § 254 BGB anwenden will.

eines Unfalls unnötig erhöht hat, indem er sich dafür entschied, die Zelte unter Zuhilfenahme eines Gabelstaplers zum Trocknen aufzuhängen.

Soweit dem tätig werdenden Geschäftsführer keine Weisungen auferlegt werden, bleibt es grundsätzlich seiner Entscheidung vorbehalten, welchen Weg er zur Ausführung der Aufgabe beschreitet. Aus dem Fehlen einer gebundenen Marschroute wird man allerdings nicht ohne weiteres schließen dürfen, daß es noch den Interessen des Vereins entspricht, wenn der Geschäftsführer kraft eigenen Entschlusses ein allzu hohes Risiko eingeht. Stehen ihm also mehrere Handlungsmöglichkeiten zur Durchführung der Geschäftsbesorgung offen, so kann möglicherweise nur eine der verschiedenen Handlungsmöglichkeiten im Interesse des Vereins liegen, weil die anderen mit weitaus höheren Risiken belastet sind. Hier kann das Verschulden des Geschäftsführers schon darin liegen, daß er eine vermeidbare Gefahr eingegangen ist. In ähnlicher Weise wie §§ 670 BGB, 110 I 1. Alt. HGB bei Aufwendungen verlangen, daß diese erforderlich sind, gebietet der Tatbestand für den Ersatz von Verlusten, daß die konkret zum Schaden führende Tätigkeit zur Erledigung der Aufgabe notwendig ist.

Festzuhalten ist zunächst, daß ein schuldhaftes Handeln des Geschäftsführers bei der Verursachung des Schadens von der Vermeidbarkeit der Risikolage zu trennen ist. Es liegen also zwei zeitlich zu trennende Bezugspunkte für die Beurteilung der Handlung vor. Zum einen die Auswahl einer bestimmten Geschäftsführungsvariante und zum anderen die konkrete Ausführung der gewählten Alternative. Besteht überhaupt nur eine Handlungsmöglichkeit oder beschreitet der Geschäftsführer den erforderlichen Weg, so kann ihm nur bei der Ausführung der Tätigkeit ein schadenverursachendes Verschulden zur Last fallen, wobei er gegebenenfalls bis zur Grenze der groben Fahrlässigkeit freizustellen ist.

Der Ansicht, daß bei einer vermeidbaren Gefahr (Bestehen mehrerer Handlungsalternativen) der Anspruch stets vollständig entfallen soll, kann in dieser Allgemeinheit nicht beigetreten werden. Jedenfalls wird man nicht verlangen können, daß der Geschäftsführer immer die ungefährlichste Variante zu wählen hat. Vielmehr muß die Erforderlichkeit der Geschäftsbesorgung unter Zugrundelegung der Interessen des Geschäftsherrn bewertet werden. So kann es durchaus sachgerecht sein, wenn das Mitglied oder Organ einen etwas risikobehafteteren, aber dafür umso effektiveren Weg einschlägt.

Teilweise wird deshalb zu Recht nicht allein auf die Vermeidbarkeit der Gefahr abgestellt, sondern darauf, ob die Risikoeingehung zur Erreichung des Zwecks unangemessen erscheint[27]. Insoweit können die Grundsätze über die Erforderlichkeit von Aufwendungen herangezogen werden, wonach diese in angemessenem Verhältnis zur Bedeutung der Geschäftsführung für den Interessenten stehen müssen. Die Beurteilung der Erforderlichkeit der Aufwendungen erfolgt objektiv aus der Sicht eines sorgfältigen Geschäftsführers in gleicher Lage[28]. Soweit es – wie in Fällen der Handlungsalternative – an Weisungen fehlt, sind die Pflichten unter Berücksichtigung des gesamten Sachverhalts und der Interessenlage samt Einbeziehung der bestehenden Treupflichten zu beurteilen[29]. Allein der Umstand, daß die Gefahr an sich vermeidbar war, zwingt also nicht zu dem Schluß, daß der Schaden außerhalb der tätigkeitsspezifischen Risiken lag und deshalb nicht erstattungsfähig ist. Es kommt vielmehr auf das pflichtgemäße Ermessen des Geschäftsführers an, wobei er die Entscheidung über die Erforderlichkeit nach sorgfältiger, den Umständen des Falles entsprechend gebotener Prüfung zu treffen hat[30].

Bei den Anforderungen, die an den Geschäftsbesorger gestellt werden, ist gegebenenfalls zu beachten, daß diesem nur ein grob fahrlässiges Verhalten vorgeworfen werden kann. Insofern ist wiederum die Parallele zu § 680 BGB zu ziehen, wo an die Entscheidung des Nothelfers geringere Maßstäbe angelegt werden, weil die Notlage einen schnellen Entschluß verlangt, der eine sorgfältige Abwägung kaum zuläßt[31]. Ebenso wird bei den Personengesellschaften die Erforderlichkeit der Aufwendungen und die Vermeidbarkeit der Risikolage unter Berücksichtigung der Sorgfaltsanforderungen des § 708 BGB beurteilt[32]. Strengere Voraussetzungen würden dem Aspekt entgegenstehen, daß vor allem

---

[27] So *Erman/Ehman*, § 670 Rn. 15; *Staudinger/Wittmann*, § 670 Rn. 17. Ähnl. *Bastuck*, Enthaftung, S. 114; *Böckel*, AcP 96, S. 376 (429); *Lent*, S. 87 ff.

[28] Vgl. *Erman/Ehman*, § 670 Rn. 4; *Lent*, S. 63; *Palandt/Thomas*, § 670 Rn. 4; *Soergel/Mühl*, § 670 Rn. 5; *Staudinger/Wittmann*, § 670 Rn. 9.

[29] Ähnl. RGZ 90, 129 (131); RG JW 1905, 43; *Soergel/Mühl*, § 665 Rn. 6; *Staudinger/Wittmann*, § 665 Rn. 5.

[30] RGZ 149, 205 (207 f.); BGHZ 95, 375 (388); *Erman/Ehmann*, § 670 Rn. 4; *Palandt/Thomas*, § 670 Rn. 4.

[31] Siehe BGHZ 43, 188 (194); BGH MDR 1972, 487; *Isay*, Geschäftsbesorgung, S. 112 f.

[32] Siehe *Baumbach/Hopt*, § 110 Rn. 9; *Düringer/Hachenburg/Flechtheim*, § 110 Anm. 6; GroßKommHGB-*Ulmer*, § 110 Rn. 14; HK-HGB-*Stuhlfelner*, § 110 Rn. 4; *Schlegelberger/Martens*, § 110 Rn. 19. Speziell zur Vermeidbarkeit der Risikolage *Schlegelberger/Martens*, § 110 Rn. 24.

Vereinsmitglieder mit Hilfe der Haftungsbeschränkung zur Übernahme von Tätigkeiten motiviert werden sollen.

Für die hier vertretene Lösung ist im übrigen anzuführen, daß sie den Geschäftsführer nicht dazu verleitet, immer den üblichen Weg einzuschlagen, um den Verlustersatzanspruch nicht allein wegen der Vermeidbarkeit der Risikolage zu verlieren. Sie ermöglicht ihm somit, flexibel zu reagieren und effektivere Alternativen in Eigeninitiative zu wählen[33]. Dies gilt umso mehr für den Vorstand eines Idealvereins, der in der Regel einen weiten Spielraum besitzt und gerade aufgrund seiner Qualifikation besonders vorteilhafte Handlungsmöglichkeiten erkennen kann.

Im Pfadfinderfall wäre es durchaus denkbar gewesen, die Zelte in herkömmlicher Weise unter Benutzung einer Leiter zum Trocknen aufzuhängen. Das Hochheben zweier Jugendlicher in einem Drahtgitterbehälter, der nur lose auf den Lastträgern eines Gabelstaplers sitzt, stellt dagegen die weitaus gefährlichere Variante dar, zumal der Gabelstapler ebenfalls von einem der jugendlichen Pfadfinder bedient wurde. Andererseits ist zu bedenken, daß die Zwecksetzung des Pfadfinderbundes auch Aktivitäten erfaßt, die Mut und Entschlossenheit erfordern und daher nicht frei von jeglichem Risiko sind[34]. Zweifelhaft bleibt allein, ob das von dem Jugendleiter eingegangene Risiko unter Berücksichtigung der Haftungsabschwächung noch angemessen war, d.h. mit Pfadfinderidealen in Einklang stand. Dagegen spricht immerhin, daß die Tätigkeit mit einer beträchtlichen Gefahr für Leib und Leben der Jugendlichen behaftet war. Angesichts des Gewichts des Drahtgitterbehälters und des Umstands, daß dieser nur lose auf den Lastträgern des Gabelstaplers saß, mußte der Jugendleiter dieses Risiko auch ohne weiteres erkennen. Grundsätzlich kann nicht davon ausgegangen werden, daß Handlungen, die das Risiko schwerer Verletzungen der Vereinsmitglieder in besondere Weise in sich tragen, im Interesse des Vereins liegen. So hat auch das OLG Köln als Vorinstanz darauf hingewiesen, daß der Erziehungsauftrag zwar gelegentlich Aktionen verlange, die nicht frei von Risiko sind, dieses jedoch möglichst gering zu halten sei[35].

Verneint man aus diesen Gründen im Pfadfinderfall die Erforderlichkeit des eingeschlagenen Weges, so hat sich kein tätigkeitsspezifisches Risiko,

---

[33] In diese Richtung auch *Böckel*, AcP 96, S. 376 (429).

[34] So zutreffend BGHZ 89, 153 (158).

[35] Vgl. die Angaben in BGHZ 89, 153 (158).

sondern ein vom Geschäftsführer geschaffenes Risiko verwirklicht[36]. Von diesem Standpunkt aus müßte man den Freistellungsanspruch ganz verneinen, während ansonsten ein Verschulden bei der Ausführung einer erforderlichen Geschäftsbesorgungsalternative nicht grundsätzlich zum Versagen der Freistellung führen muß, da das Verschulden Ausdruck der tätigkeitsspezifischen Risikolage sein kann, so daß § 254 BGB zur Anwendung gelangt[37] bzw. bei einer etwaigen Haftungsbeschränkung auf grobe Fahrlässigkeit sogar volle Freistellung anzunehmen ist.

Kein Ersatz kann weiterhin verlangt werden, wenn der Geschäftsführer eigene Geschäfte, die in keinem Zusammenhang mit dem verfolgten Vereinszweck stehen, mit denjenigen für den Verein verknüpft und die Verfolgung dieser eigenen Belange letztlich zum Schaden geführt hat. Dasselbe gilt, wenn der Schaden auf einer im Interesse des Geschäftsführers geschaffenen Gefahrenlage beruht[38]. Auch hier realisiert sich keine mit der Aufgabenwahrnehmung untrennbar verbundene Gefahr, sondern ein vom Geschäftsführer selbst verursachtes Risiko.

---

[36] So *Löwisch/Arnold*, JZ 1984, 622.

[37] *Bastuck*, Enthaftung, S. 116; *Fitz*, Risikozurechnung, S. 146; *Schlegelberger/Martens*, § 110 Rn. 24. Zur Anwendbarkeit von § 254 BGB auf den Verlustersatzanspruch siehe IV 3 f bb.

[38] BGH NJW 1960, 1568 (1569); *Fitz*, Risikozurechnung, S. 88; *Heymann/Emmerich*, § 110 Rn. 5.

VII. Weitere Einzelfragen

1. Weisungen der Mitgliederversammlung

Der Mitgliederversammlung als oberstem Organ des Vereins steht schon aus korporationsrechtlichen Gründen ein Weisungsrecht gegenüber dem Vorstand zu. Nach § 27 I BGB leitet der Vorstand seine Legitimation von der Mitgliederversammlung, die ihn bestellt hat, ab. Aufgrund der jederzeitigen Abberufungsmöglichkeit ist seine Amtsstellung von der Mitgliederversammlung abhängig. Im Verhältnis zum Widerruf der Organstellung muß die bloße Weisung sozusagen als Minusmaßnahme zulässig sein. Im übrigen läßt sich das Weisungsrecht aus § 27 III BGB i.V.m. § 665 BGB ableiten[1]. Weiterhin kann die Satzung vorsehen, daß Maßnahmen des Vorstands der Zustimmung der Mitgliederversammlung oder eines Aufsichtsrats bzw. Beirats bedürfen[2]. Auch beim nichtrechtsfähigen Verein existieren Weisungsrechte gegenüber dem Vorstand, die von der Mitgliederversammlung oder der Mitgliedergesamtheit erteilt werden[3].

Das Vereinsmitglied ist den vereinsrechtlichen Regelungen sowie den Weisungen aller Vereinsorgane innerhalb ihrer Zuständigkeit unterworfen[4].

Befolgt nun der Geschäftsführer einen gesetzmäßigen Weisungsbeschluß der Mitgliederversammlung, so müssen die dadurch entstandenen Verluste – wie §§ 34 IV 1 GenG, 93 IV 1 AktG belegen – vom Verein getragen werden[5]. Daher hat der Geschäftsführer, wenn er in Vollzug eines Vereinsbeschlusses einen Dritten schädigt, einen Freistellungsanspruch gegen den Verein[6]. Im Falle einer Weisung ist eine Haftungsfreistellung auch dann anzunehmen, wenn der

---

[1] Siehe MünchKomm-*Reuter*, § 27 Rn. 21; *Reichert/van Look*, Rn. 1503; *Soergel/Hadding*, § 27 Rn. 22 a; *Staudinger/Weick*, § 27 Rn. 25.

[2] *Reichert/van Look*, Rn. 1503; *Staudinger/Weick*, § 26 Rn. 11.

[3] Siehe *Staudinger/Weick*, § 54 Rn. 37.

[4] Vgl. schon V 2 a cc (2).

[5] Dazu schon V 1.

[6] Siehe für die Verletzung von Mitgliedschaftsrechten *H. Götz/J. Götz*, JuS 1995, 106 (110).

Geschäftsbesorger in Vermögensangelegenheiten tätig wird, weil die Mitgliederversammlung die eigene Kompetenz und Qualifikation anstelle derjenigen des Geschäftsbesorgers setzt, der insoweit "entlastet" wird. Im Innenverhältnis zum Verein trifft ihn deshalb keinerlei Verschulden. Daher entfällt konsequenterweise bei der auf einer Weisung beruhenden Geschäftsführung ein Schadensersatzanspruch des Vereins gegen den Geschäftsführer, wenn dieser dem Verein einen Schaden zufügt.

Ist das pflichtwidrige Verhalten durch die Mitgliederversammlung nur mitveranlaßt worden, so richtet sich die Haftung im Innenverhältnis nach dem Anteil der Verursachung durch den Geschäftsführer und die Mitgliederversammlung[7], wobei gegebenenfalls zu berücksichtigen ist, daß dem Geschäftsführer nur Vorsatz und grobe Fahrlässigkeit zur Last fällt.

Dagegen tritt eine Haftungsübernahme aufgrund der Weisung nicht ein, wenn der Geschäftsführer die Weisung in fehlerhafter Art und Weise selbst verursacht hat, z.B. der Mitgliederversammlung nicht korrekt Bericht erstattet hat, weil dann gegen ihn im Innenverhältnis der Vorwurf eines schuldhaften Handelns erhoben werden kann[8]. Auf Weisungen kann sich der Geschäftsführer ferner nicht berufen, wenn ihm die rechtmäßige Wahrnehmung der Aufgabe persönlich durch Gesetz auferlegt wird, wie dies bei steuerlichen Pflichten oder der Konkursantragspflicht des Vorstands der Fall ist[9].

Umstritten ist, inwieweit Beschlüsse Bindungswirkung entfalten, die den Vorstand unter Verstoß gegen Gesetz oder Satzung verpflichten, Mitgliedschaftsrechte zu verletzen. Hier wird teilweise vertreten, daß dem Vorstand eine Prüfungspflicht obliege, da er notfalls die Möglichkeit zum Rücktritt von seinem Amt habe, wenn er von der Rechtmäßigkeit eines entsprechenden Beschlusses nicht überzeugt sei[10]. Dagegen verneint der BGH[11] eine generelle Verpflichtung zur Rechtmäßigkeitskontrolle der Beschlüsse der Mitgliederversammlung, weil eine unbeschränkte persönliche Haftung des Vorstands in solchen Fällen mit der vereinsinternen Zuständigkeitsordnung nicht vereinbar sei. Demnach wird die persönliche Verantwortlichkeit des Organs für sein Handeln

---

[7] *Reichert/van Look*, Rn. 1907. Vgl. auch *Bastuck*, Enthaftung, S. 126.

[8] So auch *Reichert/van Look*, Rn. 1935; *Sauter/Schweyer*, Rn. 278.

[9] *Reichert/van Look*, Rn. 1936.

[10] So *H. Götz/J. Götz*, JuS 1995, 106 (110).

[11] Siehe BGHZ 110, 323 (335). Dagegen *Habersack*, Mitgliedschaft, S. 348 f.

von der Stellung als *ausführendes Organ* der Mitgliederversammlung überlagert. Mithin gilt es zu bedenken, daß der Geschäftsführer Gefahr laufen würde, sich einer Haftung wegen positiver Vertragsverletzung des der Geschäftsbesorgung zugrundeliegenden Rechtsverhältnisses auszusetzen, wenn er von einer Weisung unberechtigt abweicht[12] oder die Auftragsausführung schuldhaft verzögert. Ferner würde er das Risiko tragen, seinen Aufwendungsersatzanspruch zu verlieren, da er Aufwendungen nur soweit erstattet bekommt, wie diese bei weisungsgerechter Auftragsausführung entstanden wären[13]. Weil die Prüfung im Einzelfall kompliziert sein kann und die Rechtmäßigkeit eines Beschlusses mitunter erst in einem gerichtlichen Verfahren geklärt werden kann, wäre es nicht sachgerecht, das von der Mitgliederversammlung mit dem Beschluß geschaffene Risiko dem Geschäftsführer aufzuerlegen. Auf die Weisung kann er sich allerdings nicht mehr berufen, wenn diese in einem erkennbar nichtigen Beschluß enthalten, die Rechtswidrigkeit also evident ist[14].

2. Haftung des Geschäftsführers ohne Verschulden

Umstritten ist, ob der Geschäftsführer beim Verein Regreß nehmen bzw. Freistellung verlangen kann, wenn er aufgrund der §§ 231, 904 S. 2 BGB einem Dritten schadensersatzpflichtig wird[15]. Teilweise wird ohne nähere Begründung vertreten, daß bei einer Tätigkeit im Interesse des Vereins der Handelnde im Innenverhältnis nicht einstehen muß[16]. Nach anderer Ansicht sollen Verein und Geschäftsführer im Innenverhältnis zu gleichen Teilen haften[17].

Richtigerweise wird man die Lösung aber unter Berücksichtigung der Relativität des Verschuldens suchen müssen[18]. Demnach hat der Verein den Verlust zu tragen, wenn das haftungsbegründende Verhalten des Geschäftsführers

---

[12] Siehe *Reichert/van Look*, Rn. 1503; *Soergel/Mühl*, § 665 Rn. 14; *Staudinger/Wittmann*, § 665 Rn. 14.

[13] Vgl. *Soergel/Mühl*, § 665 Rn. 16.

[14] Ähnlich *Reichert/van Look*, Rn. 1504 und Rn. 1935.

[15] Die Verpflichtung zum Schadensersatz nach §§ 231, 904 S. 2 BGB fällt in den Anwendungsbereich des § 670 BGB. Dazu RG Warn 1931, Nr. 161, 321 (323); *Soergel/Mühl*, § 670 Rn. 1; *Staudinger/Wittmann*, § 670 Rn. 6.

[16] MünchKomm-*Reuter*, § 31 Rn. 27, wonach der Ausgleich über § 27 III BGB nach Auftragsrecht erfolgen soll; *Soergel/Hadding*, § 31 Rn. 28. Im Außenverhältnis kann neben dem Geschäftsbesorger der Verein unter den Voraussetzungen des § 31 BGB als Gesamtschuldner (§§ 840 I, 421 ff. BGB) haften.

[17] So *Reichert/van Look*, Rn. 1907; *Staudinger/Weick*, § 31 Rn. 49.

[18] Vgl. auch *Bastuck*, Enthaftung, S. 118.

keinen Pflichtenverstoß im Innenverhältnis bedeutet. Die Situation stellt sich dann nicht anders als bei sonstigen Zufallsschäden dar. Erforderlich ist freilich, daß sich nicht bloß das allgemeine Lebensrisiko, sondern eine geschäftstypische Gefahr verwirklicht. Dies wäre beispielsweise bei § 231 BGB der Fall, wenn der Vorstand zur Selbsthilfe greift, um Vereinsforderungen zu sichern. Ein schuldloses Verhalten nach außen kann jedoch ausnahmsweise den Pflichten im Verhältnis zum Verein widersprechen[19], so daß auf den Freistellungsanspruch § 254 BGB anzuwenden ist. Dabei ist allerdings eine mögliche Haftungsbeschränkung auf grobe Fahrlässigkeit zu beachten.

3. Gesamtschuldnerische Haftung von Verein und Geschäftsführer

Die persönliche Haftung des Geschäftsführers gegenüber Dritten kann beispielsweise auf culpa in contrahendo wegen Inanspruchnahme persönlichen Vertrauens bzw. auf deliktsrechtlichen Normen beruhen. Eine Haftung des Vereins über § 31 BGB tritt neben die Eigenhaftung des Repräsentanten und entlastet diesen daher nicht von seiner eigenen Verantwortlichkeit. Verein und Geschäftsführer haften nach §§ 840, 421 ff. BGB als Gesamtschuldner, wobei der Geschäftsführer nach herrschender Meinung bei einer unerlaubten Handlung analog § 840 II BGB im Innenverhältnis einstehen soll[20]. Die Anwendung von § 840 II BGB ist jedoch unpassend, weil dem Geschäftsführer bei Schädigung von Dritten ein Anspruch aus § 670 BGB gegen den Verein zustehen kann, der gegebenenfalls nach § 254 BGB zu kürzen ist. Damit ist mangels vergleichbaren Sachverhalts schon die Analogie zu § 840 II BGB zu verneinen, so daß es einer Abbedingung des entsprechend anzuwendenden § 840 II BGB nicht mehr bedarf[21].

Liegt in der Schädigung des Dritten zugleich eine Pflichtverletzung gegenüber dem Verein und erleidet dieser einen Schaden, so kommt ohnehin eine Haftung des Organs wegen positiver Vertragsverletzung des organschaftlichen Rechtsverhältnisses bzw. des Anstellungsvertrages und des geschäftsführenden Vereinsmitglieds wegen positiver Vertragsverletzung der mitgliedschaftlichen

---

[19] Vgl. *Bastuck*, Enthaftung, S. 116 und S. 118.

[20] Dazu RG Recht 1907, 966 Nr. 2241; RG JW 1911, 939 Nr. 2; MünchKomm-*Reuter*, § 31 Rn. 27; *Reichert/van Look*, Rn. 1906; RGRK-*Steffen*, § 31 Rn. 9; *Soergel/Hadding*, § 31 Rn. 28; *Staudinger/Weick*, § 31 Rn. 49. Zur GmbH *Scholz/Schneider*, § 43 Rn. 253, der jedoch den Rückgriff des Geschäftsführers aufgrund eines Ausgleichsanspruchs nicht gänzlich ausschließt. Gegen die analoge Anwendung von § 840 II BGB *Oertmann*, Bd. 1, § 31 Anm. 6.

[21] So aber *Habersack*, Mitgliedschaft, S. 364.

Sonderrechtsbeziehung bzw. des vereinsrechtlichen Geschäftsbesorgungsvertrages in Betracht[22], so daß die Haftung im Innenverhältnis unzweifelhaft ist, soweit nicht ausnahmsweise eine Haftungserleichterung eingreift.

4. Haftungsvereinbarungen und Observanz

Explizit geregelte Haftungsbeschränkungen bzw. Freistellungsansprüche gewinnen insbesondere dann an Bedeutung, wenn sich bei der Geschäftsbesorgung lediglich das allgemeine Lebensrisiko realisiert oder es sich um die Betreuung fremden Vermögens handelt, weil dann der Geschäftsführer zumindest bei schuldhaftem Handeln den Verlust im Innenverhältnis nach den bereits entwickelten Grundsätzen (teilweise) zu tragen hat.

Die Frage, wer im Innenverhältnis für eingetretene Schäden aufzukommen hat, kann für Mitglieder und Organe sowohl von der Satzung geregelt werden als auch Gegenstand des zusätzlichen schuldrechtlichen (Anstellungs-)Vertrages sein[23]. Es bedarf also nicht zwingend einer satzungsrechtlichen Regelung, da die Haftungsübernahme im Innenverhältnis nicht zu den wesentlichen Grundentscheidungen des Vereins gehört[24]. Hierbei ist § 276 II BGB zu beachten, wonach die Haftung für Vorsatz nicht im voraus erlassen werden kann. Eine Haftungsvereinbarung kann sowohl die Schadensersatzansprüche des Vereins gegen den Geschäftsführer betreffen als auch eine interne Freistellungsvereinbarung im Hinblick auf Ansprüche Dritter darstellen, die zu einem Anspruch des Geschäftsführers aus § 670 BGB führt[25].

Im übrigen soll mit Hilfe der Satzung auch die Haftung zwischen einzelnen Vereinsmitgliedern selbst bei grober Fahrlässigkeit beschränkt werden kön-

---

[22] So auch *Habersack*, Mitgliedschaft, S. 364; *Reichert/van Look*, Rn. 1907, 1924, 1966; *Staudinger/Weick*, § 31 Rn. 49. Ganz allgemein richtet sich der Gesamtschuldnerausgleich insbesondere nach einem bestehenden Innenverhältnis (z.B. Auftragsrecht). Dazu RGZ 98, 143 (147); BGH NJW 1963, 2067 (2068); BGH VersR 1970, 620 (621); OLG Düsseldorf MDR 1977, 226; *Erman/H.P. Westermann*, § 426 Rn. 12; *Soergel/Wolf*, § 426 Rn. 19.

[23] So BGH VersR 1984, 1149 f.; *Bastuck*, Enthaftung, S. 121; *Reichert/van Look*, Rn. 1907; *Sauter/Schweyer*, Rn. 278.

[24] Soweit eine Haftungsbeschränkung im GmbH-Recht für zulässig erachtet wird, wird ebenfalls eine Regelung im Anstellungsvertrag als hinreichend betrachtet. Dazu *Heisse*, Beschränkung der Geschäftsführerhaftung, S. 140 m.w.N.; *Kion*, BB 1984, 864 (867); *Meyer-Landrut/Miller/Niehus*, § 43 Rn. 21; *Schneider*, FS Werner, S. 795 (814); *Scholz/Schneider*, § 43 Rn. 13 und Rn. 186. A.A. *Baumbach/Hueck/Zöllner*, § 43 Rn. 1 d.

[25] Siehe für die GmbH *Baumbach/Hueck/Zöllner*, § 35 Rn. 35 a; *Scholz/Schneider*, § 43 Rn. 254.

nen[26]. Rechtsbeziehungen zwischen den einzelnen Mitgliedern können jedenfalls von der Satzung ausgestaltet werden, soweit ein Bezug zur Mitgliedschaft im Verein besteht[27] und damit kein unzulässiger Eingriff in die Individualsphäre der Mitglieder vorliegt. Die Zulässigkeit einer derartigen Haftungsbestimmung läßt sich dadurch rechtfertigen, daß das Vereinsleben nicht mit Ersatzansprüchen der Mitglieder untereinander belastet und durch Rechtsstreitigkeiten nachhaltig gestört werden soll.

Fraglich ist weiterhin, ob eine Haftungsabschwächung oder -übernahme durch Vereinsobservanz begründet werden kann. Die Motive[28] hielten eine Abänderung der Vereinsverfassung durch Observanz zunächst für nicht ausgeschlossen, obwohl die praktische Bedeutung für gering erachtet wurde. Aus dem Schriftformgebot des § 59 II BGB für rechtsfähige Vereine ist jedoch zu folgern, daß das Entstehen von Vereinsgewohnheitsrecht durch ständige Übung und entsprechende Akzeptanz grundsätzlich nicht in Betracht kommt[29]. Dementsprechend wollte die zweite Kommission Herkommen und Observanz für nach dem Inkrafttreten des BGB entstehende juristische Personen verhindern, da sie dafür neben dem Publizitätsprinzip keinen Raum sah[30] und ein durch Observanz gebildetes Recht für unbestimmt und schwer feststellbar hielt. Auch meinte sie, daß dem Verein bei längerer Übung unbenommen sei, das Herkommen in die Satzung aufzunehmen. Unabhängig davon kann die Vereinsobservanz allerdings stets als Auslegungskriterium für Satzung und schuldrechtliche Verträge beim rechtsfähigen Verein herangezogen werden[31].

Diese Ausführungen sind jedoch insofern zu relativieren, als Observanz beim rechtsfähigen Verein in denjenigen Bereichen rechtliche Bindung erzeugen kann, die keiner satzungsrechtlichen Regelung bedürfen, weil insoweit das Schriftformgebot keine Gültigkeit besitzt[32]. Für die Haftungsübernahme durch den Verein ist keine Bestimmung in der Satzung erforderlich, weil es sich um

---

[26] So *Reichert/van Look*, Rn. 1967. Zur Möglichkeit einer solchen Beschränkung OLG Braunschweig NJW-RR 1990, 987.

[27] So auch *Baumbach/Hueck/Zöllner*, § 53 Rn. 3 e.

[28] Mot. I, S. 94.

[29] So auch MünchKomm-*Reuter*, § 25 Rn. 2; *Reichert/van Look*, Rn. 356; RGRK-*Steffen*, § 25 Rn. 1; *Soergel/Hadding*, § 25 Rn. 3; *Staudinger/Weick*, § 25 Rn. 6.

[30] Prot. I, S. 532.

[31] RG JW 1936, 2357 Nr. 1; *Reemann*, S. 38; RGRK-*Steffen*, § 25 Rn. 9; *Soergel/Hadding*, § 25 Rn. 32; *Staudinger/Weick*, § 25 Rn. 6 und Rn. 16.

[32] Ähnl. *Reemann*, S. 38; *Reichert/van Look*, Rn. 360 und Rn. 1924; *Sauter/Schweyer*, Rn. 33.

keine Grundentscheidung handelt und diese deshalb auch im Anstellungsvertrag geregelt werden kann[33]. Im übrigen wurde früher sogar der Anspruch des Vorstands auf Entlastung, der eine nachträgliche Haftungsbeschränkung bewirkt, aus Observanz hergeleitet[34].

Im nichtrechtsfähigen Verein kann Observanz ohne weiteres Geltung erlangen, weil er keine geschriebene Satzung haben muß[35].

5. Anwendbarkeit der §§ 844, 845 BGB

Die herrschende Meinung gewährt den Hinterbliebenen eines getöteten Geschäftsbesorgers einen Anspruch entsprechend §§ 844, 845 BGB, und zwar unabhängig davon, ob die Ansprüche des Geschäftsbesorgers als Aufwendungs- oder Schadensersatzansprüche einzustufen sind[36]. Obwohl der Anwendungsbereich der §§ 844, 845 BGB grundsätzlich auf unerlaubte Handlungen beschränkt ist, weil im Vertragsrecht die Ansprüche regelmäßig nur den am Vertrag Beteiligten zustehen, hat der Gesetzgeber selbst eine entsprechende Anwendung bei schuldrechtlichen Verträgen in § 618 III BGB, aber auch in § 62 III HGB angeordnet. § 618 III BGB wurde im übrigen von der Rechtsprechung auf ähnlich gelagerte Fälle bei anderen Vertragstypen ausgedehnt[37]. Der BGH[38] wertet § 844 BGB als Ausdruck eines allgemeinen Rechtsgedankens des Inhalts, daß in Fällen, in denen für Schäden an Leben und Gesundheit gehaftet wird, die Haftung den Schadensausgleich, der einem Unterhaltsberechtigten durch Wegfall des Unterhaltsverpflichteten entstanden ist, umfaßt. Letztlich erfordert auch die teleologische Extension des § 670 BGB auf Verluste,

---

[33] So auch *Reichert/van Look*, Rn. 360, 1907, 1924.

[34] So RG HRR 1936 Nr. 863; *Reichert/Dannecker* (5. Aufl.), Rn. 360.

[35] So OLG Frankfurt ZIP 1985, 213 (215); OLG Köln WM 1990, 1068 (1070); MünchKomm-*Reuter*, § 25 Rn. 2; *Soergel/Hadding*, § 25 Rn. 5; *Staudinger/Weick*, § 25 Rn. 6. Kritisch *Reichert/van Look*, Rn. 358.

[36] Vgl. RGZ 167, 85 (89); BGHZ 7, 30 (34); OLG Tübingen MDR 1950, 160; *Baumbach/Hopt*, § 110 Rn. 2; *Deutsch*, AcP 165, S. 193 (215); GroßKommHGB-*Ulmer*, § 110 Rn. 11; *Heymann/Emmerich*, § 110 Rn. 13; *Lange*, JZ 1963, 550 (552); RGRK-*Steffen*, § 670 Rn. 16; *Staudinger/Wittmann*, § 670 Rn. 21; *Wittmann*, S. 215. A.A. – anwendbar nur auf Schadensersatzansprüche *Canaris*, Feststellung von Lücken im Gesetz, S. 181; *ders.*, RdA 1966, 41 (42); *Genius*, AcP 173, S. 481 (491 f.) u. (518); *J. Hübner*, Schadenszurechnung, S. 102; *Palandt/Thomas*, § 670 Rn. 11. Gänzlich ablehnend noch RGZ 122, 298 (305).

[37] BGHZ 5, 62 ff. – Werkvertrag; BGHZ 16, 265 ff. – Auftrag. Vgl. auch *Genius*, AcP 173, S. 481 (518 f.).

[38] Siehe BGHZ 34, 23 (24).

daß den Hinterbliebenen ein solcher Anspruch zugestanden wird. Wenn schon der Geschäftsführer, der zur Verwirklichung der übernommenen Aufgabe im Interesse des Geschäftsherrn Körper oder Gesundheit einsetzt, seinen Verlust ersetzt verlangen kann, so muß derjenige, dem die Vorteile aus der Tätigkeit zufließen, erst recht bei Tod des Geschäftsführers für den Schaden haften[39].

6. Durchsetzbarkeit der Ansprüche gegen den Verein

Grundsätzlich ist nicht zu verlangen, daß das Vereinsmitglied bzw. das Vereinsorgan vorrangig Dritte auf Ersatz der Verluste in Anspruch nimmt, soweit eine derartige Möglichkeit besteht. Jedoch kann der Geschäftsbesorger entsprechend § 255 BGB verpflichtet sein, einen Anspruch gegen Dritte an den Verein abzutreten[40]. Kann der Anspruch gegen den Dritten ohne besondere Anstrengungen realisiert werden, weil z.B. bereits ein Anerkenntnis vorliegt, so gebietet möglicherweise im Einzelfall die besondere vereinsrechtliche Treupflicht, zunächst gegen den Dritten vorzugehen[41]. Weiterhin kann die Treupflicht unter engen Voraussetzungen dazu führen, daß auf die wirtschaftliche Situation des Vereins Rücksicht zu nehmen und deshalb dem Verein äußerstenfalls eine Ratenzahlung oder eine Stundung einzuräumen ist[42].

7. Berücksichtigung von Pflichtversicherungen

Das OLG Saarbrücken[43] vertritt im Rahmen der Anwendung der Grundsätze des innerbetrieblichen Schadensausgleichs die Auffassung, daß sich das Vereinsmitglied dann nicht auf die Haftungserleichterung berufen kann, wenn es pflichtversichert ist (z.B. KFZ-Haftpflicht). Dieser Ansicht kann nicht gefolgt werden. Denn diese im Arbeitsrecht von der Rechtsprechung gemachte Ein-

---

[39] So auch RGZ 167, 85 (89); *Wittmann*, S. 82 f.

[40] So für den Verlustersatzanspruch aus § 110 I 2. Alt. HGB in der OHG OLG Düsseldorf NJW 1956, 1802 (1803); *Baumbach/Hopt*, § 110 Rn. 6; GroßKommHGB-*Ulmer*, § 110 Rn. 20; *Heymann/Emmerich*, § 110 Rn. 12; *Schlegelberger/Martens*, § 110 Rn. 6 und Rn. 27. A.A. – nur subsidiäre Haftung der OHG *Düringer/Hachenburg/Flechtheim*, § 110 Anm. 9.

[41] Für die gesellschaftsrechtliche Geschäftsführung in der OHG vgl. GroßKommHGB-*Ulmer*, § 110 Rn. 20; *Schlegelberger/Martens*, § 110 Rn. 27. Für Ansprüche aus vertraglichen Rechtsbeziehungen im Idealverein *Soergel/Hadding*, § 38 Rn. 26. Zu vertraglichen Ansprüchen in der OHG *Baumbach/Hopt*, § 128 Rn. 24; *Heymann/Emmerich*, § 128 Rn. 16; *Walter*, JuS 1982, 81 (85).

[42] Ebenso zur OHG *Schlegelberger/Martens*, § 110 Rn. 6 und Rn. 32.

[43] OLG Saarbrücken VersR 1995, 832.

schränkung, die darauf beruht, daß der versicherte Arbeitnehmer eines sozialen Schutzes nicht bedarf[44], zeigt einmal mehr, daß die Übertragung der arbeitsrechtlichen Haftungsregelungen auf das Vereinsrecht grundsätzlich abzulehnen ist[45]. Des weiteren begegnet die Berücksichtigung einer Pflichtversicherung Bedenken im Hinblick auf das versicherungsrechtliche Trennungsprinzip. Die Versicherung soll ja überhaupt nur dann einstehen, wenn der Versicherungsnehmer haftet. Ist eine Verpflichtung des Vereinsmitglieds aufgrund einer Haftungsmilderung zu verneinen, so braucht auch dessen Versicherung nicht einzutreten. Weil folglich kein Versicherungsfall vorliegt, muß auch die Haftungsfreistellung unberührt bleiben. Bei anderen gesetzlichen Haftungserleichterungen, z.B. § 708 BGB, bleiben Versicherungen ebenfalls außer Betracht, weil für Billigkeitserwägungen kein Spielraum verbleibt[46]. Soweit nach der hier vertretenen Lösung eine Haftungsmilderung analog §§ 300 I, 521, 599, 680, 968 BGB zugunsten eines Vereinsmitglieds bzw. Vereinsorgans in Betracht kommt, vermag also daran eine von ihm abgeschlossene Versicherung nichts zu ändern.

[44] Zur Ablehnung der Haftungsfreistellung in diesen Fällen im Arbeitsrecht BAG AP Nr. 19, 30, 36, 38 zu § 611 BGB Haftung des Arbeitnehmers; BGH AP Nr. 68 zu § 611 BGB Haftung des Arbeitnehmers. Vgl. dazu auch *Schaub*, ArbRHdb., § 52 VI 7, S. 365.

[45] Vgl. dazu schon V 2 a cc (5).

[46] Vgl. zur umstrittenen Frage, inwieweit im Rahmen von § 829 BGB das Bestehen von Versicherungen zu berücksichtigen ist, *Erman/Schiemann*, § 829 Rn. 5; *Larenz/Canaris*, SR II/2, § 84 VII 1 b, S. 652; MünchKomm-*Mertens*, § 829 Rn. 21.

VIII. Zusammenfassung der wichtigsten Ergebnisse

1. Die vereinsrechtlichen Innenverhältnisse sind vom Gesetzgeber nur defizitär geregelt worden.

2. Das Problem der Haftungsfreistellung des Geschäftsführers im Verein stellt sich in drei Konstellationen: Schädigung eines Dritten; Eigenschäden des Geschäftsführers; Schädigung des Vereins.

3. Eine Differenzierung zwischen rechtsfähigen und nichtrechtsfähigen Vereinen ist obsolet, weil für den nichtrechtsfähigen Idealverein heute anerkannt ist, daß auf die Innenorganisation entgegen § 54 S. 1 BGB das Recht der eingetragenen Vereine zur Anwendung gelangt, soweit die entsprechenden Vorschriften nicht gerade die Eintragung des Vereins voraussetzen.

4. Die Geschäftsführung eines Vereinsmitglieds kann auf der mitgliedschaftlichen Sonderrechtsbeziehung oder einem zusätzlich abgeschlossenen Geschäftsbesorgungsvertrag beruhen. Mitgliedschaftlich ist eine Geschäftsbesorgung jedenfalls dann, wenn sie satzungsrechtlich geregelt ist, auf einen Beschluß von Vereinsorganen zurückzuführen ist oder eine ungeschriebene aktive Förderpflicht darstellt.

5. Bei Geschäftsbesorgungen aus Gefälligkeit, für die weder eine mitgliedschaftliche Pflicht besteht, noch – mangels Rechtsbindungswillens – ein schuldrechtlicher Vertrag geschlossen wurde, kann die mitgliedschaftliche Rechtsbeziehung als Grundlage für die Tätigkeit herangezogen werden, wenn das Mitglied zur Verfolgung des Vereinszwecks handelt.

6. Das Zustandekommen eines schuldrechtlichen Geschäftsbesorgungsvertrages richtet sich nach allgemeinen rechtsgeschäftlichen Regeln. Von den vereinsrechtlichen (mitgliedschaftsbezogenen) Geschäftsbesorgungsverträgen sind echte Drittgläubigerschuldverhältnisse zu unterscheiden, die keinen vereinsrechtlichen Einflüssen ausgesetzt sind und daher ohne jegliche Modifikation nach dem jeweiligen Vertragstypus zu beurteilen sind.

7. Bei Notgeschäftsführung greifen die Regeln der GoA nur dann ein, wenn keine dahingehende ungeschriebene mitgliedschaftliche Pflicht besteht. Beruht die Nothilfe auf einer Mitgliedschaftspflicht, so kann dennoch § 680 BGB als allgemeiner Rechtsgedanke analog angewendet werden.

8. Grundlage der Tätigkeit eines Organs ist das durch die Bestellung zustandegekommene organschaftliche Rechtsverhältnis und möglicherweise ein gesondert geschlossener Anstellungsvertrag, dessen es jedoch nicht unbedingt bedarf. Beide Rechtsverhältnisse sind grundsätzlich zu unterscheiden (Trennungstheorie).

9. Bei ehrenamtlicher Tätigkeit ist auf alle genannten Geschäftsbesorgungsverhältnisse (ggf. über § 27 III BGB) Auftragsrecht und insbesondere die Norm des § 670 BGB entsprechend anzuwenden, weil das Auftragsrecht für Geschäftsbesorgungen in fremdem Interesse ein zutreffendes Rechtsfolgenprogramm zur Verfügung stellt. Vereinsrechtliche Spezifika, vor allem die gesteigerte Treupflicht, sind geeignet, auf die Geschäftsführung einzuwirken und die auftragsrechtlichen Vorschriften zu modifizieren.

10. Die Gesetzesverfasser haben für das Auftragsrecht keine Regelung hinsichtlich der Ersatzfähigkeit von Verlusten, die weder vom Geschäftsherrn noch vom Geschäftsführer zu vertreten sind (Zufallsschäden), getroffen. Sie haben die Beantwortung dieser Frage vielmehr Rechtsprechung und Literatur überlassen.

11. Weil der Aufwendungsbegriff nur freiwillige Vermögensopfer erfaßt, können Verluste nicht ohne weiteres unter den Tatbestand des § 670 BGB subsumiert werden.

12. Die Annahme eines konkludent geschlossenen Garantievertrages bzw. die Vornahme einer ergänzenden Vertragsauslegung führt oftmals zu bloßen Fiktionen.

Die Generalklausel des § 242 BGB kann eine Haftung des Geschäftsherrn nicht zufriedenstellend begründen.

Die Lehre von der Risikohaftung bei Tätigkeit in fremdem Interesse ist zu unbestimmt und kann aufgrund ihrer Nähe zur Gefährdungshaftung wegen des dort geltenden Enumerationsprinzips nicht überzeugen. Sie läßt sich auch kaum in Einklang mit dem im BGB für Schadensersatzansprüche vorherrschenden culpa–Prinzip bringen.

Die Norm des § 110 I 2. Alt. HGB enthält aufgrund ihrer spezifisch handelsrechtlichen Rechtfertigung kein für das gesamte Privatrecht geltendes Prinzip.

Eine entsprechende Anwendung des § 670 BGB auf Verluste scheitert am fehlenden Moment der Freiwilligkeit.

13. Im Wege einer teleologischen Extension können jedoch durch Zufall entstandene Verluste in den Anwendungsbereich des § 670 BGB miteinbezogen werden, so daß das geschäftsbesorgende Mitglied oder Organ Freistellung verlangen kann, wenn es selbst einen Schaden erleidet oder einem Dritten schadensersatzpflichtig wird.

14. Ob ein schuldhaftes Handeln des Geschäftsführers vorliegt, ist für das Außen- und Innenverhältnis getrennt zu bestimmen. Für die Frage, wer im Verhältnis zwischen Verein und Geschäftsführer den Schaden zu tragen hat, ist allein das Innenverhältnis entscheidend.

15. Eine Haftungsbeschränkung läßt sich mangels Vergleichbarkeit der Rechtsbeziehungen nicht über die arbeitsrechtlichen Grundsätze des innerbetrieblichen Schadensausgleichs rechtfertigen.

Auch die Vorschriften, die eine Haftungsbeschränkung im Wege der diligentia quam in suis vorsehen, sind nicht analog anwendbar.

Gläubigerinteressen stellen keinen geeigneten Anknüpfungspunkt für die Beurteilung der Haftung dar.

Die Annahme einer Haftungsbeschränkung im Wege der Auslegung des Geschäftsbesorgungsvertrages führt zumeist zu Fiktionen und versagt bei einer Geschäftsführung kraft ungeschriebener mitgliedschaftlicher Pflicht.

16. Dennoch kann bei schuldhaftem Handeln eine vollständige Haftungsfreistellung in Betracht kommen. In einer Analogie zu §§ 300 I, 521, 599, 680, 968 BGB haftet der vorwiegend fremdnützig tätige Geschäftsbesorger im Verein nur für Vorsatz und grobe Fahrlässigkeit, soweit er nicht im Rahmen der Betreuung fremden Vermögens handelt. Daraus folgt, daß dem Mitglied in der Regel die Haftungserleichterung zugute kommt, während sich der Vorstand nur außerhalb seiner normalen Vorstandspflichten darauf berufen kann, zumal ihm häufig das mit der Tätigkeit verbundene Risiko bewußt aufgrund seiner Qualifikation übertragen wird.

17. Die Haftungsfreistellung erfordert sowohl bei direkter Schädigung des Vereins als auch bei der Geltendmachung des Aufwendungsersatzanspruchs die Verwirklichung eines tätigkeitsspezifischen Risikos und nicht nur des allgemeinen Lebensrisikos.

Bei vermeidbaren Gefahren, die nicht mehr als erforderlich bezeichnet werden können, entfällt der Aufwendungsersatzanspruch vollständig. Bei der Beurteilung der Erforderlichkeit ist eine mögliche Haftungsbeschränkung auf grobe Fahrlässigkeit zu berücksichtigen.

18. Befolgt der Geschäftsführer rechtmäßige Weisungen der zuständigen Vereinsorgane, so hat der Verein den Verlust zu tragen.

19. Bei einer Schadensersatzverpflichtung des Geschäftsführers ohne Verschulden (§§ 231, 904 S. 2 BGB) kann dieser jedenfalls dann vollständige Haftungsfreistellung verlangen, wenn ihm im Verhältnis zum Verein ebenfalls kein Sorgfaltsverstoß vorgeworfen werden kann.

20. § 840 II BGB ist nicht analog anwendbar. Der Ausgleich zwischen Verein und Geschäftsbesorger erfolgt auch bei gesamtschuldnerischer Haftung allein nach den Haftungsgrundsätzen des Innenverhältnisses.

21. Explizite Haftungsfreistellungen sind mittels satzungsrechtlicher Regelung und schuldrechtlichen Vertrags möglich. Darüber hinaus kann sich die Übernahme des Verlustes durch den Verein aus Observanz ergeben.

22. Bei Tod des Geschäftsbesorgers sind §§ 844, 845 BGB entsprechend anwendbar.

23. Der Geschäftsführer ist zur Realisierung seiner Ansprüche grundsätzlich nicht verpflichtet, vorrangig gegen Dritte vorzugehen. In besonderen Ausnahmefällen kann aber die Treupflicht verlangen, auf die wirtschaftliche Situation des Vereins Rücksicht zu nehmen.

Literaturverzeichnis

Achterberg, Norbert: Der Rechtsgrund der Haftungsbeschränkung und der Ersatzansprüche des Arbeitnehmers bei schadensgeneigter Arbeit, AcP 164 (1964), S. 14 ff.

Aldermann, Sabine: Lizenzfußball und Nebenzweckprivileg, Tübingen, 1997.

Arzt, Gunther/*Weber*, Ulrich: Strafrecht Besonderer Teil, Lehrheft 4, Wirtschaftsstraftaten, Vermögensdelikte (Randbereich), Fälschungsdelikte, 2. Auflage, Bielefeld, 1989 (zitiert: *Arzt/Weber*, LH 4).

Ballerstedt, Kurt: Mitgliedschaft und Vermögen beim rechtsfähigen Verein, in: Festschrift für Alexander Knur, hrsg. v. Werner Flume und Richard Hamm, München, 1972, S. 1 ff.

Bastuck, Burkhard: Enthaftung des Managements: Corporate indemnification im amerikanischen und deutschen Recht, Köln-Berlin-Bonn-München, 1986 (zitiert: *Bastuck*, Enthaftung).

Baumann, Jürgen/*Weber*, Ulrich/*Mitsch*, Wolfgang: Strafrecht Allgemeiner Teil, 10. Auflage, Bielefeld, 1995 (zitiert: *Baumann/Weber/Mitsch*, Strafrecht AT).

Baumbach, Adolf/*Hopt*, Klaus J.: Handelsgesetzbuch (ohne Seerecht), 29. Auflage, München, 1995 (zitiert: *Baumbach/Hopt*).

Baumbach, Adolf/*Hueck*, Alfred: GmbH-Gesetz, Kommentar, 16. Auflage, München, 1996 (zitiert: *Baumbach/Hueck* – sofern von *Hueck* bearbeitet – bzw. *Baumbach/Hueck*/Bearbeiter).

Baumgärtel, Fritz: Anmerkung zu BGH, Urteil v. 7. 10. 1969 (= VersR 1969, 1137 ff.), VersR 1970, 127.

Baums, Theodor: Der Geschäftsleitervertrag: Begründung, Inhalt und Beendigung der Rechtsstellung der Vorstandsmitglieder und Geschäftsführer in den Kapitalgesellschaften und Genossenschaften, Köln, 1987 (zitiert: *Baums*, Geschäftsleitervertrag).

Becker-Schaffner, Reinhard: Gelten die Haftungsbeschränkungen der gefahrgeneigten Arbeit auch im Dienstverhältnis der selbständig Tätigen?, NJW 1969, 1235 ff.

– Haftungsbeschränkungen im Dienstverhältnis der selbständig Tätigen?, VersR 1971, 195 ff.

Belemann, Gerd-Dieter: Die Anwendung des § 254 auf den Ersatzanspruch eines Kraftfahrers aus Geschäftsführung ohne Auftrag, MDR 1963, 186 f.

Beuthien, Volker: Arbeitsrecht und Vereinsfreiheit. Gedanken zum Verhältnis von Arbeitsrecht und Gesellschaftsrecht, in: Festschrift 25 Jahre Bundesarbeitsgericht, hrsg. von Franz Gamillscheg u.a., München, 1979, S. 1 ff.

– Mehrheitsprinzip und Minderheitenschutz im Vereinsrecht. Grenzen der Mehrheitsherrschaft bei Vereinszweckänderung und Pflichtenmehrung, BB 1987, 6 ff.

Beuthien, Volker/*Kießler*, Eberhard: Anmerkung zu BGH, Urteil v. 12. 3. 1990 (= BGHZ 110, 323), WuB II L. § 31 BGB 1.91.

Beuthien, Volker/*Weber*, Hansjörg: Schuldrecht II, Ungerechtfertigte Bereicherung und Geschäftsführung ohne Auftrag, 2. Auflage, München, 1987 (zitiert: *Beuthien/Weber*, SR II).

Bieler, Frank: Haftungserleichterung für leitende Angestellte, BB 1977, 1000.

Blomeyer, Wolfgang: Beschränkung der Arbeitnehmerhaftung bei nicht gefahrgeneigter Arbeit – BAG-GS NJW 1993, 1732, JuS 1993, 903 ff.

Blomeyer, Wolfgang/*Meyer*, Werner F.: Die Verantwortlichkeit des Vorstandes der eingetragenen Genossenschaft aus § 34 GenG, ZfG 1985, S. 250 ff.

Böckel, Fritz: Die Schadensersatzpflicht des Auftraggebers gegenüber dem Beauftragten, AcP 96 (1905), S. 376 ff.

Böhmer, Emil: Zur Haftungsbeschränkung bei Gemeinschaften, NJW 1959, 1713 f.

Boergen, R.: Der personale Geltungsbereich der arbeitsrechtlichen Haftungsgrenze, MDR 1971, 178 ff.

Bottermann, Peter: Die Haftung der Vorstands- und Aufsichtsratsmitglieder einer Kreditgenossenschaft, sowie des genossenschaftlichen Prüfungsverbandes unter besonderer Berücksichtigung des § 1 GenG, Münster, 1991 (zitiert: *Bottermann*).

Brox, Hans: Arbeitsrecht, 11. Auflage, Stuttgart-Berlin-Köln, 1993 (zitiert: *Brox*, ArbR).

– Besonderes Schuldrecht, 19. Auflage, München, 1993; 21. Auflage, München, 1996 (zitiert: *Brox*, SR BT).

Brox, Hans/*Walker*, Wolf D.: Die Einschränkung der Arbeitnehmerhaftung gegenüber dem Arbeitgeber, DB 1985, 1469 ff.

Brückmann, Arthur: Die Rechte des Geschäftsführers ohne Auftrag, zugleich ein Beitrag zur Lehre vom Begriff der auftragslosen Geschäftsbesorgung, Jena, 1903 (zitiert: *Brückmann*).

Canaris, Claus-Wilhelm: Die Feststellung von Lücken im Gesetz. Eine methodologische Studie über Voraussetzungen und Grenzen der richterlichen Rechtsfortbildung praeter legem, 2. Auflage, Berlin, 1983 (zitiert: *Canaris*, Feststellung von Lücken im Gesetz).

– Risikohaftung bei schadensgeneigter Tätigkeit in fremdem Interesse, RdA 1966, 41 ff.

Clauß, Karl: Haftungsbeschränkung zwischen Gemeinschaftsangehörigen im Arbeits-, Dienst- und Familienrecht, NJW 1959, 1408 ff.

Coing, Helmut: Die Rechtsformen der privaten Vermögensverwaltung, insbesondere durch Banken, in USA und Deutschland, AcP 167 (1967), S. 99 ff.

Denck, Johannes: Zum pauschalen Ausschluß der Arbeitnehmerhaftung unterhalb der Grenze der groben Fahrlässigkeit, NZA 1986, 80 ff.

Dernburg, Heinrich: Die allgemeinen Lehren des bürgerlichen Rechts des Deutschen Reichs und Preußens, Band 1, 2. Auflage, Halle, 1902 (zitiert: *Dernburg*, Bd. 1).

Dersch, Hermann: Anmerkung zu LAG Bremen, Urteil v. 22. 6. 1949 (= RdA 1952, 75 ff.), RdA 1951, 78 ff.

– Arbeitnehmerhaftung bei gefahrbehafteter Arbeit, BB 1956, 501 ff.

Deutsch, Erwin: Allgemeines Haftungsrecht, 2. Auflage, Köln-Berlin-Bonn-München, 1996 (zitiert: *Deutsch*, Haftungsrecht).

– Die Selbstaufopferung im Straßenverkehr, AcP 165 (1965), S. 193 ff.

– Fahrlässigkeit und erforderliche Sorgfalt: eine privatrechtliche Untersuchung, 2. Auflage, Köln-Berlin-Bonn-München, 1995 (zitiert: *Deutsch*, Fahrlässigkeit).

Dnistrjanski, Stanislaus: Zur Lehre von der Geschäftsführung, Jherings Jahrbücher, Band 77 (1927), S. 48 ff.

Düringer, Adelbert/*Hachenburg*, Max: Das Handelsgesetzbuch (unter Ausschluß des Seerechts), 3. Auflage, Mannheim-Berlin-Leipzig, 1930 ff. (zitiert: *Düringer/Hachenburg*/Bearbeiter).

Dütz, Wilhelm: Arbeitsrecht, 2. Auflage, München, 1994 (zitiert: *Dütz*, Arbeitsrecht).

– Gefahrgeneigte Arbeit, NJW 1986, 1779 ff.

– Tendenzaufsicht im Vereinsrecht, in: Festschrift für Wilhelm Herschel, hrsg. v. Peter Hanau u.a., München, 1982, S. 55 ff.

– Verbandsbezogene Verhaltenspflichten von Koalitionsmitgliedern. Zur Erzwingung von vereinsförderlichem Verhalten, in: Festschrift für Marie Luise Hilger und Hermann Stumpf, hrsg. v. Thomas Dieterich u.a., München, 1983, S. 99 ff.

Ehrenberg, Victor: Handbuch des gesamten Handelsrechts, Dritter Band, I. Abteilung, Leipzig, 1916 (zitiert: *Ehrenberg*/Bearbeiter III/1).

Eich, Rolf-Achim: Der Wandel der BAG-Rechtsprechung zur Haftung des Arbeitnehmers bei gefahrgeneigter Arbeit, NZA 1984, 65 ff.

Eisele, Fridolin: Haftung des Mandanten für Schäden des Mandatars, AcP 84 (1895), S. 319 ff.

Eisenhardt, Ulrich: Gesellschaftsrecht, 7. Auflage, München, 1996 (zitiert: *Eisenhardt*).

Emmerich, Volker: BGB-Schuldrecht, Besonderer Teil, 8. Auflage, Heidelberg, 1996 (zitiert: *Emmerich*, SR BT).

Enneccerus, Ludwig/*Lehmann*, Heinrich: Lehrbuch des Bürgerlichen Rechts, 2. Band, Recht der Schuldverhältnisse, 15. Auflage, Tübingen, 1958 (zitiert: *Enneccerus/Lehmann*, SR).

Enneccerus, Ludwig/*Nipperdey*, Hans-Carl: Allgemeiner Teil des Bürgerlichen Rechts, Erster Halbband, 15. Auflage, Tübingen, 1959 (zitiert: *Enneccerus/Nipperdey*, AT 1).

Erman, Walter: Handkommentar zum Bürgerlichen Gesetzbuch, 3. Auflage, Münster, 1962; 4. Auflage, Münster, 1967; 7. Auflage, Münster, 1981; 9. Auflage, Münster, 1993 (zitiert: *Erman*/Bearbeiter).

Esser, Josef: Grundlagen und Entwicklung der Gefährdungshaftung. Beiträge zur Reform des Haftpflichtrechts und zu seiner Wiedereinordnung in die Gedanken des allgemeinen Privatrechts, München-Berlin, 1941 (zitiert: *Esser*, Gefährdungshaftung).

– Lehrbuch des Schuldrechts, Karlsruhe, 1949; 2. Auflage, Karlsruhe, 1960 (zitiert: *Esser*, SR).

Esser, Josef/*Schmidt*, Eike: Schuldrecht, Band I, Teilband 2, Allgemeiner Teil, 7. Auflage, Heidelberg, 1993 (zitiert: *Esser/Schmidt*, SR I/2).

Esser, Josef/*Weyers*, Hans-Leo: Schuldrecht, Band II, Besonderer Teil, 7. Auflage, Heidelberg, 1993 (zitiert: *Esser/Weyers*, SR II).

Fikentscher, Wolfgang: Schuldrecht, 8. Auflage, Berlin-New York, 1992 (zitiert: *Fikentscher*, SR).

Fischer, Ansgar/*Machunsky*, Jürgen: Haustürwiderrufsgesetz, Kommentar, 2. Auflage, Neuwied-Kriftel-Berlin, 1995 (zitiert: *Fischer/Machunsky*).

Fischer, Robert: Anmerkung zu BGH, Urteil v. 14. 3. 1968 (= BGHZ 49, 396 ff.), LM Nr. 8 zu § 25 BGB.

Fitz, Hanns: Risikozurechnung bei Tätigkeit in fremdem Interesse, Berlin, 1985 (zitiert: *Fitz*, Risikozurechnung).

Fleck, Hans-Joachim: Das Organmitglied – Unternehmer oder Arbeitnehmer?, in: Festschrift für Marie Luise Hilger und Hermann Stumpf, hrsg. v. Thomas Dieterich u.a., München, 1983, S. 197 ff.

– Die Drittanstellung des GmbH-Geschäftsführers, ZHR 149 (1985), S. 387 ff.

Flume, Werner: Allgemeiner Teil des Bürgerlichen Rechts, Erster Band, Erster Teil, Die Personengesellschaft, Berlin-Heidelberg-New York, 1977 (zitiert: *Flume*, AT I/1).

– Allgemeiner Teil des Bürgerlichen Rechts, Erster Band, Zweiter Teil, Die juristische Person, Berlin-Heidelberg-New York-Tokyo, 1983 (zitiert: *Flume*, AT I/2).

– Allgemeiner Teil des Bürgerlichen Rechts, Zweiter Band, Das Rechtsgeschäft, 4. Auflage, Berlin-Heidelberg-New York, 1992 (zitiert: *Flume*, AT II).

– Der nichtrechtsfähige Verein, ZHR 148 (1984), S. 503 ff.

Gamillscheg, Franz: Arbeitsrecht, Band I, Individualarbeitsrecht, 7. Auflage, München, 1987 (zitiert: *Gamillscheg*, ArbR I).

Gamillscheg, Franz/*Hanau*, Peter: Die Haftung des Arbeitnehmers, 2. Auflage, Karlsruhe, 1974 (zitiert: *Gamillscheg/Hanau*).

Gaul, Dieter: Die Haftung des Arbeitnehmers und Arbeitgebers in Fällen schadensgeneigter Arbeit (Teil II), DB 1962, 202 ff.

Genius, Klaus: Risikohaftung des Geschäftsherrn, AcP 173 (1973), S. 481 ff.

Gerhardt, Walter: Der Befreiungsanspruch. Zugleich ein Beitrag zum arbeitsrechtlichen Freistellungsanspruch, Göttingen, 1960 (zitiert: *Gerhardt*, Befreiungsanspruch).

Gernhuber, Joachim/*Coester-Waltjen*, Dagmar: Lehrbuch des Familienrechts, 4. Auflage, München, 1994 (zitiert: *Gernhuber/Coester-Waltjen*).

Geßler, Ernst/*Hefermehl*, Wolfgang/*Eckardt*, Ulrich/*Kropff*, Bruno: Aktiengesetz, Kommentar, München, 1973 ff. (zitiert: *Geßler/Hefermehl/Eckardt/Kropff*).

Gick, Dietmar: Die Grundsätze der Haftung bei gefahrgeneigter Arbeit, JuS 1980, 393 ff.

Gierke, Otto: Deutsches Privatrecht, Erster Band, Allgemeiner Teil und Personenrecht, unveränderter Neudruck der ersten Auflage von 1895, München-Leipzig, 1936 (zitiert: *Gierke*, Dt. Privatrecht).

– Die Genossenschaftstheorie und die Deutsche Rechtsprechung, Berlin, 1887 (zitiert: *Gierke*, Genossenschaftstheorie).

Gitter, Wolfgang: Anmerkung zu BAG, Urteil v. 3. 6. 1975 (= SAE 1976, 204 = AP Nr. 1 zu § 5 BetrVG 1972 Rotes Kreuz), SAE 1976, 208.

Gitter, Wolfgang/*Huhn*, Dieter/*Lammel*, Siegbert: Vertragsschuldverhältnisse (ohne Kaufrecht), München, 1974 (zitiert: Bearbeiter, Vertragsschuldverhältnisse).

Frh. v. Godin, Reinhard/*Wilhelmi*, Hans: Aktiengesetz, Kommentar, 2. Auflage, Berlin, 1950 (zitiert: *v. Godin/Wilhelmi*).

Götz, Heinrich/*Götz*, Jürgen: Die Haftung des Vereins gegenüber dem Mitglied, JuS 1995, 106 ff.

Groß, Volker: Das Phantom des Arbeitnehmer-Geschäftführers im Konkursausfallgeldgesetz und in der Konkursordnung, DB 1984, 1447 ff.

Großfeld, Bernhard/*Noelle*, Thomas: Die Haftung des Vorstandes einer Genossenschaftsbank als Strukturproblem, AG 1986, 275 ff.

Großfeld, Bernhard/*Schulte*, Andrea: Geschäftsverteilung und Haftung, ZfG 1985, S. 187 ff.

Großkommentar Aktiengesetz, 3. Auflage, Berlin-New York, 1970 ff.; 4. Auflage, Berlin-New York, 1992 ff. (zitiert: GroßKommAktG-Bearbeiter).

Grunewald, Barbara: Auskunfterteilung und Haftung des Vorstands im bürgerlichrechtlichen Verein, ZIP 1989, 962 ff.

Grunsky, Wolfgang: Anmerkung zu OLG Stuttgart, Urteil v. 17. 11. 1977 (= AuR 1978, 125 f.), AuR 1978, 126 ff.

Haas, Ulrich: Geschäftsführerhaftung und Gläubigerschutz. Unternehmerische Verhaltenspflichten des GmbH-Geschäftsführers zum Schutz Dritter, München, 1997 (zitiert: *Haas*, Geschäftsführerhaftung).

Habersack, Mathias: Die Mitgliedschaft – subjektives und sonstiges Recht, Tübingen, 1996 (zitiert: *Habersack*, Mitgliedschaft).

Hachenburg, Max: Gesetz betreffend die Gesellschaften mit beschränkter Haftung (GmbHG), Großkommentar, 6. Auflage, Berlin, 1956 ff.; 7. Auflage, Berlin, 1975 ff.; 8. Auflage, Berlin-New York, 1989 ff. (zitiert: *Hachenburg*/Bearbeiter).

Hadding, Walter: Ergibt die Vereinsmitgliedschaft "quasi-vertragliche" Ansprüche, "erhöhte Treue- und Förderpflichten", sowie ein "sonstiges Recht" im Sinne des § 823 I BGB? Besprechung der Entscheidung BGHZ 110, 323, in: Festschrift für Alfred Kellermann, hrsg. v. Reinhard Goerdeler u.a., Berlin-New York, 1991, S. 91 ff.

– Korporationsrechtliche oder rechtsgeschäftliche Grundlagen des Vereinsrechts?, in: Festschrift für Robert Fischer, hrsg. v. Marcus Lutter u.a., Berlin-New York, 1979, S. 165 ff.

Haidlen, O.: Bürgerliches Gesetzbuch nebst Einführungsgesetz mit den Motiven und sonstigen gesetzgeberischen Vorarbeiten, Erster Band, Berlin-Stuttgart-Leipzig, 1897 (zitiert: *Haidlen*).

Hanau, Peter/*Adomeit*, Klaus: Arbeitsrecht, 11. Auflage, Neuwied-Kriftel-Berlin, 1994 (zitiert: *Hanau/Adomeit*).

Hanau, Peter/*Rolfs*, Christian: Abschied von der gefahrgeneigten Arbeit, NJW 1994, 1439 ff.

Hausmaninger, Herbert/*Selb*, Walter: Römisches Privatrecht, 7. Auflage, Wien-Köln-Weimar, 1994 (zitiert: *Hausmaninger/Selb*).

Hauß, Fritz: Der Haftpflichtschutz der Kraftfahrzeuginsassen in der neueren Rechtsprechung, in: Festschrift für Philipp Möhring, hrsg. v. Wolfgang Hefermehl und Hans Carl Nipperdey, München-Berlin, 1965, S. 345 ff.

Heckelmann, Dieter/*Franzen*, Martin: Fälle zum Arbeitsrecht, München, 1995 (zitiert: *Heckelmann/Franzen*).

Hedemann, Justus Wilhelm: Schuldrecht des Bürgerlichen Gesetzbuches, 3. Auflage, Berlin, 1949 (zitiert: *Hedemann*).

Heidelberger Kommentar zum Handelsgesetzbuch, 4. Auflage, Heidelberg, 1995 (zitiert: HK-HGB/Bearbeiter)

Heisse, Matthias: Die Beschränkung der Geschäftsführerhaftung gegenüber der GmbH, Köln, 1988 (zitiert: *Heisse*, Beschränkung der Geschäftsführerhaftung).

Heller, Norbert: Der Haftungsmaßstab der "diligentia quam in suis", Würzburg, 1989 (zitiert: *Heller*).

Helm, Johann Georg: Der arbeitsrechtliche Freistellungsanspruch bei schadensgeneigter Arbeit und seine Auswirkungen auf die beschränkte Unternehmerhaftung, insbesondere im Verkehrsrecht, AcP 160 (1961), S. 134 ff.

Hemmerich, Hannelore: Möglichkeiten und Grenzen wirtschaftlicher Beteiligung von Idealvereinen. Vereinsinterne und vereinsexterne Organisation ihrer Geschäftsbetriebe, Heidelberg, 1982 (zitiert: *Hemmerich*).

Herzfeld, Edgar: Die Unterbeteiligung, AcP 137 (1933), S. 270 ff.

Hettrich, Eduard/*Pöhlmann*, Peter: Kommentar zu dem Gesetz betreffend die Erwerbs- und Wirtschaftsgenossenschaften und zu umwandlungsrechtlichen Vorschriften für Genossenschaften, München, 1995 (zitiert: *Hettrich/Pöhlmann*).

Heymann, Ernst: Handelsgesetzbuch, Kommentar, Band 2 (§§ 105 - 237), 2. Auflage, Berlin-New York, 1996 (zitiert: *Heymann*/Bearbeiter).

Hölder, Eduard: Natürliche und juristische Personen, Leipzig, 1905 (zitiert: *Hölder*).

Hoffmann, Hans-Joachim: Der Einfluß des Gefälligkeitsmoments auf das Haftungsmaß, AcP 167 (1967), S. 394 ff.

– Die Fragwürdigkeit der Haftung für diligentia quam in suis, NJW 1967, 1207 ff.

Hohloch, Gerhard: Besprechung von BGH, Urteil v. 17. 10. 1995 (= NJW 1996, 53), JuS 1996, 360 f.

v. Holtzendorff, Franz/*Kohler*, Franz: Enzyklopädie der Rechtswissenschaft in systematischer Bearbeitung, Zweiter Band, 7. Auflage, München-Leipzig-Berlin, 1914 (zitiert: *Holtzendorff/Kohler*).

Honsell, Heinrich: Anmerkung zu BGH, Urteil v. 23. 1. 1985 (= JZ 1985, 951), JZ 1985, 952 ff.

– Die Risikohaftung des Geschäftsherrn, in: De iustitia et iure, Festgabe für Ulrich von Lübtow zum 80. Geburtstag, hrsg. v. Manfred Harder und Georg Thielmann, Berlin, 1980, S. 485 ff.

Huber, Anton: Die Haftung des Geschäftsherrn für schuldlos erlittene Schäden des Geschäftsführers beim Auftrag und bei der berechtigten Geschäftsführung ohne Auftrag, München, 1965 (zitiert: *A. Huber*, Haftung des Geschäftsherrn).

Hübner, Heinz: Allgemeiner Teil des Bürgerlichen Gesetzbuches, 2. Auflage, Berlin-New York, 1996 (zitiert: *H. Hübner*, AT).

Hübner, Jürgen: Schadenszurechnung nach Risikosphären. Eine Studie zur schadensgeneigten Arbeit selbständig Tätiger am Beispiel der privatrechtlichen Haftung des Seelotsen, Berlin, 1974 (zitiert: *J. Hübner*, Schadenszurechnung).

Hueck, Alfred: Zur arbeitsrechtlichen Stellung des GmbH-Geschäftsführers, ZfA 1985, 25 ff.

Hueck, Alfred/*Nipperdey*, Hans-Carl: Lehrbuch des Arbeitsrechts, Erster Band, 7. Auflage, Berlin-Frankfurt, 1963 (zitiert: *Hueck/Nipperdey* I).

Hüffer, Uwe: Aktiengesetz, Kommentar, 2. Auflage, München, 1995 (zitiert: *Hüffer*).

Imlau, Erich: Selbstaufopferung des Kraftfahrzeughalters und Betriebsgefahr, NJW 1963, 1039 ff.

Isay, Hermann: Die Geschäftsführung nach dem Bürgerlichen Gesetzbuch für das Deutsche Reich, Jena, 1900 (zitiert: *Isay*, Geschäftsführung).

Isele, Hellmut Georg: Anmerkung zu BGH, Urteil v. 1. 2. 1963 (= NJW 1963, 1100 ff.), NJW 1963, 1100 ff.

– Empfiehlt es sich, die Haftung des Arbeitnehmers gegenüber dem Arbeitgeber abweichend vom Schuldrecht des BGB zu regeln?, NJW 1964, 1441 ff.

– Geschäftsbesorgung, Umrisse eines Systems, Marburg, 1935 (zitiert: *Isele*, Geschäftsbesorgung)

Jakobs, Günther: Strafrecht Allgemeiner Teil, 2. Auflage, Berlin-New York, 1991 (zitiert: *G. Jakobs*, Strafrecht AT).

Jakobs, Horst Heinrich/*Schubert*, Werner: Die Beratung des Bürgerlichen Gesetzbuches in systematischer Zusammenstellung der unveröffentlichten Quellen, Berlin-New York, 1978 (zitiert: *Jakobs/Schubert*).

Jauernig, Othmar: Bürgerliches Gesetzbuch, Kommentar, 7. Auflage, München, 1994 (zitiert: *Jauernig*/Bearbeiter).

Jung, Erich: Der Ausschluß der Tierhalterhaftung in Vertragsverhältnissen, AcP 117 (1918), S. 46 ff.

Kaser, Max: Das römische Privatrecht, Erster Abschnitt. Das altrömische, das vorklassische und klassische Recht, 2. Auflage, München, 1971 (zitiert: *Kaser* I).

Kertess, Thomas: Die Haftung des für einen nichtrechtsfähigen Verein Handelnden gem. § 54 S. 2 BGB. Zugleich ein Beitrag zur Eigenhaftung des Vertreters, Göttingen, 1982 (zitiert: *Kertess*).

Kion, Hans-Jürgen: Die Haftung des GmbH-Geschäftsführers, BB 1984, 864 ff.

Klink, Heinz G.: Die Mitgliedschaft als "sonstiges Recht" im Sinne des § 823 I?, Mainz, 1993 (zitiert: *Klink*).

Kölner Kommentar zum Aktiengesetz, 2. Auflage, Köln-Berlin-Bonn-München, 1986 ff. (zitiert: KölnKomm-Bearbeiter).

Kohler, Josef: Lehrbuch des Bürgerlichen Rechts, Zweiter Band, Vermögensrecht, Erster Teil: Schuldrecht, Berlin, 1906 (zitiert: *J. Kohler*, SR).

Kohler, Stefan: Mitgliedschaftliche Regelungen in Vereinsordnungen, Heidelberg, 1992 (zitiert: *S. Kohler*, Mitgliedschaftliche Regelungen).

Koller, Ingo: Die Risikozurechnung bei Vertragsstörungen in Austauschverträgen. Eine Untersuchung zur Rechtsfortbildung auf dem Gebiet der materiellen Leistungserschwerung, Zweckstörung sowie Schadensersatzhaftung bei Sach- und Dienstleistungen, München, 1979 (zitiert: *Koller*, Risikozurechnung).

Koller, Ingo/*Roth*, Wulf Henning/*Morck*, Winfried: Handelsgesetzbuch, Kommentar, München, 1996 (zitiert: *Koller/Roth/Morck*).

Konzen, Horst: Geschäftsführung, Weisungsrecht und Verantwortlichkeit in der GmbH und GmbH & Co. KG, NJW 1989, 2977 ff.

Kropholler, Jan/*Berenbrok*, Marius: Studienkommentar BGB, 2. Auflage, München, 1995 (zitiert: *Kropholler/Berenbrok*).

Küchenhoff, Günther: Aufwendung und Opfer im Arbeitsrechtsverhältnis, RdA 1963, 7 ff.

– Die Haftung des Arbeitgebers für Sachschäden des Arbeitnehmers im Betriebe bei gefährlicher Arbeit, in: Festschrift für Hermann Nottarp, hrsg. v. Paul Mikat, Karlsruhe, 1961, S. 153 ff.

Kust, Egon: Zur Sorgfaltspflicht und Verantwortlichkeit eines ordentlichen und gewissenhaften Geschäftsleiters, WM 1980, 758 ff.

Lang, Johann/*Weidmüller*, Ludwig: Genossenschaftsgesetz, Kommentar, 32. Auflage, Berlin-New York, 1988 (zitiert: *Lang/Weidmüller*/Bearbeiter).

Lange, Hermann: Anmerkung zu BGH, Urteil v. 27. 11. 1962 (= BGHZ 38, 270), JZ 1963, 550 ff.

– Handbuch des Schuldrechts, Band I, Schadensersatz, 2. Auflage, Tübingen, 1990 (zitiert: *Lange*, Schadensersatz).

Larenz, Karl: Allgemeiner Teil des Deutschen Bürgerlichen Gesetzbuches, 7. Auflage, München, 1989 (zitiert: *Larenz*, AT).

– Die Prinzipien der Schadenszurechnung, JuS 1965, 373 ff.

– Lehrbuch des Schuldrechts, 1. Band, Allgemeiner Teil, 14. Auflage, München, 1987 (zitiert: *Larenz*, SR I).

– Lehrbuch des Schuldrechts, 2. Band, Besonderer Teil, 1. Halbband, 13. Auflage, München, 1986 (zitiert: *Larenz*, SR II/1).

– Methodenlehre der Rechtswissenschaft, 6. Auflage, Berlin-Heidelberg-New York-Tokyo, 1991 (zitiert: *Larenz*, Methodenlehre).

Larenz, Karl/*Canaris*, Claus-Wilhelm: Lehrbuch des Schuldrechts, 2. Band, Besonderer Teil, 2. Halbband, 13. Auflage, München, 1994 (zitiert: *Larenz/Canaris*, SR II/2).

Leipziger Kommentar zum Strafgesetzbuch, Band 6 (§§ 263–302 a), 10. Auflage, Berlin-New York, 1988 (zitiert: LK-Bearbeiter).

Leist, Alexander: Untersuchungen zum inneren Vereinsrecht, Jena, 1904 (zitiert: *Leist*).

Lent, Friedrich: Wille und Interesse bei der Geschäftsbesorgung, Leipzig, 1938 (zitiert: *Lent*).

Leonhard, Franz: Allgemeines Schuldrecht des BGB, Erster Band, München-Leipzig, 1929 (zitiert: *Leonhard*, SR I).

Liebisch, Arnold: Das Wesen der unentgeltlichen Zuwendungen unter Lebenden im Bürgerlichen Recht und im Reichssteuerrecht, Leipzig, 1927 (zitiert: *Liebisch*).

Lindacher, Walter: Haftung des GmbH-Geschäftsführers und Einwand des Auswahl- und Überwachungsmitverschuldens – BGH NJW 1983, 1856, JuS 1984, 672 ff.

Lippert, Hans-Dieter: Die Anwendung des "Pfadfinder-Urteils" des BGH auf die anerkannten Hilfsorganisationen, NJW 1984, 2266 f.

Löhlein, Roland: Das Handeln auf eigene Gefahr, ZHR 102 (1936), S. 297 ff.

Löwisch, Manfred/*Arnold*, Manfred: Anmerkung zu BGH, Urteil v. 5. 12. 1983 (= BGHZ 89, 153 ff.), JZ 1984, 622 f.

Loritz, Karl-Georg: Die Mitarbeit Unternehmensbeteiligter. Arbeits-, gesellschafts- und steuerrechtliche Probleme, Konstanz, 1984 (zitiert: *Loritz*, Mitarbeit Unternehmensbeteiligter).

Lukes, Rudolf: Der Satzungsinhalt beim eingetragenen Verein und die Abgrenzung zu sonstigen Vereinsregelungen, NJW 1972, 121 ff.

– Erstreckung der Vereinsgewalt auf Nichtmitglieder durch Rechtsgeschäft, in: Festschrift für Harry Westermann, hrsg. v. Wolfgang Hefermehl u.a., Karlsruhe, 1974, S. 325 ff.

Lutter, Marcus: Theorie der Mitgliedschaft – Prolegomena zu einem Allgemeinen Teil des Korporationsrechts –, AcP 180 (1980), S. 84 ff.

– Zur Rechnungslegung und Publizität gemeinnütziger Spenden-Vereine, BB 1988, 489 ff.

Lutter, Marcus/*Hommelhoff*, Peter: GmbH-Gesetz, Kommentar, 14. Auflage, Köln, 1995 (zitiert: *Lutter/Hommelhoff*).

Märkle, Rudi W.: Der Verein im Zivil- und Steuerrecht, 9. Auflage, Stuttgart-München-Hannover-Berlin-Weimar, 1995 (zitiert: *Märkle*).

Marhold, Franz: Anmerkung zu BAG, Beschluß v. 12. 6. 1992 (= JZ 1993, 908 ff.), JZ 1993, 910 ff.

– Schadensteilung im Arbeitsrecht, JuS 1991, 921 ff.

Marton, Géza: Versuch eines einheitlichen Systems der zivilrechtlichen Haftung, AcP 162 (1963), S. 1 ff.

Mayer-Maly, Theo: Anmerkung zu BGH, Urteil v. 1. 2. 1963 (= NJW 1963, 1100), VersR, 834 f.

Medicus, Dieter: Bürgerliches Recht, Eine nach Anspruchsgrundlagen geordnete Darstellung zur Examensvorbereitung, 17. Auflage, Köln-Berlin-Bonn-München, 1996 (zitiert: *Medicus*, BR).

Merkel, Rudolf: Die Kollision rechtmäßiger Interessen und die Schadensersatzpflicht bei rechtmäßigen Handlungen, Straßburg, 1895 (zitiert: *Merkel*).

Meyer, E. H./*Meulenbergh*, Gottfried/*Beuthien*, Volker: Genossenschaftsgesetz, Kommentar, 12. Auflage, München, 1983 (zitiert: *Meyer/Meulenbergh/Beuthien*).

Meyer-Landrut, Joachim/*Miller*, Georg F./*Niehus*, Rudolf J.: Gesetz betreffend die Gesellschaften mit beschränkter Haftung, Kommentar, Berlin-New York, 1987 (zitiert: *Meyer-Landrut/Miller/Niehus*).

Miller, Fritz Georg: Zur Abhängigkeit von GmbH-Geschäftsführern, ZIP 1981, 578 ff.

Müller, Klaus: Der Anspruch auf Aufwendungsersatz im Rahmen von Schuldverhältnissen, JZ 1968, 769 ff.

– Kommentar zum Gesetz betreffend die Erwerbs- und Wirtschaftsgenossenschaften, Band 1 (§§ 1–33), 2. Auflage, Bielefeld, 1991; Band 2 (§§ 33 [Forts.] – 42), 2. Auflage, Bielefeld, 1996 (zitiert: *Müller*).

Müller-Erzbach, Rudolf: Das private Recht der Mitgliedschaft als Prüfstein eines kausalen Rechtsdenkens, Weimar, 1948 (zitiert: *Müller-Erzbach*).

– Gefährdungshaftung und Gefahrtragung, AcP 106 (1910), S. 309 ff.

Münchener Handbuch des Gesellschaftsrechts: Band 3, Gesellschaft mit beschränkter Haftung, München, 1996; Band 4, Aktiengesellschaft, München, 1988 (zitiert: Bearbeiter, MünchHdb., GesR, Bd. 3/4).

Münchener Handbuch zum Arbeitsrecht: Band 1, Individualarbeitsrecht, München, 1992 (zitiert: Bearbeiter, MünchHdb., ArbR, Bd. 1).

Münchener Kommentar zum Bürgerlichen Gesetzbuch: 2. Auflage, München, 1984 ff.; 3. Auflage, München, 1992 ff. (zitiert: MünchKomm-Bearbeiter).

Neumann-Duesberg, Horst: Das Haftungsbeschränkungsprinzip bei schadensgeneigter Tätigkeit außerhalb des Arbeitsverhältnisses, JZ 1964, 433 ff.

Nikisch, Arthur: Arbeitsrecht, 1. Band, Allgemeine Lehren und Arbeitsvertragsrecht, 3. Auflage, Tübingen, 1961 (zitiert: *Nikisch* I).

Nitschke, Manfred: Die körperschaftlich strukturierte Personengesellschaft, Bielefeld, 1970 (zitiert: *Nitschke*).

Noda, Ryuichi: Die Haftung des Auftraggebers für Schäden des Beauftragten. Zur Entstehung des § 650 (3) des japanischen BGB, in: Mandatum und Verwandtes. Beiträge zum römischen und modernen Recht, hrsg. v. Dieter Nörr und Shigeo Nishimura, Berlin- Heidelberg-New York, 1993, S. 207 ff.

Noelle, Thomas: Mitgliederrepräsentation in Genossenschaften mit Vertreterversammlung, Tübingen, 1988 (zitiert: *Noelle*).

Oertmann, Paul: Kommentar zum Bürgerlichen Gesetzbuch und seinen Nebengesetzen, Band 1, Allgemeiner Teil, 3. Auflage, Berlin, 1927 (zitiert: *Oertmann*, Bd. 1).

Otto, Hansjörg: Ausgleichsansprüche des Geschäftsführers bei berechtigter Geschäftsführung ohne Auftrag, JuS 1984, 684 ff.

Palandt, Otto: Bürgerliches Gesetzbuch, 56. Auflage, München, 1997 (zitiert: *Palandt*/Bearbeiter).

Pallmann, Hans-Dietrich: Rechtsfolgen aus Gefälligkeitsverhältnissen, Regensburg, Tübingen, 1971 (zitiert: *Pallmann*).

Paulick, Heinz: Das Recht der eingetragenen Genossenschaft, Karlsruhe, 1956 (zitiert: *Paulick*).

Pawlowski, Hans-Martin: Allgemeiner Teil des BGB, Grundlehren des Bürgerlichen Rechts, 4. Auflage, Heidelberg, 1993 (zitiert: *Pawlowski*, AT).

– Einführung in die juristische Methodenlehre, Heidelberg, 1986 (zitiert: *Pawlowski*, Methodenlehre).

Planck, Gottlieb: Planck's Kommentar zum Bürgerlichen Gesetzbuch nebst Einführungsgesetz, 1. Band, Allgemeiner Teil, 4. Auflage, Berlin, 1913; 2. Band, 2. Hälfte, Recht der Schuldverhältnisse (Besonderer Teil), 4. Auflage, Berlin-Leipzig, 1928 (zitiert: *Planck*/Bearbeiter).

Prediger, Bernhard: Die Inanspruchnahme der OHG und der Mitgesellschafter aus "Drittverhältnissen" von seiten eines Gesellschafters, BB 1971, 245 ff.

Priester, Hans-Joachim: Nichtkorporative Satzungsbestimmungen bei Kapitalgesellschaften, DB 1979, 681 ff.

Pullen, Heinz-Jürgen: Anwendbarkeit der Grundsätze der gefahrgeneigten Arbeit auf den GmbH-Geschäftsführer, BB 1984, 989 ff.

Reemann, Jörg Ludwig: Die Verfassung des Vereins. Notwendiger Inhalt und Individualschutz, Münster, 1988 (zitiert: *Reemann*).

Rehbinder, Eckhard: Rechtliche Schranken der Erstattung von Bußgeldern an Organmitglieder und Angestellte, ZHR 148 (1984), S. 555 ff.

Reichert, Bernhard/*Dannecker*, Franz J.: Handbuch des Vereins- und Verbandsrechts, 5. Auflage, Neuwied-Kriftel-Berlin, 1993 (zitiert: *Reichert/Dannecker*).

Reichert, Bernhard/*van Look*, Frank: Handbuch des Vereins- und Verbandsrechts, 6. Auflage, Neuwied-Kriftel-Berlin, 1995 (zitiert: *Reichert/van Look*).

Reinhardt, Uwe: Die dogmatische Begründung der Haftungsbeschränkung des Arbeitnehmers. Zugleich ein Beitrag zum zivilrechtlichen Verschuldensbegriff, Göttingen, 1977 (zitiert: *Reinhardt*).

Reuter, Dieter: Die Mitgliedschaft als sonstiges Recht im Sinne des § 823, in: Festschrift für Hermann Lange, hrsg. v. Dieter Medicus u.a., Stuttgart-Berlin-Köln, 1992, S. 707 ff.

RGRK – Das Bürgerliche Gesetzbuch mit besonderer Berücksichtigung der Rechtsprechung des Reichsgerichts und des Bundesgerichtshofs, 10./11. Auflage, Berlin, 1953 ff.; 12. Auflage, Berlin-New York, 1974 ff. (zitiert: RGRK-Bearbeiter).

Richardi, Reinhard: Ist es erforderlich, die Verteilung des Schadensrisikos bei selbständiger Arbeit neu zu ordnen?, JZ 1986, 796 ff.

Richert, Erich: Zur Frage der Amtsniederlegung des Vereinsvorsitzenden, SchlHA 1956, 194 f.

Roth, Günther H.: Gesetz betreffend die Gesellschaften mit beschränkter Haftung, Kommentar, 2. Auflage, München, 1987 (zitiert: *Roth*).

Rother, Werner: Haftungsbeschränkung im Schadensrecht, München-Berlin, 1965 (zitiert: *Rother*, Haftungsbeschränkung).

Rowedder, Heinz: Gesetz betreffend die Gesellschaften mit beschränkter Haftung (GmbHG), Kommentar, 3. Auflage, München, 1997 (zitiert: *Rowedder*/Bearbeiter).

Sack, Rolf: "Der vollkaufmännische Idealverein", ZGR 1974, 179 ff.

Sauter, Eugen/*Schweyer*, Gerhard: Der eingetragene Verein, 15. Auflage, München, 1994 (zitiert: *Sauter/Schweyer*).

Schaub, Günter: Arbeitsrechts-Handbuch, 8. Auflage, München, 1996 (zitiert: *Schaub*, ArbRHdb.).

Scheuerle: Der arbeitsrechtliche Fahrlässigkeitsbegriff und das Problem des innerbetrieblichen Schadensausgleichs, RdA 1958, 247 ff.

Schiefer, Bernd: Ausschluß und Grenzen der Arbeitgeberhaftung für unfallbedingte Schäden des Arbeitnehmers bei Dienstfahrten mit Privat-PKW, NJW 1993, 966 ff.

Schilling, Wolfgang: Anmerkung zu BGH, Urteil v. 19. 1. 1961 (= JZ 1961, 545), JZ 1961, 545 f.

Schlachter, Monika: Anmerkung zu BAG GS, Beschluß v. 27. 9. 1994, BAG AP Nr. 103 zu § 611 BGB Haftung des Arbeitnehmers.

Schlegelberger, Franz: Handelsgesetzbuch, Kommentar, 5. Auflage, München, 1973 ff. (zitiert: *Schlegelberger*/Bearbeiter).

Schmidt, Karl Heinrich: Der vertraglich geregelte Fußballsport, RdA 1972, 84 ff.

Schmidt, Karsten: Besprechung von BGH, Urteil v. 5. 12. 1983 (= BGHZ 89, 153 ff.), JuS 1984, 480 f.

– Der bürgerlich-rechtliche Verein mit wirtschaftlicher Tätigkeit, AcP 182 (1982), S. 1 ff.

– Die Vereinsmitgliedschaft als Grundlage von Schadensersatzansprüchen, JZ 1991, 157 ff.

– Gesellschaftsrecht, 3. Auflage, Köln-Berlin-Bonn-München, 1997 (zitiert: *K. Schmidt*, GesR).

– Verbandszweck und Rechtsfähigkeit im Vereinsrecht. Eine Studie über Erwerb und Verlust der Rechtsfähigkeit nichtwirtschaftlicher und wirtschaftlicher Vereine, Heidelberg, 1984 (zitiert: *K. Schmidt*, Verbandszweck).

– Wirtschaftstätigkeit von "Idealvereinen" durch Auslagerung auf Handelsgesellschaften. Bemerkungen zum ADAC-Urteil des BGH, NJW 1983, 543 ff.

Schmidt, Uwe: Die Mitgliedschaft in Verbänden, Frankfurt a.M.-Bern-New York-Paris, 1989 (zitiert: *U. Schmidt*, Mitgliedschaft).

Schnauder, Franz: Die Grundsätze der gefahrgeneigten Arbeit, JuS 1995, 594 ff.

Schneider, Uwe H.: Haftungsmilderung für Vorstandsmitglieder und Geschäftsführer bei fehlerhafter Unternehmensleitung, in: Festschrift für Winfried Werner, hrsg. v. Walter Hadding u.a., Berlin-New York, 1984, S. 795 ff.

Schnorr v. Carolsfeld, Ludwig: Arbeitsrecht, 2. Auflage, Göttingen, 1954 (zitiert: *Schnorr v. Carolsfeld*).

Schönke, Adolf/*Schröder*, Horst: Strafgesetzbuch, Kommentar, 25. Auflage, München, 1997 (zitiert: *Schönke/Schröder*/Bearbeiter).

Scholz, Franz: Kommentar zum GmbH-Gesetz, Band 1 (§§ 1–44), 8. Auflage, Köln, 1993 (zitiert: *Scholz*/Bearbeiter).

Schubert, Werner: Die Vorlagen der Redaktoren für die erste Kommission zur Ausarbeitung des Entwurfs eines Bürgerlichen Gesetzbuchs, Berlin-New York, 1981 (zitiert: *Schubert*, Vorlagen der Redaktoren).

Schwierkus, Freddy: Der rechtsfähige ideelle und wirtschaftliche Verein (§§ 21, 22 BGB), Berlin, 1981 (zitiert: *Schwierkus*).

Seki, Hideaki/*Noelle*, Thomas: Das Ehrenamt im Genossenschaftswesen, ZfG 1984, S. 128 ff.

Siber, Heinrich: Schuldrecht, Leipzig, 1931 (zitiert: *Siber*, SR).

Soergel, Theodor: Kommentar zum Bürgerlichen Gesetzbuch, 11. Auflage, Stuttgart-Berlin-Köln-Mainz, 1978 ff.; 12. Auflage, Stuttgart-Berlin-Köln, 1987 ff. (zitiert: *Soergel*/Bearbeiter).

Sonnenberger, Hans J.: Gesellschaftsrechtliche Verantwortlichkeit geschäftsführender Organe von Kapitalgesellschaften, GmbHR 1973, 25 ff.

Staub, Hermann: Handelsgesetzbuch, Großkommentar, 3. Auflage, Berlin-New York, 1967 ff.; 4. Auflage, Berlin-New York, 1982 ff. (zitiert: GroßKommHGB-Bearbeiter).

v. Staudinger, Julius: Kommentar zum Bürgerlichen Gesetzbuch, 11. Auflage, Berlin, 1954 ff., 12. Auflage, Berlin, 1978 ff.; 13. Auflage, Berlin, 1994 ff. (zitiert: *Staudinger*/Bearbeiter).

Steindorff, Ernst: Fahrlässigkeit der Arbeitnehmer, JZ 1959, 1 ff.

– Wertersatz für Schäden als Aufwendungsersatz im Arbeits- und Handelsrecht, in: Vom Deutschen zum Europäischen Recht, Festschrift für Hans Dölle, Band I, hrsg. v. Ernst von Caemmerer u.a., Tübingen, 1963, S. 273 ff.

Stöber, Kurt: Vereinsrecht, 6. Auflage, Baden-Baden, 1992 (zitiert: *Stöber*).

Sudhoff, Heinrich: Rechte und Pflichten des Geschäftsführers einer GmbH, 12. Auflage, München, 1987 (zitiert: *H. Sudhoff*, Rechte und Pflichten).

Sudhoff, Heinrich/*Sudhoff*, Martin: Der Gesellschaftsvertrag der GmbH, Kommentar und Formularbuch, 8. Auflage, München, 1992 (zitiert: *H. Sudhoff/M. Sudhoff*, Gesellschaftsvertrag).

v. Tuhr, Andreas: Actio de in rem verso. Zugleich ein Beitrag zur Lehre von der Geschäftsführung, Freiburg, 1895; Neudruck 1970, Aalen (zitiert: *v. Tuhr*, Actio de in rem verso).

– Der Allgemeine Teil des Deutschen Bürgerlichen Rechts, Erster Band, Allgemeine Lehren und Personenrecht, Leipzig, 1910 (zitiert: *v. Tuhr*, Bd. 1).

Walter, Gerhardt: Der Gesellschafter als Gläubiger seiner Gesellschaft, JuS 1982, 81 ff.

Weidner, Ulrich: Die Mitverursachung als Entlastung des Haftpflichtigen, Tübingen, 1968 (zitiert: *Weidner*).

Weigelin, Ernst: Die Haftung des Auftraggebers für Schaden des Beauftragten, SJZ 1946, 90 ff.

Westermann, Harm Peter: Freistellungserklärungen für Organmitglieder im Gesellschaftsrecht, in: Festschrift für Karl Beusch, hrsg. v. Heinrich Beisse u.a., Berlin-New York, 1993, S. 871 ff.

– Handbuch der Personengesellschaften. Gesellschaftsrecht, Betriebswirtschaft: Unternehmensrechnung, Steuerrecht, Arbeitsrecht, 4. Auflage, Köln, (Loseblatt) Stand: September 1996 (zitiert: *H.P. Westermann*/Bearbeiter, Hdb. der Personengesellschaften).

Wiedemann, Herbert: Gesellschaftsrecht. Band 1: Grundlagen, München, 1980 (zitiert: *Wiedemann*, GesR, Bd. 1).

Wilburg, Walter: Die Elemente des Schadensrechts, Marburg a.d. Lahn, 1941 (zitiert: *Wilburg*, Elemente).

Willoweit, Dietmar: Die Rechtsprechung zum Gefälligkeitshandeln, JuS 1986, 96 ff.

Wittmann, Roland: Begriff und Funktionen der Geschäftsführung ohne Auftrag. Eine zivilistisch-dogmengeschichtliche Abhandlung, München, 1981 (zitiert: *Wittmann*).

Wollschläger, Christian: Die Geschäftsführung ohne Auftrag. Theorie und Rechtsprechung, Berlin, 1976 (zitiert: *Wollschläger*).

Zeuner, Albrecht: Überlegungen zum Begriff des Arbeitnehmers und zum Anwendungsbereich arbeitsrechtlicher Regeln, RdA 1975, 84 ff.

Zöllner, Wolfgang: Anmerkung zu BAG, Urteil v. 23. 3. 1983 (= EzA Nr. 14 zu § 611 BGB Gefahrgeneigte Arbeit = AP Nr. 82 zu § 611 BGB Haftung des Arbeitnehmers), EzA Nr. 14 zu § 611 BGB Gefahrgeneigte Arbeit.

Zöllner, Wolfgang/*Loritz*, Karl-Georg: Arbeitsrecht, 4. Auflage, München, 1992 (zitiert: *Zöllner/Loritz*).

Sachwortverzeichnis

Abgrenzung
– mitgliedschaftsbezogene und nichtmitgliedschaftsbezogene Geschäftsbesorgungsverträge 50 ff.
– mitgliedschaftliche und vertragliche Tätigkeitspflichten 46 ff.
Abtretung eines Freistellungsanspruchs 25, 44
Allgemeines Lebensrisiko 89, 124, 167 ff., 176 f., 178
Anstellungsvertrag 63 ff.
Arbeitsrecht
– Eingliederung in den Betrieb 111, 117 ff.
– Risikohaftung 88
– Sonderentwicklung 27, 111, 122 ff., 168 f., 181 f.
– Treupflicht 111 ff., 117
– Weisungsgebundenheit 117 ff.
Arbeitsrechtliche Haftungserleichterungen 21 f., 27, 109 ff.
– Gewohnheitsrecht 91, 124
– Übertragung auf das Vereinsrecht 116 ff., 150
Arbeitsverhältnis 21 f., 46 ff., 109 ff.
Aufnahmevertrag 30, 121
Auftrag 38 f., 41 f., 60 f.
– Anwendbarkeit auftragsrechtlicher Vorschriften im Vereinsrecht 30, 60, 70 ff.
– Begriff 41 (Fn. 50), 142
– Haftung 141 ff.
– Zufallsschäden 20 ff.; 80 ff.
Aufopferung 84 f., 87, 89
Aufwendungen
– Begriff 80 f., 95 ff.
– Erforderlichkeit 169 ff.
Aufwendungsersatz
– Allgemeines Lebensrisiko 167 ff.
– Anwendbarkeit von § 670 BGB im Vereinsrecht 30 ff.
– Zufallsschäden 80 ff.

Beendigung von Geschäftsbesorgungspflichten 48, 57, 61
Beitrag
– i.S.d. § 58 Nr. 2 BGB 32 ff., 103, 153
– i.S.d. § 706 III BGB 50
Beitritt 30 f.
Beschluß 34 f., 57
Bestellung des Vereinsorgans 62 ff., 157 ff.
– fehlerhafte Bestellung 67
– Widerruf der Organstellung 160, 174
Betrieblich veranlaßte Tätigkeit 115 f.
Betriebsrisiko 113 ff.

culpa in contrahendo 92, 177
culpa–Prinzip 87, 89, 91, 95

Dauerschuldverhältnis 22, 119 ff.
Dienstvertrag 41 f., 67, 122 f.
diligentia quam in suis 55 f., 127 ff., 140 f.
Dritter i.S.d. § 31 BGB 23 ff.
Drittgläubigerschuldverhältnis 59 ff., 72
Drittschützende Organpflichten 25
Dualistischer Verbandsbegriff 24 f.
Durchsetzbarkeit von Ansprüchen 53, 181

Echte Satzungsbestandteile 48 f., 56 f.
Ehrenamtliche Tätigkeit
- Erfordernis eines Anstellungsvertrages 64 ff.
- Förderung ehrenamtlicher Tätigkeiten 103
- Rechtliche Bedeutung der Ehrenamtlichkeit 99, 103, 137 ff., 163 f.
Eigeninteresse des Vereinsmitglieds 58
Eigenschäden des Geschäftsführers 26, 107
Eigenübliche Sorgfalt 55 f. 127 ff., 140 f.
Eingliederung
- in den Betrieb 111, 117 ff.
- in den Verein 22, 117 ff.
Einheitstheorie 63
Einsatz der gesamten Arbeitskraft 32
Einwilligung, rechtfertigende 96 f.
Einzelanalogie 133 ff.
Entlastung des Vorstands 154
Enumerationsprinzip bei der Gefährdungshaftung 91
Erweiterung von Pflichten 42 f., 74
Extension, teleologische 97 ff., 180 f.

Freistellungsanspruch 25 ff., 70 ff., 80 ff., 106 ff., 148 f., 150, 165, 166 ff., 174 ff.
Freiwillige Geschäftsübernahme 38 ff.
Fremdnützigkeit der Geschäftsbesorgung 57 ff.
- Aufwendungsersatz 72 ff.
- Haftungsbeschränkung 137 ff., 163 f.
- Verknüpfung mit Eigeninteressen 130 ff.
Fremdorganschaft 68 f.
Förderpflichten 36 ff.
- aktive 36 ff., 49, 62, 148
- Inhalt und Umfang 37
- passive 36
Fürsorgeprinzip im Arbeitsrecht 111 ff.
Fund 139, 147

Garantiehaftung 92
Garantievertrag 85 f.
Gefährdungshaftung 87 ff., 90
Gefälligkeiten 38 ff., 144
Gefahrgeneigte Arbeit 21 (Fn. 18), 110, 115 f., 124, 169
Gegenständliche Interessengemeinschaften 132 f.
Geltendmachung von Ansprüchen 53, 181
Genossenschaft 78 f., 100, 146
Gesamtanalogie 128 ff., 137 ff.
Gesamtschuldnerische Haftung von Verein und Geschäftsführer 177 f.
Geschäftsbesorgungen
- aufgrund von Beschlüssen 34 f., 57
- aus Gefälligkeit 38 ff.
- aufgrund eines Geschäftsbesorgungsvertrages 41 ff., 72 ff., 147
- mit GoA-ähnlichem Charakter 61 f.
- aufgrund der Mitgliedschaft 31 ff., 46 ff., 70 ff.
- aufgrund der Satzung 31 ff.
- aufgrund ungeschriebener Pflichten 35 ff., 49
- durch Vereinsmitglieder 30 ff., 70 ff., 116 ff., 135 f., 146 ff.
- durch Vereinsorgane 62 ff., 76 ff., 124 ff., 135 f., 149
Geschäftsbesorgungsverhältnis besonderer Art 21, 30, 44 f., 60
Geschäftsbesorgungsvertrag 41 ff.
- Anwendbarkeit von Auftragsrecht 72 ff.
- mitgliedschaftsbezogene und nichtmitgliedschaftsbezogene Geschäftsbesorgungsverträge 50 ff.; vgl. auch *Drittgläubigerschuldverhältnis*
- mitgliedschaftliche und vertragliche Tätigkeitspflichten 46 ff.
- i.S.d. § 675 BGB 142 f., 158
Geschäftsführung siehe *Geschäftsbesorgung*

Geschäftsführung ohne Auftrag 61 f., 92, 109, 138 f., 147 f., 171
Gesellschaft bürgerlichen Rechts
- Haftung i.S.d. § 708 BGB 129, 132, 133 ff., 171
- Sonderaufträge 50, 55 f.
Gesetzesanalogie 133 ff.
Gesetzgebungsverfahren
- Auftragsrecht 82 ff.
- diligentia quam in suis 135
- Gesellschaft bürgerlichen Rechts 94 f., 135
- Haftungsbeschränkung bei fremdnütziger Tätigkeit 139 f., 142
- Handelsgesetzbuch 94
- nichtrechtsfähiger Verein 28
- Observanz 179
- vereinsrechtliche Vorschriften 17 ff., 108, 125, 154
- Verwahrungsvertrag 142
- Zufallsschäden 82 ff.
Gewohnheitsrecht 91, 124
Gläubigerinteressen 149 ff.
Gläubigerrechte der Vereinsmitglieder 55
Gläubigerschutz im Idealverein 150 ff.
Gleichbehandlungsgebot 28, 42, 74, 103 f., 153, 161
GmbH-Geschäftsführer
- Aufwendungsersatz 72
- Haftung 78 f., 126, 159, 160
- Weisungsgebundenheit 126
Grenzen der Tätigkeitspflichten 34
Gründungsvertrag 30 f.
Grundentscheidungen des Vereins 33, 35, 178

Handeln auf eigene Gefahr 96 f.
Haftpflichtversicherung siehe *Versicherung*
Haftung
- Aktiengesellschaft 78 f.
- Arbeitsrecht 21 f., 27, 109 ff.
- Auftrag 141 ff.
- Ehegatten untereinander 128, 131
- Eltern gegenüber Kind 128, 131
- Fund 139, 147
- Genossenschaft 78 f., 108, 146
- Geschäftsführung ohne Auftrag 109, 138 f., 147 f., 171
- Gesellschaft bürgerlichen Rechts 129, 132, 133 ff., 171
- Gläubigerverzug 139
- GmbH 78 f., 126, 159, 160
- Hinterlegung 91 f.
- Leihvertrag 138
- Mitglieder des Vereins untereinander 178 f.
- OHG (§ 110 I 2. Alt. HGB) 88 f., 93 ff., 99 ff.
- Schenkung 138
- Testamentsvollstrecker 145
- Vereinsmitglieder 23 ff., 116 ff., 135 f., 146 ff., 166 ff., 174 ff.
- Vereinsorgane 23 ff., 78 f., 124 ff., 135 f., 149 ff., 166 ff., 174 ff.
- verschuldensunabhängige Haftung 176 f.
- Verwahrungsvertrag 129, 131 f., 141
- Vorerbe 129, 131
- Vormund 145
- Zufallsschäden 20 ff.; 80 ff.
Haftungsbeschränkung 109 ff.
- allgemeines Prinzip bei fremdnütziger Tätigkeit 137 ff., 163 f.
- Auslegung des Geschäftsbesorgungsvertrages 136 f.
- deliktsrechtliche Ansprüche 148
- diligentia quam in suis 55 f., 127 ff., 140 f.,
- auf grobe Fahrlässigkeit 137 ff.
- durch Observanz 178 ff.
- durch Satzung 109, 178 ff.
- Vereinsmitglieder 23 ff., 116 ff., 135 f., 146 ff., 166 ff., 174 ff.
- Vereinsorgane 23 ff.; 78 f., 124 ff., 135 f., 149 ff., 166 ff., 174 ff.
- durch Vertrag 109, 178 ff.

Haftungsvereinbarungen 85 f., 109, 178 ff.
Hinterlegung 91 f.

Innerbetrieblicher Schadensausgleich siehe *arbeitsrechtliche Haftungserleichterungen*

Karitative Tätigkeit 32
KFZ-Unfall 167 ff.
Konkludenter Vertragsschluß 45 f., 64, 66 f.
Konkursantragspflicht des Vorstands 63, 150, 154 f., 157, 175
Konzessionssystem, verschleiertes 28

Leihe 138
Leitende Angestellte 126 f., 162
Liquidationsvorschriften 150 f., 156
Lückenhafte Regelung des Vereinsrechts 17 ff., 71, 76

Massenverbände 37 f.
Mitgliedsbeitrag siehe *Beitrag*
Mitgliedschaft siehe *Vereinsmitgliedschaft*
Mitgliedschaftliche Pflichten 31 ff.
- Abgrenzung zu vertraglichen Pflichten 46 ff.
- Anwendbarkeit von Auftragsrecht 70 ff.
Mitverschulden 89, 96, 104 f., 110, 114, 123, 149
Mitwirkungs-/Mitbestimmungsrechte 119
Monistische Lehre 24 f.

Nebenzweckprivileg 155 ff.
Nichtmitglied als Organ 68 f.
Nichtrechtsfähiger Verein 27 ff.; 76, 134, 153 f., 174, 180
Notgeschäftsführung i.S.d. § 680 BGB 109, 138 f., 147 f., 171

Observanz 178 ff.
Organschaftliches Rechtsverhältnis 62 ff., 76 ff., 124 ff.

Pfadfinderentscheidung (BGHZ 89, 153 ff.) 20 ff.; 169 ff.
Preußisches Allgemeines Landrecht 18, 82
Publikumsgesellschaft 134
Publizität 43, 151

Qualifikation des Vereinsorgans 157 ff.

Rechnungslegung 152 f.
Rechtsanalogie 128 ff., 137 ff.
Rechtsbeziehungen
- unter Mitgliedern 24 ff.
- zwischen Mitgliedern und Organen 24 ff.
Rechtsbindungswille 38 f.
Rechtsfähigkeit
- Erlangung 151
- Entziehung 152
Rechtsformenwahl 47
Rechtsgrundlagen der Geschäftsbesorgung siehe *Geschäftsbesorgung*
Relativität des Verschuldens 106 ff., 176 f.
Risikohaftung bei schadensgeneigter Tätigkeit in fremdem Interesse 87 ff.
Risikoübertragung aufgrund der Qualifikation des Geschäftsführers 159 ff.
Rücksichtnahmepflicht siehe *Treupflicht*

Satzung
- Änderung 43, 48
- Bindungswirkung 31 f., 35, 68 f.
- Geschäftsbesorgungspflichten 31 ff.; 46 ff., 70 ff.
Satzungsbestandteile, echte und unechte 48 f., 56 f.
Schadensersatzanspruch siehe *Haftung* und *Haftungsbeschränkung*

Schäden an eigenen Rechtsgütern 26, 107, 149
Schädigung
– des Vereins 26 f., 107, 146 ff., 149 ff., 169
– von Dritten 23 ff.; 106 ff., 149, 150, 166 ff.
Schenkung 138
Schweigen im Rechtsverkehr 45 f.
Sonderaufträge bei der Gesellschaft bürgerlichen Rechts 50, 55 f.
Sonderentwicklung des Arbeitsrechts 27, 111, 122 ff., 168 f., 181 f.
Sonderpflichten 42 f., 54
Sonderrecht auf Vorstandsbestellung 66
Sorgfaltsanforderungen an Organe juristischer Personen 108, 160 f.
Soziale Verbundenheit und Haftungsbeschränkung 128 ff.

Tätigkeitsspezifische Risiken
– allgemeines Lebensrisiko 89, 124, 167 ff., 176 f., 178
– Vermeidbarkeit der Risikolage 169 ff.
Teleologische Extension 97 ff., 180 f.
Testamentsvollstrecker 145
Trennungstheorie 63
Treu und Glauben als Argument einer Haftungsübernahme 86
Treuhänderisches Element bei der Geschäftsbesorgung 142 ff., 157 ff.
Treupflicht
– Arbeitsrecht 111 ff., 117
– Durchsetzbarkeit von Ansprüchen 53, 181
– Hauptpflicht 36 f. (Fn. 32)
– Massenverbände 37 f.
– nachwirkende Treupflicht 61
– organschaftliche Treupflicht 67 f.
– Vereinsrecht 22, 36 ff., 53 f., 73, 102, 117, 147 f., 181

Überlagerung von Verträgen durch mitgliedschaftliche Pflichten 52 ff., 67 f., 73
Übernahme einer Organstellung als mitgliedschaftliche Pflicht 33, 42 (Fn. 54 f.), 66
Übertragung der arbeitsrechtlichen Haftungserleichterungen auf das Vereinsrecht 116 ff., 150
Umgehung zwingender arbeitsrechtlicher Bestimmungen 47
Unechte Satzungsbestandteile 48 f., 56 f.
Unentgeltlichkeit der Geschäftsführung 83, 99, 103, 137 ff. 163 f.
Unfall im Straßenverkehr 167 ff.
Untreue 158
Utilitätsprinzip 82

Verbraucherschutz 130 ff.
Vereinsgewalt 31 f.
Vereinsmitglieder
– Geschäftsbesorgungen 30 ff., 70 ff., 116 ff., 135 f., 146 ff.
– Haftung 23 ff., 116 ff., 135 f., 146 ff., 166 ff., 174 ff.
Vereinsmitgliedschaft
– Begriff 30
– Dauerverhältnis 22, 119 ff.
– subjektives Recht 31 (Fn. 4)
– sonstiges Recht i.S.v. § 823 I BGB 24
Vereinsordnungen 35, 68
Vereinsorgane
– Anstellungsvertrag 63 ff.
– Bestellung 62 ff., 157 ff.
– Geschäftsführung 62 ff., 76 ff., 124 ff., 135 f., 149
– Haftung 23 ff., 78 f., 124 ff., 135 f., 149 ff., 166 ff., 174 ff.
– Nichtmitglieder als Vereinsorgane 68 f.
– organschaftliches Rechtsverhältnis 62 ff., 76 ff., 124 ff.
– typische Pflichten 161 ff.
– Vergütung 63 f., 77

Widerruf der Organstellung 160, 174
Vereinszweck 36, 40, 57 ff., 121 f.
Vergleich 154
Verknüpfung von Eigen- und Fremdinteressen 130 ff.
Vermögensverwaltung 142 ff., 157 ff., 178
Verschulden des Geschäftsführers 106 ff.
Verschuldensprinzip 87, 89, 91, 95
Verschuldensunabhängige Haftung 176 f.
Versicherung 19 f., 26 f., 91, 113, 136, 159 f., 181 f.
Vertrag mit Schutzwirkung zugunsten Dritter 25
Vertraglich begründete Tätigkeitspflichten siehe *Geschäftsbesorgungsvertrag*
Vertragliche Haftungsübernahme 85 f., 109, 178 ff.
Vertragsauslegung 85 f.
Vertragsschluß 44 ff.
Vertrauenshaftung 87, 89
Vertrauensmoment 142 ff., 157 ff.
Verwahrungsvertrag 129, 131 f., 141
Verzicht 154
Vor- und Nacherbschaft 129, 131 ff.
Vormundschaft 145
Vorstand siehe *Vereinsorgane*

Weisungen 108, 117 f., 125, 174 ff.
Weisungsgebundenheit im Arbeits- und Vereinsrecht 117 ff.
Werkvertrag 52
Widerruf der Organstellung 160, 174
Wirtschaftlicher Verein 151 ff., 155 ff.

Zufallsschäden 80 ff.
Zweckverfolgung siehe *Vereinszweck*